에덴의 뮈토스와 로고스

김 창 호

도서출판 예랑

에덴의 미토스와 로고스

지은이_ 김창호

초판 1쇄 인쇄_ 2021.9.1
발행처_ 도서출판 예랑
발행인_ 김창호
등록번호_ 제 11-390호 1994년 7월 22일

주소_ 경기도 의왕시 고천동 117
전화_ 010-2211-4111
팩스_ 031-696-6366

Youtube:엔테비블로 tv
http://cafe.daum.net/entebiblo

ISBN 978-89-88137-08-6 03230
정가_ 15,000원   © 김창호 2021

순례의 길을 걷고 있는 모든 분들과 함께

차례

머리말

머리말

신이 없는 시대에 신 이야기를 해보려는 거다.
전통적인 의미의 신은 해체되었다.
낡은 종교 이념 속에 갇혀 있던 신,
그 숨 막히는 호리병을 깨고 해방의 시대를 맞이하게 하자.
화려한 신학적 도그마로 채색된 신은
그 모든 관념의 틀을 벗어던지게 해야 한다.
전지전능의 무거운 책무로부터 놓여나게 하자.

현대인을 향해, 종교인을 향해
신은 노여울 힘조차 없고 버겁다.
인간이 신에게 부여한 그 모든 짐이 신을 짓눌리게 한다.
그러고 보면 모름지기
신의 죄는 천금이고 태산보다 무거운 게 아닌가.
사막의 종교 유일신 '알라' 는 시아파와 수니파 사이에서
누구의 편도 들어 줄 수 없어 인간에게 침묵으로 시위한다.

죽어가는 사람들은 여전히 '聖戰'과 '인샬라'를 외친다.
근본주의 기독교라 해서 다를까?
신의 뜻을 외치는 곳엔 언제나
살해(殺害)와 배타(排他), 배제(排除)가 계속된다.

신이 해방되는 곳에 인간도 비로소 해방된다.
전통적인 신을 해체하고
신이 부활하는 그곳에 인간도 다시 살아난다.

그러므로 신은 저 신이 아니다.
저 신은 미몽의 산물인 셈이다.
하늘 어귀에 세워둔 장승이고,
천하대장군이며 지하여장군의 변형일 뿐이다.
장승의 유통기한은 이미 지났다.
단지, 문화재고 어제의 유물일 뿐

마을을 더 이상 수호하지 않는다.
저 신이 해체되고
비로소 인간의 존엄이 세워지고 신성이 회복될 때,
신은 여기 그대에게서 복권되고
여기 내게서 다시 살아난다.

신 없는 시대에 다시 신 이야기를 해보려는 거다.
옛사람들의 신화에서
잃어버린 신을 다시 찾으려 한다.
엄마 찾아 삼만리다.

현대인은 신을 잃어버렸다.
하늘의 용이 그 자리를 꿰차고 신의 행세를 하고 있다.
대개는 무신론의 허무에 빠져있거나,
맹목적 미신에 사로잡혀 있거나 둘 중 하나다.

신 없는 시대에 신을 다시 찾아
신을 다시 복권하려는 거다.
그래도 거기에 인류의 희망이 있다는 걸,
그걸 말해보려는 거다.

천년을 몇 차례 묵은 이야기에서
신화를 걷어내고(ἐκμύθοις, demythologizing)
로고스에 귀를 열어보려 한다.(εἰς λόγω)
미토스는 외피요 겉옷이고 로고스는 몸이다.
몸은 보지 않고 그 겉옷에 빠져있는 종교는 미신이다.
이야기 품에 안겨 있는 로고스는
문을 두드리는 누군가를 기다리며,
천년을 거듭거듭 이야기 동굴에 갇혀 있다.

헬라어, 히브리어 사전

Greek -English Dictionary, The Complete Biblical Library. Springfield, Missouri, U.S.A.1990

The Strong's Exhaustive Concordance with Hebrew and Greek Lexicons. Baker Book House.1979

Dictionary of the Greek & Hebrew Bible 「완벽성경성구대전」 히, 헬-한글사전 편, 박형용(헬) ,

윤영탁(히) 역 아가페출판사, 1988

Analytical Key to the Old Testament, John Joseph Owens, Baker Book House.1992

미토스와 로고스

신학적 현란함으로 더 이상 인생을 기만하는 일은 없어야 한다. 뮈토스에서 '호로고스'를 만날 때 '뮈토스'는 위대한 빛이 된다. 모든 신화는 그렇게 만나는 지점에서 인생을 신의 아들로 안내한다.

1. 뮈토스에 대해

뮈토스(μῦθος, Mythos)는 흔히 신화로 번역하곤 하지만, 기본적으로는 '이야기'다. 이야기는 서사구조를 띠기에 내러티브(narrative)다. 영웅들의 이야기에 초월적인 요소를 가미하고 신처럼 묘사한다. 영웅신화라 한다. 신을 주체로 해서 이야기가 전개된다. 신화(神話)다. 본래 왕족이나 영웅 혹은 신이 '말하다'는 의미의 '뮈테오마이(μῦθηομαι)'에서 명사 '뮈토스(μῦθος)'가 유래했다. 타고난 이야기꾼에 의해 감성을 자극하는 극적 요소들이 가미된다. 직관과 감성을 동원해 흥미를 유발하고 줄거리가 있는 서사를 담아 전승한다.

성서는 '망령되고 허탄한 신화(βεβήλους και γραώδεις μύθους)를 버리라'고 한다(딤전 4:7). 성서는 온통 이야기로 기록되었다. 바울의 신화를 버리라는 말이 무슨 뜻인가? 성서는 공교히(궤변을 꾸며) 만든 이야기일까? 신화에 매몰되면, 그러니까 이야기에서 로고스를 읽어내지 못하면, 신화에 빠진 거고 그럴 때 망령되고 허탄한 게(딛 1:14) 되고 만다. 신화는 봉한 샘이고 덮힌 우물이고 로고스를 함장하고 있는 판도라 상자다. 인을 떼어 봉함이 풀릴 때마다, 우물의 덮개가 열릴 때마다 로고스는 홍수를 이루고 심판을 완성하고 생명의 꽃을 피운다.

뮈토스, 오늘까지 살아남아 전승되는 이야기는 단지 흥미롭고 말초적인 것이어서가 아니다. 고대 사람들에 의해 전승된 이야기는 깊은 영성과 더불어 후대의 철학에서 미처 담아내지 못하는 영적 지혜를 담고 있다. 뮈토스와 로고스는 서로 상충하는 게 아니다. 대립은 더더욱 아니다. 오늘 우리는 이야기를 잃어버리고 산다. 뮈토스는 로고스(λόγος)를 길어내는 샘 근원이다. 왜냐면 오늘의 나는 어제에서 왔기 때문이다. 어제의 유산으로부터 오늘의 내가 있기 때문이다. 어제는 과거가 아니다. 이야기로 오늘 내게 다가와 대화를 청한다.

성서는 뮈토스로 구성되어 있다. 신의 이야기가 있고 사람의 이야기가 있기 때문이다. 창조 이야기, 에덴 이야기, 노아 홍수 이야기, 아브라함의 이야기, 기타 수많은 사람 이야기가 있다. 단지 사람들만의 이야기가 아니라 신과 관련한 이야기여서 동시에 신의 이야기기도 하다.

무엇으로 옛사람들의 예지와 만날 수 있을까? 성서의 아름다움은 옛사람들의 이야기 곧 뮈토스가 문자로 기록되어 오늘 우리에게 다가와 있다는 점이다. 이야기는 생성되던 때와 전승 과정에서 영적인 깊이와 무게가 더해진다. 혹자들은 뮈토스가 심리학의 초기 형태라고 지적한다. 그리스 신화를 논할 때 흔히 그렇게 규정하곤 한다. 심리학자들이 신화에서 심리학 용어를 많이 만들어내곤 하는 까닭이 거기에 있다. 이 말에 분명 일리가 있다. 뮈토스는 전적으로 인간의 심리를 투영하고 있기 때문이다. 모든 이야기는 생성될 때 당시의 사람들 심리가 어떤 형태로든 반영되지 않을 수 없다. 다만, 심리학의 초기 형태라는 말에는 백프로 동의할 수 없다.

성서의 이야기들은 심리학의 초기 형태가 아니다. 현대 심리학에서 미처 규명하지 못한 수많은 인생의 이야기를 함장하고 있다. 무의식에 담겨 있는 혼탁한 욕망에서부터 마침내 사람다운 사람에 이르게 하는 깊은 순례의 영성을 이야기에 담아내고 있기 때문이다. 뮈토스에서 우리는 마르지 않는 샘처럼 무수한 로고스를 길어 올릴 수 있다. 모세의 영적 각성을 통해 편집된 이야기에 같은 영성으로 접속할 수 있을까? 모든 이야기에는 이야기의 결이 있고 영적 주파수가 있다. 주파수가 맞지 않으면, 고대 사람들 이야기를 제대로 들을 수 없고 거기서 로고스는 사라지고 만다. 단지 이야기만 남는다. 망령되고 허탄한 신화만 남는다.

뮈토스와 대비하여 로고스를 역사 시대라고 부르기도 한다. 자연철학을 비롯한 그리스철학이 대두되면서 우주의 이치에 대해 논리적으로 설명하고 자연의 신비에 대해 합리적으로 논증하는 이성의 시대를 로고스 시대라고 칭하곤 한다. 그럴 때 로고스는 말, 논증, 계산, 분별, 합리성, 이성의 의미로 사용된다. 문제는 이 글에서 전개하려는 로고스는 단지 그러한 의미의 로고스가 아니라는 점이다.

'에덴의 뮈토스와 로고스,' 제목이 의미하는 로고스는 '이성'을 중심으로 규정되고 있는 개념을 훨씬 넘어선다. 요한복음이 언급하는 '로고스'는 앞서 말한 일반적인 개념이 아니기 때문이다. 요한복음은 로고스가 생명이고 빛이며 동시에 하나님이라고 칭하고 있기 때문이다. 이때의 로고스는 철학에서 규정하고 있는 로고스와는 전혀 결이 다르다. '에덴의 뮈토스와 로고스'라고 말할 때의 로고스는 요한복음의 로고스를 일컫는다. 이점이 분명해져야 우리는 에덴의 '뮈토스'에서 길어 올리는 로고스를 비로소 엿볼 수 있을 것이다. 따라서 에덴의 로고스를 이야기하기에 앞서 요한복음의 로고스가 무엇을 의미하는지 살펴려 한다.

에덴 이야기에는 신화적 요소들이 가득하다. 신(야웨 엘로힘), 자연, 사람, 결혼, 나체, 뱀, 뱀과의 대화, 생명, 선악, 질투와 분노, 형제 살인 이야기 등. 소위 신화적 요소를 두루 갖추고 있다. 기독교인들은 이를 이야기로 읽지 않고 역사적 사실로 굳게 믿고 또 믿고 있다. 하여 이야기 속에 담겨 있는 로고스는 매장, 매몰되고 만다. 신화 그 자체에 빠지게 되면 야기되는 현상이다.

그런 점에서 뮈토스는 로고스다.

동해바다의 맑은 물과 출렁이는 아침 바다는 무수한 이야기를 생성하고 또 소멸한다. 인류 지혜의 산물인 경전은 신화적인 서술방식을 취하고 있다. 모세 오경은 물론 신약의 사복음서 역시 신화적 기법의 이야기로 기술되고 있다. 그런 점에서 뮈토스는 로고스다. 로고스는 동시에 뮈토스의 형식을 의존한다. 로고스로는 로고스를 결코 다 담아낼 수 없기 때문이다.

　창세기 1장의 창조 이야기는 그런 점에서 신화적 서술방식을 취하고 있고 주어가 엘로힘으로 되어 있지만 뮈토스(신화) 형식을 빌려 로고스를 드러내고 있다는 점이다. 저 맑은 물과 출렁이는 동해의 파도 소리는 결코 로고스의 형식으로만 진술될 수 없다. 끊임없이 뮈토스를 품고 우리에게 말을 건넨다. 거기서 새로운 이야기는 생성되고 로고스와 뮈토스는 is, was, will be의 형태로 여전히 우리 곁에서 숨 쉰다.

　주어가 엘로힘으로 되어있다 하더라도 그 이야기의 생산자는 거룩한 영성자, 곧 사람이라는 점이다. 즉, 모든 신화적 이야기에 현혹되어 '나'를 소외시켜 놓고 이야기를 읽게 되면 미신에 빠져들게 되고 거기 유대 신의 엘로힘만 춤추게 된다. 미신에 사로잡힌 인생은 종교적 판타지에 예속되고 만다. 인류는 언제나 자기가 생산해 놓은 이야기의 판타지 뮈토스에 빠져 로고스를 잃어버린다. '허탄한'은 주름살 많은 늙은 여인(γραώδεις)이란 뜻이 있다. 여기 늙은 여인은 인생의 기품과 연륜의 메타포가 아니라, 미신적 삶에 찌들고 근거 없이 희망고문을 하며 습관적으로 '주여'를 주문처럼 외는 석고처럼 굳어져 있는 여인을 상징한다. 고집으로 고착된 남성이라고 해서 다를 게 없다. 이야기에 담겨 있는 로고스를 읽어내지 못하면 이야기는 비록 성서의 이야기라 할지라도 망령된 게 되고 허탄한 게 되고 만다. 남녀노유 불문이다.

　창세기 1장의 이야기 생산자는 사람이다. 에덴 이야기 생산자도 사람이다. 거기 신의 이야기는 사람의 이야기라는 점이다. 신학적 현란함으로 더 이상 인생을 기만하는 일은 없어야 한다. 뮈토스에서 '호 로고스'를 만날 때 '뮈토스'는 위대한 빛이 된다. 모든 신화는 그렇게 만나는 지점에서 인생을 신의 아들로 안내한다.

2. 요한복음의 로고스 - 생각하기와 말하기

우리의 언어는 이미 타자에게서 왔고 의식의 세계 역시 타자에 의해 타자의 언어로 일깨워졌고 타자에 의해 형성된다. 이때 중요한 역할을 하는 게 수많은 감각 중 청각을 통한 소리와 음성 언어다. 물론 단지 청각만이 아니다. 온몸의 모든 감각을 사용하지만 특히 언어를 통해 의식의 감각이 일깨워진다는 점이다.

이때의 언어는 그 사회의 문화와 전통과 집단 무의식의 총합이 깃들어 있는 전통 언어다. 생존을 기본으로 한 약육강식의 언어가 내 대뇌피질의 신경망에 반복해서 들려지고 언어 감각과 생각의 기능들이 작동하기 시작한다. 언어는 나의 언어가 아니라 타자의 언어다. 비록 나의 언어 감각기관을 통해 발성이 이뤄지고 발화가 된다 하더라도 이는 마치 앵무새와 같이 타자의 언어를 반사하는 것에 불과하다.

앵무새와 다른 점이 있다면 단순 재생이 아니라 깃들어 있는 의미체계를 상호 연관하고 응용하며 새로운 의미를 확장하며 발화한다는 것이다. 고도화된 지능의 차이가 있을 뿐이다. 그럼에도 그것은 마치 블루투스 스피커와 같이 타자의 세계를 투사하여 발화하고 있다는 점이다. 즉, 레고(λέγω)가 아니라는 점이다. "내가 말하다(λέγω)"가 아니라는 것. 물론 형식적으로는 주어가 나지만 타자의 가치체계와 이념들이 들어와 나를 배후 조종해서 나로 하여금 발화하게 하는 것이니 어찌 내실적 주어가 '나'이겠는가.

앵무새가 "주인님, 안녕히 다녀오세요"라고 반복하고 있다. 형식적으로는 앵무새가 말하고 있다. 사람들은 앵무새의 기특함을 칭찬하고 신기하게 바라본다. 앵무새가 말했으니 그 발언의 주체가 앵무새인가? 주어는 앵무새다. 그런가. 아니다. 앵무새의 주인이 그 발언의 주체라는 말이다. 앵무새는 다만 그의 뇌세포 신경망을 주인에게 내어준 것에 불과하고 통신망이 되었을 뿐이다. 이 통신망에 기록하고 있다가 필요할 때마다 시간 차이를 두고 발화하는 형태일 뿐이다. 신경망은 오늘날 문명이 발명해낸 반도체 이전의 반도체라 하겠다.

우리들의 언어와 의식이 마치 이같이 타자에 의해 탈취되었다는 말이다. 나는 없고 내 대뇌피질에 타자의 숨결이 들어와 차지하고 있다는 말이다. 따라서 내가 말을 하는 형식을 취하고 있지만, 나는 내가 아니다. 오로지 비본질의 내가 말하고 있을 뿐이다. 따라서 그 경우 나의 말은 내 말이 아니다. 주어는 나인 듯하지만 내 뇌세포의 반도체 신경망을 타자에게 내준 것이나

다를 바 없다. 비록 소리를 내고 있지만, 그것은 스스로 내는 소리가 아니라는 말이다.

예를 하나 더 들어보자. 컴퓨터에 전원을 넣고 사용자가 앱을 작동시키고 온라인에 연결하여 음악 파일을 클릭하면 컴퓨터의 스피커는 아름다운 음악을 들려준다. 이때 컴퓨터가 소리를 내고 있으니 컴퓨터가 주어이고 주체인가? 아니다. 컴퓨터는 다만 사람의 지시에 따라서 기능 할 뿐이다.

인생은 마치 이와 같다. 여기서 타자란 개별적인 내 앞의 타인을 일컫는 게 아니다. 그 공동체의 문화고 전통이고 언어며 무의식이다. 거기에는 수많은 서로 다른 결들이 얽히고 설켜 있다. 그중에 먼저 들어온 이데올로기가 그 사람의 성향을 나누게한다. 진보적 신념이 들어와 그를 배후조종하면 진보적인 사람 역할을 할 뿐이다. 보수적 이념이 들어와 지배하고 있으면 보수적 신념이 그를 컨트롤 하고 있다는 말이다. 혹은 단지 진보와 보수로 나눌 수 없는 공동의 가치들이 있다. 수많은 집단 무의식이 들어와서 배후 조종자 역할을 한다. 이들 모두가 '타자' 다.

따라서 인생은 비로소 존재 문제를 문제 삼게 된다. 내 의식은 과연 나로 존재하는 가의 문제다. 여기서 비로소 비존재를 보게 되고 내가 나라고 여겼던 그 모든 것이 '무'로 드러나야 배후에 있는 절대 타자가 더 이상 배후에서 나를 조종하지 못하게 된다. 따라서 무는 드러나는 것이고 체험되는 것이다. 무(無)란 이미 형성된 그 모든 의식 세계의 하우스(house)가 아무 것도 아니라는 것에 대한 실존 체험이다. 십자가 경험이고 아무 것도 아님(nothingness)이고, 선악에 대한 디가우징

(Degaussing)이며 의식의 새로운 포맷 경험이다. 내가 없고 앵무새처럼 반도체 하드웨어만 타자에 의해 작동하고 있었다는 절망이 곧 무(無)의 경험이다.

이때 비로소 타자의 실체가 보이기 시작한다. 나는 없고 타자가 주인으로 있었다는 것을 꿰뚫어 볼 수 있게 된다. 나의 생각 기능의 작동이 타자의 배후 조종에 의해 반도체 기능이 작동된 것일 뿐, 내가 말했다 하더라도 그것이 나의 생각이 아니었다는 자각에 이르게 된다. 즉, 생각이 생각이 아니라는 말이다. 내가 말하고 있었지만, 그것은 나의 말이 아니라 타자의 요구와 조종에 따라 말하는 것이니 나의 말이 아니었다는 자각이 찾아오게 된다. 그것은 존재의 생각이 아니다. 비존재의 생각이라는 말이다. 아직 존재는 드러나지 않았다.

무가 경험되면서 이제 비로소 존재가 드러나기 시작한다. 무를 토대로 해서 나의 인식의 빛이 찾아온다. 어떤 존재? 타자로 인한 의식의 존재가 아니라, 비로소 나로 인한 나의 의식의 존재. 존재 망각이란 바로 나의 존재를 일컫는다. '나'를 망실한 채 '존재자의 존재 망각'이라는 말로 서양 사유를 규정하게 되면 미로에 빠지고 만다. 존재 망각이라는 말의 중심에는 '나'의 존재 유무가 핵심이다. 이를 뒤로하고 존재자의 존재만을 탐색하게 되면 존재는 영영 드러나지 않고 숨어버린다. 내 의식이 타자로 점령된 채 비존재로 있으면서 그 같은 비존재가 존재를 탐색한다는 것은 난센스기 때문이다.

이는 마치 내 앞의 컴퓨터가 컴퓨터 주인을 인식하려 탐색하겠다고 하는 것과 같다. 그러므로 존재 문제는 타자로 인해 형성된 의식이 무화(無化)되고 비로소 나로 인해 다시 세워지는 존재의 탄생을 일컫는다. 그러고서야 존재에 의해 모든 존재자는 존재자가 되는 것이다.

여기서 많은 의문이 풀린다. 나누어 보고 나누어 생각하고 나누어 말하게 되는 것이 시작된다.

그리스 언어에 나타난 이 둘의 관계를 살펴본다. '보다'는 동사를 두 종류로 나눠 볼 수 있다. '블레포(βλέπω, to see something physical)'가 있고 '호라오'(ὁράω, to see with the mind)가 있다.[1] '블레포'는 흔히 육체의 눈으로 나타난 것만을 보는 것이고 '호라오'는 마음으로 보기며 영적으로 보는 것이다. 즉 내적, 영적 통찰력으로 인식하는 것을 '호라오'라 한다.

생각도 마찬가지다. 타자에 의해 의식이 틀 지워지고 작동되는 세계에서의 생각은 여러 가지 단어들로 표현할 수 있다. νομίζω(노미조, 생각하다. think), δοκέω(도케오, to have an opinion) 등이 있다. 그것은 생각의 기능이 작동되어 무수한 생각의 세계가 펼쳐지겠지만, 자기의 생각하기가 아니라는 말이다. 비존재의 생각이 작동할 뿐이라는 점이겠다. 밤을 새워 생각하고 골똘하게 생각하고 아무리 고민하며 생각을 해서 그의 세계를 펼친다 해도 타자의 지배 아래 작동되는 생각은 곧 생각다운 생각이라고 할 수 없다. 강력한 배후 세력의 조종에 조종당하고 있을 뿐이다. 따라서 거기에서 하는 생각은 생각이 아니라는 말이다.

---

1) 그리스어 '호라오(ὁράω)'는 영적으로 보기(spiritually see)요 내적인 영적 지각력을 갖고 감지하는 것을 일컫는다 - i.e. perceive (with inward spiritual perception).

생각에는 명사 누스($\nu o\hat{\upsilon}\varsigma$)에서 유래한 노에오($\nu o \acute{\epsilon} \omega$)가 있다. 노에오($\nu o \acute{\epsilon} \omega$)의 부정사 노에인($\nu o \epsilon \acute{\iota} \nu$)을 흔히 사유라고 번역한다. 노에인($\nu o \epsilon \acute{\iota} \nu$)을 사유(思惟)라고 하면 정확한 번역이라고 하기 어렵다. 사유는 명사기 때문이다. 그리스인들의 노에인은 단지 명사가 아니다. 동사는 분사로 사용될 수 있고 부정사로 사용될 수 있다. 분사나 부정사나 둘 다 동사의 성격을 잃지 않는다. 동사의 성격을 갖고 있으면서 동시에 형용적이거나 혹은 분사적 의미를 지니고 있으면 분사라 하고 동사면서 동시에 명사적 성격을 갖고 있으면 부정사로 쓰인다는 점이다. 철학에서 중요한 개념들 다수는 그리스어 부정사(영어식으로는 to + 동사원형)를 사용하고 있다. 노에인($\nu o \epsilon \acute{\iota} \nu$)은 따라서 단지 명사가 아니요, 사유하고 있거나 사유되고 있는 것을 의미한다.

존재를 나타내는 에이나이($\epsilon \hat{\iota} \nu \alpha \iota$)도 마찬가지다. 에이미 동사의 부정사라는 사실은 단지 저기 그렇게 있음을 의미하는 게 아니다. 명사로 그렇게 있지만, 여전히 상태 동사로 지금 있음을 동시에 의미한다. 그러므로 '존재'가 아니라 '존재하기'가 '에이나이' 의미를 제대로 살려준다. 존재는 단지 명사가 결코 아니라는 것이다. 부정사로 표현되거나 분사로 표현된다는 점이다. 존재론을 흔히 Ontology라 한다. 온(존재자)과 로고스의 합성어인데 여기서 온($\ddot{\omega}\nu$, being)이 에이미 동사의 분사형이다. 따라서 '온'을 존재자로 번역하든 존재로 번역하든 동사의 의미를 품고 있다는 점을 간과하면 그 의미가 제대로 드러나지 않는다는 말이다. 에이미(Be) 동사의 분사 형태가 '온'($\ddot{\omega}\nu$, being)이고 부정사가 '에이나이'($\epsilon \hat{\iota} \nu \alpha \iota$, to be)다. 즉 존재라는 부정사 형이 에이미 동사에서 비롯된다. 이는 산스크리트어 살아 있는 것, 스스로 서 있고, 가고 쉬는 그와 같은 것을 의미하는 'asus'에서 유래했다고 하이데거는 분석한다.[2]

노에오 혹은 노에인은 명사형 νοῦς(누스)에서 유래했다. 누스는 생각하는 힘이요, 정신 혹은 '얼'을 의미한다. 누스에서 유래한 동사가 νοέω(노에오 I understand, think, consider, conceive) 혹은 νοιέω(노이에오)다. 노에오(νοέω)에서 여러 동사가 파생되고 그 의미는 심화된다.

이를테면

κατανοέω(카타노에오 consider carefully)

φρονοέω(프로노에오 to have understanding, to think)

μετανοέω(메타노에오 change the inner man)

번역 성서들은 메타노에오를 '회개하다' 혹은 '속사람을 바꾸라'는 의미로 번역한다. 메타노에오를 분석해보자. μετα(메타)는 '사이에, 뒤에, 넘어서'의 뜻이고 '노에오'와 합성되었다. 따라서 그 본래의 뜻은 '넘어서 생각하다'는 뜻으로 보아야 한다. 회개란 그 너머의 생각을 하라는 뜻이다. 즉 해설을 붙이면 타자에 의해 지배되는 생각의 세계를 넘어서 생각하라는 뜻이 회개하라는 의미의 본질이다. 따라서 타자에게 종속된 채 생각하는 것에서 벗어나 스스로 생각하기가 회개라는 말의 더 깊은 의미다.

노에오(νοέω)에서 노에인(νοείν)이 나왔다. 즉 노에오의 부

---

2) 大同哲學 제 50집 191쪽. "M. 하이데거의 있음(존재) 이해 — 형이상학 입문을 중심으로" / 서동은

정사 형이 노에인(νοεῖν)이다. 그러므로 노에인은 '생각하기'로 번역하는 게 더 적절하다. 사유(思惟)에 대한 사전적 의미는 "대상을 두루 생각한다"는 의미로 사용된다. 그리스어의 본래 의미는 '생각하기'라는 말이다. '노에오'는 '내가 생각하다'이고 노에인은 '생각하기(현재 부정사 능동)'다. 여전히 동사의 의미를 살려야 한다는 게 나의 견해다. 비로소 타자로부터 형성된 비본질의 의식과 구분하여 자기 의식의 싹이 트며 시작되는 생각이 '노에오'요 '노에인'이다. 대상을 생각하는 것이 아니라 도리어 주체를 생각하고 생각을 생각하게 된다.

서양 사상사에 면면히 관통하고 있는 주제를 일찍이 엘레아 사람 파르메니데스(B.C 510~450년 경)가 단편에 남겨 놓은 문장이 있다. 파르메니데스는 동양에서는 공자(B.C 551~479년 경), 노자와 비슷한 시기의 사람이다.

"το γάρ αὐτο νοεῖν ἔστιν τε και εἶναι.(토 가르 아우토 노에인 에스틴 테 카이 에이나이)"

"왜냐하면 '생각하기'는 곧 '존재하기'이기 때문이다."-Parmenides 단편 VIII.

생각하기와 존재하기는 전 서양철학의 주제요 역사다.

파르메니데스가 "노에인(νοεῖν, to think 현재 부정사 능동)이 에이나이(εἶναι, to be)"라고 하는 위대한 문장을 남겨 놓는다. 대개 "사유가 존재다"로 번역하나 나는 부정사를 살려 '생각하기가 존재하기다'로 번역한다, '노에인'은 엄격히 하면 thinking of가 아니라 to think 다. 생각하기는 곧 자기 세우기요 자기 의식이 비로소 존재하기(에이나이)다. 이 얼마나 놀라운 통찰인 가? 더 이상 타자에 의해서 지배받지 않고 스스로 서 있고 가고 쉬는 것도 스스로 하는 것, 그렇게 존재하기다. 그러므로 '에이 나이'는 존재가 아니라 '존재하기'로 번역해야 한다. 이것은 그 리스어를 분석해보면 쉽게 얻을 수 있는 결론이다.

'생각하기'에서 '존재하기'가 시작된다. 그러므로 거기서 존 재하기란 비로소 '나(I)'를 의미한다. 존재의 '나'를 의미한다. 타인에 의해 형성된 의식이 스스로 독립적 의식의 '나'로 형성 되어 감을 의미한다. 생각하기가 곧 존재하기다. 의식과 정신세 계를 일컫는 말이다. 저 사물 존재자의 존재를 일컫는 게 아니 다. 온통 사물 존재자의 존재를 탐구하느라 정작 자기 존재를 망각하게 되고 그것은 존재자의 존재까지도 망각하게 한다. 내 가 존재해야 모든 게 존재한다. 내가 존재해야 비로소 존재자들 은 존재자로 드러난다. 나는 과연 존재하는가, 존재한다면 어떻 게 존재하는가? 생각하기가 존재하기다. 거기서부터 시작된다.

히브리어에는 '하야(그가 있다)' 동사의 완료시상과 미완료 시상의 합성어에서 야웨라는 명사가 탄생하고 하야는 그가 있 다(HE IS)라면 '에흐예(אֶהְיֶה)'는 '내가 있다(I AM)'다. 에이미 동사의 분사 '온'(ὤν, being)의 여성형에서 유래한 것이 οὐσία(우시아, substance)다. 우시아에서 성서의 그 유명한 파 루시아(παρυσία)가 나온다. 파라 전치사와 우시아의 합성어로 함께 있다, 혹은 흔히 임재라 사용하기도 한다. 주기도문에서 일 용할 '양식'으로 번역된 '에피우시온'도 에피 전치사와 '우시 아'에서 유래한 '우시오스'의 합성어다. 따라서 '톤 아르톤 헤몬 톤 에피우시온(τὸν ἄρτον ἡμῶν τὸν ἐπιούσιον)'은 일용할 양식이 아니라 '존재의 양식'이다.

요한복음의 '로고스'를 살펴보는 까닭은 에덴 이야기에서 로고스 읽어내기를 위해서다. 명사 로고스는 동사 '레고'에서 유래했다. 레고는 비로소 "내가 말하다"는 의미다. 내가 말하려면 타자로 인해서 형성된 의식의 세계에 무의 체험을 통해 타자를 떠나보내는 과정을 겪게 된다. 무의 토대에서 새로운 것을 보게 된다. 이를 '호라오'로 표기한다. 편견과 선입관, 앞서 자리잡고 있는 이데올로기, 진영 논리 등이 의식에 진을 치고 있으면 보아도 보지 못한다. 보는 것만을 보게 된다. 진영의 관점에서만 만물을 보고 해석한다. 편견에 사로잡혀 모든 것을 보고 이해한다. 헬라 사람들은 편견에 사로잡혀 보는 것을 동사 블레포를 사용해 본다고 언어를 구분한다.

무의 체험으로부터 비로소 그 같은 앞선 앎의 노예에서 벗어날 수 있는 단초가 마련된다. 무의 토대에서만 새로 보게 된다. 일러 '호라오'로 표기한다는 점이다.

보게 되면서 새롭게 '생각하기'가 시작된다. 제 스스로 생각하기가 시작되면 비로소 '존재하기'가 찾아온다. 이것이 I AM이다. 아이 엠에서 비로소 레고(λέγω)가 시작된다. 자기 자신이 '말하기'가 시작된다는 말이다. 여기서도 레고의 부정사는 레게인(λέγειν to say, 마 3:9)이다. 동사면서 명사가 '레게인'이다. 따라서 '레게인'은 존재의 언어로 '말하기'다.

존재의 언어로 말하기란 무엇일까? 빌려온 생각은 타인의 생각이요 제 생각이 아니다. 타자에 종속된 채 생각하는 것은 앵무새와 마찬가지로 타자를 반영할 뿐 제 생각이 아니라는 점은 이미 논했다. 무의 토대 위에서 스스로 '생각하기'는 비로소 스스로 '존재하기'가 시작되었다는 점이다. 그러면서 존재하는 나가 말하는 것을 일컬어 '레고'라 한다. '레게인'은 존재가 '말하기'다. 따라서 제대로 인식이 먼저 시작되면서 동시에 도대체 말하기도 시작되는 것이다.

로고스는 레고에서 유래했지만 동시에 로고스에 의해 레고와 말하기가 가능해진다. 이때의 로고스는 근원 안에 있는 신성의 언어다. 얼이요 하나님이다. 무엇에도 치우치지 않고 편견으로부터 자유롭고 이념에 잡히지 않는 지극하고도 지극한 마음에서 흘러나오는 통찰로부터의 열매가 로고스다. 로고스로부터 레고가 흘러나오고 '레고'와 '레게인'으로부터 아르케에 있고 지성소에 있는 로고스가 드러난다. 관통해서 말하는 것을 일러 통찰이라 한다. 나누어 말하는 것이라고도 할 수 있겠다. 디아레게인(διαλέγειν)에서 헬라어 디아(δία)는 '∼통하여'라는 의미의 전치사다. 통찰(insight)이란 타자의 사유에 종속된 것을 지나서 스스로의 생각하기를 통한 '존재와 비존재를 나누어 말하기 혹은 관통하여 말하기'가 통찰이다. 이때 '레게인'을 통해 드러나는 게 '로고스'다.

여기서 서양철학의 로고스는 요한복음의 로고스와 다양한 차이를 드러낸다. 아니, 요한복음의 빛나는 통찰과는 다른 개념으로 흐르고 있음을 엿볼 수 있다. 요한복음은 로고스가 곧 하나님이라고 위대한 선포를 한다. 하나님이 곧 로고스라 일컫는다.

여기서 오해가 발생한다. 로고스는 하나님이요 그 하나님은 절대자 곧 절대 타자요 무한자로 변형되는 것이다. 기독교인들에 의해서 그 같은 오해가 발생한다. 요한복음은 데오스란 도리어 절대자 혹은 절대타자인 신이 아니라 '로고스'임을 밝히 드러내 주는 책이다. 그런데 역으로 읽는다. 그러므로 요한복음은 '데오스' 곧 하나님을 말하는 책이요, 하나님은 상상 속에서 관념으로 창조된 엄위하신 절대 존재로서의 하나님이 아니라 '로고스'가 곧바로 그 '데오스'임을 밝혀 주는 책이라는 말이다. 그 로고스는 생각하기를 통해 존재하기가 이뤄지고 '존재하기'에 의해 '말하기'나 '말해지기'가 이뤄진다. 말하기를 통해 로고스로 드러나는 것이 신성이고 하나님이라는 것을 알려주려는 책이라는 의미다. 그러므로 로고스와 하나님은 비존재를 넘어선 존재의 현현이다.

요한복음은 하나님의 존재를 '로고스'로 선언하고 있는데, 서양철학의 사유에서는 '로고스'를 종종 요한복음에서 폐기하고 있는 절대 존재 혹은 무한자인 신으로 오해하는 경우가 다분하다. 유대교나 기독교는 신을 오해하고 있고 다수의 서양 사상가들은 로고스를 오해하고 있다. 즉, 로고스를 우상화하려거나 혹은 정반대로 약화시킨다. 거기서 서양 사유는 로고스를 중심에 놓고 선과 악을 나누고 흑과 백을 구분하려는 역사적 오류를 범하게 된다. 요한복음의 로고스 개념과 현저히 다르게 사용하는 경우는 파토스(pathos, πάθος)의 상대개념으로 로고스를 한정할 때다. 보편 이성의 원리에 의한 말, 논증, 계산 등으로 사용하는 경우라 하겠다.

인생이 타자로부터 의식의 세계가 형성되는 것은 필연이고 숙명이다. 그를 통하지 않고 의식의 세계가 형성될 수 없다. 비록 자신이 아닌 남의 집이라 하더라도 그렇게 처음 시작된다. 부정되어야 할 집을 짓게 된다. 아무리 긍정하고 싶어도 그것은 긍정되지 않는 부정의 존재다. 부정되어야 할 의식은 누구라도 존재로부터 시작되는 게 아니다. 비존재(나 아닌 타자)로부터 시작되고 존재로 이행하기 위해 무의 소용돌이가 찾아온다. 무는 도대체 무가 무다. 유(有)인 줄 알았던 것이 아님이 무다. 이 과정을 거치지 않고 자기 정신이 드는 사람은 없다. 로고스는 절대자를 일컫는 게 아니라 생각하기를 통해서 비로소 존재하기가 이루어진, 존재가 말하기를 통해 드러나는 근원에 깃들어 있는 증거를 일컬어 로고스(λóγos)라 한다. 이 로고스는 따라서 사람으로 하여금 존재하게 하는 빛이고 존재의 숨결을 불어넣어주는 생명의 빛이다. 그것은 늘 현재 능동태 부정사 '말하기(레게인 λέγειν)'를 통해 드러나는 말씀이다.

우리말에서 말과 말씀의 차이가 있다. 흔히 윗사람들 혹은 성인이나 현자의 말은 말이라 하지 않고 새겨들어야 할 말이라 해서 말을 마음에 새기라는 뜻으로 말씀이라 일컫는다. 혹은 말은 잘 사용(말하기)하라는 의미로 말을 씀, 하여 말씀이라 한다. 우리말 용법이다. 생각하기가 존재하기요 존재하기는 곧 말하기로 드러난다. 타자의 생각과 말은 끊임없는 반복을 통해 내 의식에 들어와 있지만, 이제 그것으로 형성된 의식의 세계가 무너지고 무화(無化)되면 존재의 나가 '레고(λέγω)' 혹은 '레게인(λέγειν)' 또는 '디아레게인(διαλέγειν)'하게 된다. 거기서 드러나는 존재의 소리(λóγos 로고스)를 새겨들으라는 의미에서 정관사가 붙어 있는 호 로고스(ὁ λόγος)는 곧 '말씀'이라 번역해도 무방하다. 우리가 귀담아 새겨들어야 할 말씀은 자신의 깊은 내면에서 들려오는 존재의 소리 곧 호 로고스(ὁ λόγος)다. 이를 통해 우리의 '존재하기'가 비로소 가능하기 때문이다. 하여 '로고스'는 거기서 창조의 주체가 된다. 존재를 일깨우기 때문이다. 그러므로 '호 로고스'와 '존재하기'는 상호 순환적이다. 마치 닭이 먼저냐 달걀이 먼저냐와 같다고 하겠다. 존재하기에 의해 말하기가 이뤄지고 말하기에 의해 '존재하기'가 이뤄진다.

요한복음이 위대한 것은 바로 '타자에 속한 말하기'에 익숙해 있던 베드로로 하여금 마침내 타자로부터 독립하여 자신의 언어를 획득하는 여정을 담고 있다는 점이다. '내가 당신을 위해 목숨을 바치겠나이다.'는 전형적인 타자의 욕망과 요구가 자신 안에 그대로 투영되어 자신의 욕망으로 나타나는 모습이다. 이는 동시에 로고스를 오해하고 오해된 로고스를 중심으로 신앙을 고백하는 전형적인 종교인의 모습을 보여준다. 요한복음 21장에 이르러서는 다시 요한복음 14장을 반복하지 않는다. 그 사이 절대타자인 예수의 십자가 사건이 있고 그의 절대 우상인 예수와 오해된 로고스가 무화(無化)된다. 자신의 말로 말하기(레게인)에 이르는 모습을 그리고 있다.

베드로전후서는 마침내 베드로가 자신의 말로 말하기가 이뤄졌음을 보여주는 것이고 마침내 베드로 '존재하기'를 보여주는 장쾌함이 깃들어 있다. 그렇다면 에덴의 이야기 속에서 우리는 이 같은 로고스를 읽어낼 수 있을까.

3. 창세기 명칭과 에덴 이야기

에덴의 이야기가 시작되는 것은 창세기 2장 4절부터다.

창세기라는 책명은 2장 4절 톨도트에서 나온 말이다. 한글로는 대략(大略)으로 번역된 이 단어는 영어로 제너시스요, 헬라어로는 게네세오스다. 이는 족보요 계보라는 의미며, 족보 혹은 계보는 "낳고 낳고"를 뜻한다. 톨도트(חוֹלְדוֹת, 톨레다의 구성형)는 '야라드', 곧 '낳다'는 뜻의 동사에서 유래한 명사형이다. 70인 역에서 '게네세오스'로 책의 이름을 지은 것으로 보아 아마도 70인 역 번역의 초기에는 창세기 1장 1절부터 2장 3절의 이야기는 없었던 게 아닌가 추론해 본다. 모세 오경은 책이 시작될 때 처음 명사를 그 책의 명칭으로 삼고 있기 때문이다. 하여간 이후 영어 혹은 그 밖의 번역서들에서 '창세기'라는 이름이 사용되면서 그 이름이 보편화 되었다.

그러나 엄밀히 하면 오늘날 성서의 편집본을 중심으로 보면 창세기라는 명칭은 적절치 않다. 히브리인들은 본래 모세 오경의 첫 단어에서 그 책의 이름을 따온다. 하여 히브리어 성서에서는 창세기 1장 1절의 '베레쉬트'가 본래 책의 이름이다. 2장 4절의 톨도트라는 단어를 그대로 책명으로 쓴다 하더라도 그것은 계보라는 뜻을 담고 있다. 낳고 낳고에 대한 기록이므로 계보기(係譜記)이라는 말이 도리어 적절하다. 물론 창세기 2장 4절을 토대로 책명을 짓는다면 그렇다는 애기다. 1장 1절로 하면 책명은 '베레쉬트'요 본원기(本原記)다. 창세기라는 이름으로 부르면서 독자들의 무의식에 담겨지는 게 있다. 야웨 엘로힘은 우주를 창조하신 하나님이라는 대전제를 앞세운다. 절대지존의 우상을 삼게 되고 하나님은 거기서부터 숭배의 대상이 되는 것이다.

성서는 야웨 엘로힘이 숭배의 대상이라는 책이 아니라, 창조의 주체라는 것을 강조하는 책이다. 이때 창조란 우주 창조를 일컫는 게 아니다. 우주는 단순히 비유일 따름이다. 따라서 지금도 여전히 창조의 주체는 야웨 엘로힘이다. 숭배가 아니라 도리어 믿음이어야 한다. 얼이 얼사람을 낳는 주체가 된다는 점이다. 정신이 정신을 낳는다. 하나님이 하나님을 낳는다. 믿음이어야 하는 까닭은 모든 정신의 주체는 지성소에 있는 지극한 정신의 존재인 하나님이 지극한 마음의 나를 빚고 창조해간다는 사실이다. 신령이 신령을 낳는다. 그러므로 믿음이어야 한다는 뜻은 언제나 지극한 존재를 향해 나의 마음이 열려 있어야 지극한 마음으로 나아가게 된다는 점이다.

"엘레 톨도트 하샤마임 베하아레츠(תוֹלְדוֹת הַשָּׁמַיִם וְהָאָרֶץ

אֵלֶּה)"(창 2:4)- "이것은 하늘과 땅의 낳고 낳음이다."로 번역해 볼 수 있다. 70인역은 "아우테 헤 비블로스 게네세오스 우라누 카이 게스(Αὕτη ἡ βίβλος γενέσεως οὐρανοῦ καὶ γῆς)"로 번역한다. 마태복음 1장 1절은 '헤 비블로스 게네세오스 예수 크리스투'라고 시작한다.

신약 성서는 '다윗의 자손 예수 그리스도의 계보의 책'이라는 말로 시작하고, 창세기 2장 4절은 '하늘과 땅의 계보'라는 말로 시작한다. 이 둘은 서로 병행 구절이다. 따라서 이후 전개될 에덴의 이야기는 '하늘과 땅의 낳고 낳고'에 대한 것이다. 마태복음도 에덴 이야기도 계보기라는 점에서 동일성을 갖고 있다. 그러므로 '하늘과 땅의 계보'라는 표현에는 '다윗의 자손 예수 그리스도의 계보'라는 표현이 중첩되어 있다. 거기에는 동시에 우리 '각각' 그 정신세계가 어떻게 새롭게 낳고 또 낳게 되는지에 관한 이야기 곧 우리 자신에 관한 이야기가 서려 있음을 읽어내야 한다. 생명책에 녹명(錄名)되어 있다는 계시록의 표현도 이 같은 점을 지시하는 것이다.

창세기 2장 4절에 나오는 '톨도트(계보)'를 설명하기 위해 이어서 등장하는 히브리어 동사는 세 단어로 압축할 수 있는데, '바라(בָּרָא 창조하다, 낳다)'와 '아사(עָשָׂה 만들다, 양육하다)'와 '야차르(יָצַר 조성하다)'다. 계보(톨도트)를 이어가는 중요한 행위의 세 단어라 할 수 있겠다. 그러므로 흔히 '창조하다'는 뜻으로 이해하고 있는 '바라'는 낳고 낳고에 포섭되는 단어다. 즉, create라는 의미의 '바라'는 사실 'born' 혹은 'give brith'의 의미가 함의되어 있고, 'produce'의 의미가 담겨 있다. 동시에

'바라' 와 '아사' 와 '야차르' 도 모두 톨도트에 포섭되는 개념들
이다. 계보를 이어가는, 족보를 형성해가는 개념적 동사들이다.
'바라' 가 '낳다' 라면 '아사' 는 '양육하다' 에 상응하고 '야차르'
는 성숙한 인격으로 '조성해가다' 의 의미를 담고 있다. 이 세
동사는 '톨도트(계보)' 의 술어들이다. 에덴 동산의 '경작하다' 에
도 포섭되는 동사들이다.

　　창세기 2장 4절과 같은 문장 구조를 띠고 있는 창세기 5장 1
절은 다음과 같다.[3]

　　아담의 계보는 이러하다. 하느님께서는 사람을 지어내시던 날,
　　하느님께서는 당신 모습(모양)대로 사람을 만드시되(공동번역).

　　2장 4절의 하늘과 땅이 여기서는 아담으로 치환되었다. 하늘
과 땅은 아담을 비유하고 있다. 그리고 책(סֵ֣פֶר תּוֹלְדֹ֣ת אָדָ֗ם
세페르 톨도트 아담, 세페르는 마태복음 첫 단어 '비블로스,
βίβλος')이라는 단어가 들어가 있을 뿐이다. '바라' 는 '창조하
다' 를 의미하는데, 이는 곧 '낳는 것' 을 뜻한다. 하여 '낳는 것'
을 '창조' 라고 일컫고 있음을 알게 해준다. 직역하면 이렇다.
"이것이 하나님이 아담을 낳고(바라) 하나님의 모양으로 그를
아사(양육)해 가는 날, 아담의 계보의 책이다." 성서 이야기들의

---

3) זֶ֣ה סֵ֔פֶר תּוֹלְדֹ֖ת אָדָ֑ם בְּיֹ֗ום בְּרֹ֤א אֱלֹהִים֙ אָדָ֔ם בִּדְמ֥וּת אֱלֹהִ֖ים עָשָׂ֥ה אֹתֹֽו
　　제 세페르 톨도트 아담 바욤 바라 엘로힘 아담 비드무트 엘로힘 아샤 오토
　　아담의 계보는 이러하다. 하느님께서는 사람을 지어내시던 날, 하느님께서는 당신 모습
　　(모양)대로 사람을 만드시되(공동번역).

* 　이후 중요한 본문은 원문을 표기하고 다소 무리가 있지만 음역을 달아 참고토록 했다.

숨어 있는 코드라고 할 수 있겠다.

요한계시록의 첫 시작은 '아포칼룹시스 예수 크리스투'이니, 예수 그리스도의 드러남이 요한계시록이다. '예수 그리스도의 계보의 책'이라는 마태복음도 그런 점에서 보면 예수는 땅에 상응하고 그리스도는 하늘에 상응한다. 히브리인들의 성전에 그려진 그림을 보면 지성소는 하늘을 상징하고 성소는 땅을 상징한다. 이는 신구약 성서의 일관된 전체 맥락이다. 하늘은 물리적 하늘을 의미하는 것이 아니다. 땅도 역시 물리적 땅을 의미하는 것이 아니다.

여기서 에덴의 이야기는 신화의 형식을 띠고 있지만 신화가 아니라는 점을 명백히 알 수 있다. 성서는 이야기 구조를 띤다. 로고스는 이야기 방식을 취한다. 진리의 진술은 정의되는 것이 아니다. 하나의 문장으로 압축해서 서술되는 것이 아니다. 서사적 구조의 이야기 방식으로 구술되고 있고 구비문학으로 전해오다가 그것이 문자로 기록되어 오늘까지 전승되고 있다. 비록 신화적으로 서술되고 있지만, 이야기 안에 담고 있는 것은 로고스라는 점이다.

옛사람들, 그러니까 종이가 없고 인쇄술이 발달하기 전에는 인간의 본질적 삶에 대해 여러 형태의 이야기 방식으로 전승하는 것이 자연스럽고 효과적이었다. 어느 민족, 어느 부족이나 수많은 이야기가 존재한다. 신화적으로 전승되어 온 수많은 이야기가 있게 마련이다. 성서, 그 중 모세 오경은 민간에 존재하고 떠다니는 많은 이야기 중 모세의 영성으로 필터링 되어 채집되고 새로 편집된 이야기들의 모음이라고 해도 지나친 말이 아니다. 모든 이야기는 그 당시의 세계관을 담게 마련이다. 즉, 신화는 신화가 아니라는 점이다. 그 시대의 세계관, 인간관, 존재론이 이야기에 반영되고 투영된다. 그런 점에서 근원적으로 뮈토스(mythos)는 로고스(Logos)다. 뮈토스에 숨어 있는 로고스를 읽어내는 것, 그것은 뮈토스를 대하는 해석자의 몫이다. 뮈토스는 로고스보다 도리어 더 많은 로고스를 담아낸다. 뮈토스에 투영된 로고스를 읽는다는 것은 온전히 해석자의 몫이고 해석자의 존재만큼만 로고스가 드러난다.

그런 점에서 에덴의 이야기는 모든 이야기의 원형이다. 서구 문명의 밑뿌리에 있는 원형적 이야기다. 에덴의 이야기는 노아의 이야기, 아브라함의 이야기, 출애굽의 이야기, 신약의 수많은 이야기의 원형이다. 노아의 이야기, 아브라함의 이야기, 모세의 이야기는 에덴 이야기의 변주(變奏)에 지나지 않는다. 따지고 보면 서양철학의 수많은 논의도 에덴 이야기 범주에서 크게 벗어나지 않는다. 현대철학의 중심주제인 '존재', '무'의 개념들도 이미 에덴 이야기 속에 깊이 함장하고 있다. 오늘 우리 인생들의 각자 이야기도 결국 에덴 이야기의 각자 버전일 뿐이다. 인생은 언제나 이야기를 만들어가는 존재고 이야기 속에 존재가 깃들어 있다.

옛사람들은 그들의 소통방식으로 소통했다. 저마다의 이야기 형식으로 후손들에게 공동체를 유지하기 위해 지혜를 전달하는 것은 당시 사람들의 보편적 방식이었다. 그들은 그것으로 생명과 진리를 나누기에 충분했다.

성서는 진리를 전달하는 방식으로 수많은 이야기를 등장시킨다. 창조 이야기, 에덴 이야기, 홍수 이야기, 아브라함과 이삭과 야곱 이야기, 모세 이야기, 예수의 탄생과 부활 이야기 등. 성서는 이야기들이 집대성된 책이라고 해도 과언이 아니다.

육체의 이야기도 물론이려니와 영성에 관한 이야기는 더욱 소통 언어가 중요하다. 진리의 진술에 있어 이야기 방식만 한 것이 또 있을까? 영성의 세계를 드러내는 방식으로는 지극히 자연 발생적인 것이다. 이야기는 진리를 단순하게 정의하는 것과 달리 생명과 진리의 세계를 더욱 풍성케 한다. 진리와 생명은 정의할수록 편협해지고 제한되기 때문이다. 생명과 진리를 정의하다 보면 진리와 생명은 온데간데없고 선악의 지식만 남게 마련이다. 더구나 영성의 세계를 후대에 전달하는 방식에 있어서랴.

영성의 사람들은 노아의 이야기나 아브라함의 이야기가 무엇을 말하고자 하는 것인지 자연스럽게 알고 있고 또 그렇게 그들 이야기를 후대에 전하였다. 영성이 상실되면서 전래 된 이야기의 참뜻은 오리무중이 되었고 수수께끼(자명한 의사소통이던 것이 알 수 없는 이야기로 변모)가 되기 시작한다. 해설이 동원되기 시작한다. 이야기를 풀이하는 다양한 견해가 나타난다. 영성은 밝아지기보다는 퇴화하고 있다.

바울 서신은 이야기를 풀이한 방식 중 하나다. 아담 이야기나 아브라함과 그의 가족 이야기를 통해 복음의 핵심을 풀어내고 있다. 갈라디아서의 경우 이런 점이 더욱 명확하다. 이야기는 그 이야기를 제대로 해석하고 그 이야기의 본래 의미, 최초의 영성과 생명의 숨결을 다시 불어넣어 줄 걸출한 영성의 사람에 의해 다시 태어난다. 이야기의 생명력은 그로부터 다시 시작된다. 단군신화를 터무니없는 얘기로 볼 수도 있으려니와 그 이야기에 숨결을 불어넣는 것은 온전히 깨어 있는 영성의 사람의 몫이기도 하다.

중근동에는 성서와 유사한 수많은 창조설화, 홍수 설화, 탄생 설화들이 산재해 있다. 성서가 등장하기 훨씬 전부터 유사한 이야기들이 널리 분포되어 있다는 건 잘 알려진 사실이다. 그런데도 성서의 이야기들이 여전히 유효하고 경전의 자리를 우뚝 지키고 있는 까닭이 어디에 있을까? 여러 가지 신학 이론으로 성서의 정당성을 변호하려는 방식은 자기 그룹의 방어적 이론에 불과할 뿐 일반인들을 설득하기엔 턱없이 부족하다. 호교론이라는 비판에 자유로울 수 없다. 자신들에게만 의미 있는 이론일 뿐 상대를 이해시키기엔 터무니없다는 말이다.

모든 이야기는 시대마다 영성의 사람들에 의해 생명의 숨결이 불어 넣어진다. 모세에 의해 창조 이야기, 홍수 이야기가 비로소 생명의 이야기로 채택되고 경전에 흡수되어 연년세세 영성을 담아내는 이야기가 되었다. 그것은 끊임없이 반복된다. 혼탁한 세대를 지나 예수에 의해 성서의 이야기들은 비로소 생명의 이야기로 완성된다. 그런데 오늘 이 땅의 혼탁한 영성은 다시 이야기를 퇴락시키고 있다. '구름과 함께 오신다'는 메타포는 더 이상 비유가 아니라는 주장과 함께 공중휴거론으로 타락하고 있고 수많은 생명의 이야기들이 선악의 이야기로 변모하고 있다. 이 같은 타락의 시대를 누가 다시 돌려놓고 기록으로 전해진 이야기 속에서 로고스를 읽어낼 수 있을까?

예수에 의해 완성된 성서(구약) 이야기는 예수의 제자들에 의해 반복되었고 다시 오늘 우리에게도 이어지고 있다. 내게서 그들 이야기는 다시 새롭게 태어나야 한다. 그리고 그대에 의해 성서의 이야기가 죽은 사망의 얘기가 되기도 하고, 오늘을 사는 우리를 살리는 생명의 이야기가 되기도 한다. 이야기는 오늘도 나와 그대에 의해 계속되고 있고 끊임없이 새로 완성되어야 한다. 그것은 오래된, 그리고 도래할 오늘 나의 이야기며 우리들의 이야기다.

4. 창세기 1장과 2장은

창세기 1장의 7일 창조 이야기와 2장 4절부터 전개되는 에덴동산 이야기 간의 관계를 어떻게 보아야 할까? 이 같은 질문은 마치 노아의 이야기와 아브라함의 이야기를 어떻게 보아야 하는가와 같은 질문이다. 아브라함의 이야기와 모세의 이야기는 어떤 관계가 있는가와 같은 질문이다.

성서의 독자들은 천지창조 이야기와 에덴의 이야기가 연속하여 편집되고 있는 데다가 오늘날 성서의 장과 절 분류 방식을 따라 창세기 1장의 창조 이야기가 2장 3절까지 걸쳐 있는 터라 두 이야기를 연속된 기사로 보려 한다. 수많은 영어 성서는 물론이고 대개의 번역 성서들은 히브리어 성서(BHS, BHK, BHQ)의 책 분류 방식과 다르다. 하여 일반독자들은 창세기 1장과 2장이 연속된 이야기인듯한 착시를 일으킨다. 히브리어 성서는 세페르 알렙(א1장)이 1:1~2:3까지로 나누고 있다. 히브리어 성서(타나크)는 창세기 2장 3절까지를 포함해서 1장으로 분류하고 있다. 히브리어 성서는 대개의 번역 성서들이 채택하고 있는 창세기 2장 4절을 창세기 2장 1절로 분류하고 있다는 점이다.(ﬤﬣ 2장) 물론 현대 헤브라이카 인쇄본에는 아라비아숫자로 각종 번역본의 장절 분류 방식을 따라 표기해주고 있지만, 본래 히브리인들의 표기 방식을 히브리어로 단락 나누기와 책(章)을 분류 표기하고 있다.

노아의 이야기와 아브라함의 이야기가 같은 책에 담겨 있지만 서로 다른 이야기이듯, 창세기 1장과 2장은 같은 기사가 아니다. 서로 다른 기사다. 아니 서로 다른 이야기다. 서로 다른 이야기라 하더라도 노아의 이야기를 통한 영성의 흐름과 아브라함의 이야기를 통해 읽는 영성의 흐름이 하나로 통하듯 창세기 1장과 창세기 2장도 역시 그러하다.

단언컨대 창세기 1장과 2장의 이야기는 연속된 이야기가 아니다. 모세가 편집했다고 알려진 모세 오경의 첫 기사로 창세기 1장이 등장하지만, 창세기 1장의 웅장한 문체와 2장 4절 이하의 문체가 서로 다르다. 서술방식 또한 창세기 1장은 7일 창조 이야기 방식이지만, 에덴의 이야기에는 7일 창조의 분류방식, 그리고 그 같은 프레임으로 이야기가 구성되어 있지 않다. 글쓴이가 한 사람이 맞는가에 대한 질문도 생긴다. 혹여 축자 영감설과 유기적 영감설을 받아들인다 해도 이야기의 진술 방식이 이렇게 확연하게 다를 수 있는가? 따라서 모세가 편집했을지라도, 엘로힘(E) 문서와 야웨(J) 문서는 서로 다른 이야기가 단지 연속해서 편집되었다고 이해하는 것이 자연스럽다. 아마도 옛사람들이 이야기를 통해 공동체에 지혜를 전하려는 원시 복음의 순서를 좇았을 것이다.

창세기 1장에서 창조된 인간과 창세기 2장의 등장인물 '아담'의 관계가 어떻게 되는지는 오래된, 지금도 반복되고 있고 앞으로도 계속될 질문이다. 성서의 독자들에게 창세기 제 6일에 창조된 그 사람이 곧 인류 최초의 인물인 '아담'인 것으로 여겨지기도 하는데, 과연 두 등장인물은 생물학적으로 같은 인물인가? 어찌 보면 당연한 질문이라 할 수 있겠으나 알고 보면 웃지 못할 질문이기도 하다. 에덴 이야기에 등장하는 아담이 인류의 시조라고 해석하는 것은 마치 우리 민담 중 '호랑이 담배 먹던 시절'에 등장하는 호랑이가 호랑이의 시조라고 말하는 것과 다를 게 없다. 이야기를 이야기로, 메타포를 메타포로 읽지 않으면 빚어지는 현상이고 축자영감설이나 유기적영감설 등의 신학적 이론이 빚어내는 촌극이다.

핵심은 창세기 2장에서 고유명사 아담 이야기 형식을 빌려 에덴 이야기가 전개되고 있지만, 이를 통해 보통명사 아담(인간) 이야기를 하는 것이다. 즉, 창세기 2장은 '인간이란 무엇인가'에 대한 이야기다.

창세기 1장 창조 이야기는 여섯째 날이 되어서야 남자(자칼)와 여자(네케바)에 대한 사람의 이야기가 나오고 있다. 따라서 창조 이야기를 읽는 이들은 여섯째 날이 되어서야 비로소 사람이 창조되었다고 읽게 된다. 창조 이야기의 첫째 날에서 다섯째 날은 사람의 이야기가 아닌 우주의 창조 이야기로 읽는다. 매우 평면적이고 단순하게 읽고 해석하는 것이다.

창조의 첫째 날부터 사람의 이야기로 읽어야 한다면 정신 나간 사람의 말로 치부된다. 에덴의 이야기를 빌려 말한다면 여섯째 날 등장하는 하나님의 형상과 모양의 사람은 에덴 이야기에서는 창세기 5장에 가서야 비로소 언급되고 있다. 아담과 하와 가인과 아벨의 이야기가 에덴의 주요 등장인물이다. 하나님의 형상과 모양은 에덴 이야기의 결말 부분에서 등장한다.

창조 이야기와 에덴 이야기는 이야기 방식이 다르지만, 서로 평행을 이루는 이야기라는 점이다. 에덴의 이야기에 창조 이야기가 담겨 있고 창조 이야기에 에덴의 이야기가 담겨 있다는 말이다. 그러므로 창세기 1장 첫째 날 이야기도 천지를 비유로 하는 사람의 이야기로 읽어내야 하고 그렇게 해석해야 한다는 게 나의 견해다. 그러므로 여섯째 날 등장하는 사람은 마침내 하나님의 형상과 모양으로 지어지는 참사람의 형상을 의미한다. 가인과 아벨을 거쳐서야 셋이 태어나고 셋은 하나님의 형상과 모양의 사람으로 서술하고 있는 에덴 이야기가 우선 그것을 뒷받침해준다.

아담이 다시 아내와 동침하매 그가 아들을 낳아 그 이름을 셋이라 하였으니 이는 하나님이 내게 가인이 죽인 아벨 대신에 다른 씨를 주셨다 함이며 셋도 아들을 낳고 그 이름을 에노스라 하였으며 그때에 사람들이 비로소 여호와의 이름을 불렀더라 아담 자손의 계보가 이러하니라 하나님이 사람을 창조하실 때에 하나님의 형상대로 지으시되 남자와 여자를 창조하셨고 그들이 창조되던 날에 하나님이 그들에게 복을 주시고 그들의 이름을 사람이라 일컬으셨더라 아담이 일백 삼십 세에 자기 모양 곧 자기 형상과 같은 아들을 낳아 이름을 셋이라 하였고(창 4:25~5:3)

창세기 1장 1절에 등장하는 천지(하늘과 땅) 창조 이야기는 사람의 내면에 대한 비유다. 물리적 세계를 비유로 영성의 창조를 단계별로 서술해 나간다. 따라서 제 육일에 등장하는 하나님의 형상과 모양으로 지음을 받은 사람도 비유며, 이는 영성 진화의 여섯 번째 단계를 일컫는다. 5일간 이루어진 창조의 바탕에서 마침내 사람다운 사람이 제육일 째에 등장한다. 사람다운 사람이란, 하나님의 형상과 모양의 꼴이 마침내 갖추어진 상태를 의미한다고 하겠다.

성서의 전체 맥락에서 살펴보면 이것은 너무나 명백하다. 바울은 창세기 1장의 "빛이 있으라"는 서술을 인용하여 "하나님의 영광을 아는 빛"으로 해석했다(고후 4:6). 하나님의 영광을 아는 빛이 영성 여행의 시작이고 순례의 초발심 상태에 대한 진술임을 바울 서신이 명백하게 뒷받침해주고 있다. 요한복음은 말씀을 일컬어 하나님과 함께 있었고, 말씀이 생명이며, 사람들의 빛이라고 진술하고 있다(요 1:1~4). 말씀은 오로지 사람들과의 관계에서 펼쳐지는 개념이다. 빛에 대한 요한복음의 진술만을 보더라도 창세기 1장의 빛이 물리적인 세계의 창조 이야기에 방점이 있는 게 아니라는 것이 분명하다. 물리적인 세계의 창조설화는 단지 빛을 설명하기 위한 비유로 채택되었을 따름이다. 성서의 수많은 곳에서 창세기 1장의 부분 부분이 모두 순례의 여정임을 말해주고 있다.

창세기 1장과 2장의 관계는 천지창조 이야기와 천지(아담)의 계보에 대한 서로 다른 이야기 방식이자, 다른 서술이다. 아마도 오래전 중근동에 흩어져 있는 이야기들이 영성적 가치에 의해 취합되어 모세에 의해 편집된 것으로 추측된다. 거기서부터 창세기 1장과 2장은 각자의 이야기 구조를 띤 채 경전으로 우뚝 자리 잡고 있고, 오늘도 수많은 독자에게 영감을 불어넣고 있다.

성서는 수많은 이야기의 모음집이다. 서로 다른 수많은 이야기가 모여 성서를 구성하고 있다. 앞서 언급했듯 하나의 이야기와 다른 하나의 이야기는 서로 다른 이야기지만, 영성의 관점에서 서로 소통한다. 창세기 1장의 7일 창조 이야기가 단순히 주식회사 하나님 나라의 회사 연혁이나 혹은 자신이 믿고 있는 하나님의 창조 이력서로 읽혀서는 곤란하다. 영성의 발달단계를 7일 창조라는 대서사 방식으로 서술하고 있는 책이다.

창세기 2장부터 기록되고 있는 에덴의 신화적 이야기 속에 담고 있는 옛사람들의 인간에 대한 이야기가 원형적으로 담겨 있다. 1장이 천지창조의 비유로 이야기를 하고 있다면, 에덴의 이야기는 또 다른 방식의 이야기 구성으로 인간을 이야기하고 있다. 창조 설화와 에덴 이야기는 성서 전체 이야기의 원형적인 모습을 담아내기 때문에 이를 깊이 이해하는 것은 성서 전체를 읽어가는 데 매우 중요한 단서가 된다는 점이다. 이후의 이야기들은 창조 설화의 변주(變奏)요, 에덴 이야기의 새로운 버전들이라고 해도 과언이 아니기 때문이다.

5. 엘로힘과 야웨 엘로힘

1) 엘로힘

하나님! 엘로힘!

인생은 하나님이 아니면 그 정신이 새로 태어날 수가 없다. 하나님은 인생이 새로 나는 근원이다. 엘로힘(하나님)이 아니면 어느 인생이든 인생은 거듭날 수가 없다. 인생의 정신은 그 지향점이 완전성에 있다고 하겠다. 완전성의 정점에 신이 있고, 인생은 신의 완전성과 온전성을 향해 나아간다. 이때의 신은 엘로힘이다.

민족마다 부족마다, 종교마다 그 이름은 달리하고 다른 명찰을 달고 있다 해도 이때의 신은 히브리인들 식으로 하면 '엘로힘(하나님)'이다. 창세기 1장에서 2장 3절까지는 엘로힘 문서라고 흔히 말한다. 엘로힘 하나님에 의해 인생은 새로 태어나기 위한 잉태의 시간을 갖는다. 그 정신이 성숙하고 여문다는 말이다. 건강한 사람으로 성장해가는 토대요 근원이다. 그러나 엘로힘 하나님은 인생의 정신이 성장하는 동력이요 기반이지만, 처음 사람이 지향하고 처음 사람이 바라보는 하늘이고 땅이다. 처음 사람은 둘째 사람을 품고 하늘을 향한다. 처음 사람의 자궁에 잉태된 둘째 사람은 엘로힘의 하나님에 의해 자라고 성장한다. 그러나 산고를 겪지 않고는 태어날 수 없다. 산고란 곧 엘로힘 하나님이 야웨 엘로힘으로의 존재이행이다. 엘로힘이 엘로힘으로 있으면 인생은 새로 태어나는 것이 아니라, 태중에서 죽어버리고 만다. 사산하고 만다. 아무리 건강한 정신으로 성장했더라도 다시 태어나는 일은 없다.

정신은 다시 태어나야 한다. 첫 사람의 건강한 정신이 곧 거듭남이라고 할 수는 없다. 거기서는 마침내 엘로힘도 죽는다. 엘로힘은 결국 인생의 우상이 되고 만다는 뜻이다. 인생도 죽고 엘로힘도 함께 죽는 비극 말이다. 물귀신이 되어 신을 끌어안고 신과 함께 죽는 비극이 발생한다. 무슨 말인가. 엘로힘 하나님을 우상으로 섬기기만을 고집하는 인간과 함께 엘로힘은 그 본래의 모습을 드러내지 못한 채, 자신을 절대자로 섬기는 그로 인해 죽은 신으로 신의 생을 마감하고 만다는 점이다. 전지전능이라는 허명과 찬란한 이름으로 도색된 채, 이는 마치 마을 어귀에서 버려져 아무도 돌보지 않고 사그라들고 있는 장승, 곧 천하대장군 지하여장군과 같이 퇴색되고 만다는 말이다.

엘로힘은 야웨 엘로힘으로 인도하는 징검다리다. 엘로힘이 야웨 엘로힘으로 존재이행이 이루어지는 것은 엘로힘의 거듭남이요, 인생의 다시 태어남이다. 인생은 하나님에 의해 다시 태어나고 하나님은 인생을 통해 야웨 하나님으로 다시 태어난다. 인생도 살고 신도 살아나는 신비가 거기에 있다. 신 없는 시대의 신은 야웨 엘로힘으로 다시 태어나야 신이 살아난다. 이때 '야웨 엘로힘'이란 성서의 논법으로 그렇다는 얘기다. 그 이름은 무엇이든 상관없다. '존재'라는 말로 치환될 수도 있다.

'엘로힘'과 '야웨 엘로힘'은 창세기 1장과 2장의 역동적 관계라 하겠다.

종교는 그 발생에 대해 여러 가지 설명이 가능하다. 서남아시아를 중심으로 한 사막의 종교는 유일신 종교를 낳았다는 것이나, 인간의 두려움과 공포심에서 토템이 시작되었다는 설명은 여러 가지로 일리 있다. 창세기 1장은 엘로힘 하나님이 등장하고 창세기 2장 4절부터는 여호와 엘로힘이 등장한다. 토템에서 시작된 원시종교든, 종교가 유일신교로 발전했든, 신에게 부여한 온전성과 완전성은, 달고 있는 명찰이 무엇이든 신을 찾고 추구하는 이들에게 있어 그는 '하나님'이라 하겠다. 이른바 종교 문화의 다양한 형태가 등장하지만, 그들에게 있어 숭배의 대상 혹은 두려움의 대상인 '신(神, 하나님)'이라는 이름 아래에 수렴된다는 말이다.

성서의 영성을 따라 말해보자. 창세기 1장의 하나님은 일곱 날의 창조를 통해 하나님의 온전성이 계시된다. 창조의 하나님으로 등장하는 엘로힘은 인간의 경배의 대상일 뿐 아니라, 마침내 인간의 형상과 모양을 제대로 창조하는 신으로 묘사되고 있다는 점이다.

인간은 하나님에 의해 일곱 단계로 그 정신이 여물어간다는 게 창세기 1장 이야기의 핵심이다. 온전한 하나님을 향해 나아가고자 하는 인간은 엘로힘 하나님을 통해 일곱 영성의 단계를 통해 비로소 형상과 모양의 꼴을 갖춘 영성의 세계로 진입하게 된다. 그만큼 엘로힘 하나님은 강력하다. 엘로힘 하나님은 모든 여타의 신들을 수렴한다. 이는 비유컨대 태아가 모태에서 열 달 동안 온전히 성장해서 사람의 모양을 갖추고 마침내 사람으로 태어나는 것과 같다. 인간의 정신이 영성의 꼴과 모양을 갖추고 태어나는 것은 엘로힘 하나님의 태중에서라는 말이다. 인간의 영성은 하나님을 추구하고 찾는 데서 계발되고 발전한다. 엘로힘 하나님 아래에서 수태되고 비로소 꼴과 모양을 갖춰간다는 얘기다. 정신의, 영성의 성장 과정이 이와 같다는 말이다.

그런데 여기서 하나님에 대한 인식의 대변혁이 필요하다. 모태에서는 절대 의존관계요, 탯줄이야말로 생명줄이지만 사람의 꼴과 모양을 온전히 이루고 나면 모태를 박차고 나와 생명줄을 자르고 의존적인 숨쉬기가 아닌 홀로 독립적으로 숨을 쉬듯, 정신도 마찬가지라는 뜻이다. 탯줄은 절대적인 생명줄이었지만, 때가 되면 더 이상 생명줄이 아니고 사망의 줄이 된다. 잘라내야 새로운 생명의 호흡을 하게 되는 게 생명의 법칙이다.

이것이 히브리서에서 말하는 개혁(디오르도시스, διόρθωσις)이다(히 9:10). 엘로힘 하나님은 나의 영적 성장의 모태요, 창조의 주체고 창조주이지만 때가 되면 탯줄을 잘라내고 모태를 박차고 나와야 하는 게 생명의 운명이요 법칙이다. 만일 여전히 엘로힘 하나님이 전권을 주장하고 있다면, 아직 태중에서 보호받아야 할 태아의 상태거나 아니면 엘로힘 하나님은 하나님이 아니라, 마귀로 트랜스포머, 곧 변형된 채 죽은 하나님, 살인자, 거짓말쟁이로 어느덧 그대의 삶을 주관하고 있는 것은 아닌가. 예수는 그 점을 통렬히 지적한다.

엘로힘 하나님은 야웨 엘로힘으로 존재이행이 있어야 한다. 야웨 엘로힘은 스스로 숨을 쉬고 자신의 됨됨이와 꼴을 비로소 창조적으로 살아내도록 안내하는 새로운 하나님이다. 때가 되면 이전의 하나님과는 생명의 탯줄을 잘라야 한다. 우상의 시대가 지나가고 새로운 생명의 시대가 도래하는 것이다. 비록 우상의 시스템 아래에서 영이 성장하고 일곱 번 거듭나는 과정을 통해 영성으로 사람의 꼴과 모양을 갖췄더라도 그 시대를 벗어나야 한다. 은혜와 은총이 아무리 감사해도 새로운 생명의 세계에 반(反)하는 것은 마귀요 거짓말쟁이기 때문이다. 죽은 하나님으로는 새로운 시대의 하나님 역할을 할 수 없다.

이기적이 아닌 보편적인 사랑이라든지, 지고지순의 가치나 최고선의 세계, 자유와 생명과 진리에 대한 추구, 희생과 봉사에 대한 무수한 개념들은 비록 미완이고 헛손질이라도 하나님을 추구하고 하나님 나라를 지향하는 이들에게 잉태되는 소중한 개념들이다. 엘로힘 아래에서 그 같은 가치가 잉태된다는 이야기기도 하다. 비록 지치고 실현 불가능하다는 것에 도달하게 되지만, 그렇더라도 하나님의 우산 아래에서 그 같은 개념이 잉태된다. 신(神)으로 인해 더욱 숙성된다.

마침내 스스로는 그 같은 온전함을 실현할 수 없다는 것에 이르게 되면, 두 손을 들게 되고 스스로 띠 띠려는 것에서 떠나게 된다. 이제 엘로힘에서 야웨 엘로힘으로 눈 돌리게 되고 거기서 새로운 싹이 보이기 시작하더라는 이야기. 우리의 순례길이 그러하더라는 이야기다.

여기서 야웨 엘로힘이란, 나의 나 됨을 지향하고 한얼이 마음의 지성소에 자리 잡고 있다는 인식의 찾아옴이고 하나님은 다른 세계의 특이한 존재가 아닌, 여기 이렇게 있는 영성의 존재를 향한다는 뜻이다. 유대인들이 명명한 이름이지만, 야웨 하나님의 의미가 그러하다. 요한계시록은 바로 엘로힘과 야웨 엘로힘의 결별 그리고 야웨 하나님으로의 존재이행을 그리는 계시의 책이기도 하다. 아니, 창세기 1장의 엘로힘은 야웨 엘로힘을 품고 있다. 아직 야웨 엘로힘이 분화되지 않았을 뿐이다. 때가 되면 엘로힘에서 '야웨 엘로힘'이 '페이드 인(fade-in) [4]'된다는 점이다.

2) 야웨 하나님

야웨 하나님은 모세에게 계시된 하나님이다. 출애굽기 3장 14절에서 야웨 하나님은 아주 간결 명쾌하게 그 본래 의미가 드러난다. 출애굽을 단행하기 전 광야에서 모세를 향한 하나님의 부르심이 있었다. 모세는 바로를 피해 광야에서 장인 이드로의 양치기로 있는 동안에도 그의 내면에는 애굽에 있는 이스라엘 백성이 떠나지 않았을 것이고 마음에 걸렸을 것이다. 애굽에서 괴롭힘 당하는 민족의 아픔이 절절히 전해져 왔음을 알 수

---

[4] 페이드 인(fade-in)은 영상에서 검은 화면이 서서히 밝아지며 영상이 나타나는 것을, 음향에서는 소리가 서서히 커지는 것을 가리킨다. 장면이 끝날 때 검은색이나 흰색으로 서서히 바뀌는 것을 페이드 아웃(fade-out)이라 한다.

있다.

이때 떨기나무가 불에 타고 있었지만, 나무가 불에 사그라지지 않는다. 떨기나무의 불꽃은 민족을 향한 모세의 불타는 심장을 상징하는 것이고, 나무는 광야의 한 가운데 서 있는 모세 자신을 의미하는 것인지도 모른다. 불꽃은 사라지지 않고 활활 타오르는데, 그 한 가운데 서 있는 자기 자신은 사라지기는커녕 더욱 선명해진다. 그 같은 정황에서 야웨 하나님의 음성을 듣게 된다.

출애굽기 3장은 모세의 대전환과 자기 결정의 장이기도 하다. 그의 뜨거운 가슴 한가운데서 신과의 대화라는 말이요, 그중 3장 14절은 모세의 오도송(悟道頌)이 아니겠는가? 다시 말하면, 애굽에서 겪고 있는 백성들의 고통과 고난이 모세에게 무슨 상관이길래 모세는 백성들의 고통을 체휼하게 되었을까? 이때 모세는 질문한다.

> 모세가 하나님께 고하되 내가 이스라엘 자손에게 가서 이르기를 너희 조상의 하나님이 나를 너희에게 보내셨다 하면 그들이 내게 묻기를 그의 이름이 무엇이냐 하리니 내가 무엇이라고 그들에게 말하리이까(출 3:13)

조금 각색해보면 이러하다. 그의 뜨거운 가슴은 끊임없이 백성들이 눈에 밟혔을 게 분명하다. 가슴은 불타는데 그의 가슴을 불붙게 하는 존재에 대한 이해가 명증하지 않다는 게 또한 모세의 갈등이다. 유모(어머니)로부터 혹은 유대 전통 속에서 배운 하나님인 건 알겠지만, 그 존재가 도대체 누구인지 명확하지 않은 상태에서 뜨거운 가슴만으로 무작정 백성들에게 나가서 설득할 수는 없다. 불에 타지 않는 떨기나무 아래의 모세 이야기는 불덩이가 된 모세의 자기 정체성에 대한 씨름이라고 나는 여긴다. 여기서 '야웨 하나님'에 대한 번개가 치고 천둥소리를 듣는다.

에흐에 아쉘 에흐예.(אֶהְיֶה אֲשֶׁר אֶהְיֶה I AM THAT I AM, 나는 나다.) 이 보다 명확한 오도송(悟道頌)이 또 있을까.

'나는 나'라는 말이며, '나의 나됨'이라는 말이다. 나는 나인 하나님! 출애굽은 종의 몸으로부터 '나의 나됨'을 향한 첫걸음이다. 그의 하나님은 야웨 엘로힘이라는 말이다.

'야웨(יְהֹוָה)'란 히브리어 단어를 풀어보면 그 뜻은 He was that He will be의 의미다. 야웨는 하야(BE)동사의 미완료 시상과 완료 시상의 합성어다. 야웨란 '그는 그다'는 뜻이다. 하야 동사의 칼동사 완료형과 미완료 형의 합성어에서 유래했다. 출애굽기 3장 14절에서 그는(HE) 나(I)로 표현된다. 야웨 엘로힘이 말씀하시기를 '나는 나다'로 모세에게 표현하고 있으니 야웨와 '나'의 상관관계가 명확하다.

따라서 '구원'이란 '나 아닌 나'로 살던 삶이, 즉 애굽의 바로 밑에서 종살이로 살던 삶이 비로소 내가 나로 살게 되는 것을 일컫는 성서의 독특한 언어다. 이를 출애굽이라고 하고 '구원'이라고 성서는 말해준다. 현재 '구원'이라는 말은 너무 배타적 용어로 사용되고 있는 게 사실이다. 나와 너를 구분하고 선민의식과 이방을 구분하는 타락한 용어로 사용되고 있다.

번역 성서들이 이를 '스스로 있는 자'로 번역하면 야웨의 의미가 퇴색되고 도리어 야웨 엘로힘이 아닌 엘로힘을 강조하는 번역이 되므로 모세에게 계시한 본래의 의미는 숨어들고 다시 예전 모세에게 모호했던 엘로힘으로 회귀하는 번역이라고 지적하지 않을 수 없다. 즉, 3장 14절의 답변을 듣기 이전 모세의 상태에 머물던 알 수 없는 하나님인 엘로힘이 되고 만다.

바울은 이런 표현을 한다. 에이미 호 에이미(εἰμι ὅ εἰμι I am what I am-고전 15:10). 이를 대개의 번역 성경들은 '나의 나된 것'으로 번역해준다. 즉, '스스로 있는 자'로 번역하지 않는다는 것이고 이는 매우 적절하다고 여긴다. 맥락은 조금 다르지만, 출애굽기 3장 14절과 헬라어로는 같은 표현이다. 에고(I)라는 강조하는 주어가 생략되어 있지만, 헬라어는 동사 속에 인칭 주어가 내포되어 있어서 '에이미'라는 말과 '에고 에이미'라는 말은 같은 문장이다. 물론 후자는 '에고' 곧, '나'를 좀 더 강조하는 문장이라고 보면 된다.

성서는 결국 나로 살지 못하고 종으로 살 수밖에 없는 인생에게 '나의 나됨'을 이루는 길을 안내하는 책이고 야웨 하나님은 바로 그 같은 하나님을 일컫는다. '나는 목자다'라고 답했다면, 양치는 길을 안내하겠다는 뜻이고 '내가 목수다'라고 했다면, 나무를 잘 다루는 사람으로 인도하겠다는 뜻임은 자명하지 않은가? 모세에게 '야웨 하나님'이 곧 'I AM THAT I AM'으로 계시되었다면, 그리고 그런 그가 모세를 애굽의 백성들에게 보냈다면 애굽의 종살이를 벗어나 '내가 나'로 사는 길로 안내하겠다는 뜻이 명백하다는 말이다.

이 같은 엘로힘에 대한 정체성이 명확해지고 나서야 모세는 비로소 그가 떠나왔던 애굽을 향할 수 있었다. 바로 공주의 아들을 거절하고 떠날 수밖에 없었던 그곳. 자기 백성들의 울부짖음이 있는 그곳을 향해 발걸음을 옮길 수 있게 되었다는 말이다.

히브리인들에게 드러난, 모세에게 드러난 '야웨' 하나님의 정체성은 신약에서는 예수 그리스도에게 그대로 수렴된다. '야웨 하나님'의 이름을 망령되이 부르지 말라는 엄중한 계명은 야웨를 또다시 헛되이 부르지 말라는 말과 다름이 없는데, 히브리인들은 야웨를 '아도나이'로 바꿔 부르고 만다. 기록은 '야웨 엘로힘'으로 되어있는데 읽기는 '아도나이 엘로힘'으로 읽는다. 아도나이 엘로힘은 '주 하나님'이라는 뜻이다. 망령되이 부르지 않겠다는 그들의 충정이 역설적으로 하나님을 참으로 망령된 이름으로 바꿔 부르고 만다. 여기서 '야웨'는 히브리인들에게 활자로만 남아버렸고, 그들의 언어 속에서 망실(亡失) 되었다. 모세에게 계시된 야웨 하나님이 자취를 감춰버렸다는 얘기다.

대부분의 번역 성경들은 아예 '야웨'라는 말을 거세시킨다. 대표적으로 KJV성경은 '야웨'라는 말 대신, 'the Lord'라는 말로 대체시켜 버린다. 이것은 참으로 터무니없고 치명적인 왜곡이다. 물론 신약에서는 모두 야웨가 '주님(the Lord)'으로 바뀐다. '주 하나님'으로 표현의 이행이 이뤄진다. 하더라도 구약의 야웨는 그때의 기록 그대로 두고 번역도 그대로 하는 게 옳다. 그럴 때 야웨가 신약에서 큐리오스(κύριος, the Lord)로 전환된 것의 참 의미를 묻게 되고, 거기서 다시 '주님'의 의미가 제대로 드러나게 된다. 번역 성서들은 모세를 통해 드러난 계시를 싹둑 잘라버리고 만다. 거기서부터 유대교는 배타적이고 이기적인 이상한 종교로 전락하고 만다. 거기서부터 기독교는 유대교의 변종이라는 비판을 면할 수 없게 된다. 야웨 하나님으로 계시된 하나님이 또다시 엄위하신 하나님으로 환원되어 버렸다. 이것은 유대교의 비극이고 역사의 비극이다. 그것이 어찌 유대교만의 일이랴. 거기서부터 야웨 하나님은 그냥 엘로힘의 별칭으로만 있고, 그의 위상은 다시 주 하나님(아도나이 엘로힘)이라는 이름을 달고 엘로힘의 자리로 떠밀려 올라가고 만다. 우상의 나락으로 떨어져 버린다. 페이드 아웃(fade out)되고 만다.

신약의 예수 그리스도는 이를 종식한다. 예수 그리스도 속에 야웨 하나님을 수렴하고 포괄한다. 구약 속의 신약은 '야웨'에 있다. 야웨를 가장 잘 함축하고 있는 신약 성서는 계시록 1장 4절 후반부라고 할 수 있겠다.

호 온 카이 호 엔 카이 호 에르코메노스(ὁ ὢν καὶ ὁ ἦν καὶ ὁ ἐρχόμενος· which is, and which was, and which is to come(KJV)

이를 우리말 성경은 '지금도 계시고 전에도 계시고 장차 오실 자'로 대부분 번역하고 있지만, 이 또한 유감스럽게도 하나님을 우상으로 놓고 읽기 때문에 나타나는 번역이다.

호 온 카이 호 엔 카이 호 에르코메노스는 예수 그리스도의 계시를 나타내주고 있는데, 모세에게 계시된 ʾI AM THAT I

AM'에 대한 또 다른 생생한 표현이고 동시에 '야웨'를 그대로 담아내는 신약적 표현이다. 예수 그리스도의 계시(야웨 하나님을 수렴하고 있는)에 대한 현재적 표현이라는 말이다.

이 문장에서 헬라어의 시제를 세밀히 살핀다면, 거기 어디에서도 과거, 현재, 미래, 시제로 나눌 수 없다는 걸 알 수 있다. 따라서 번역에서 '전에도, 혹은 장차'라는 표현은 적절하지 않다는 말이다. 예수 그리스도의 계시는 언제나 지금을 중심으로 이루어지고 있다. 그것은 먼 미래, 그러니까 장차 일어날 사건도 아니고 또한 어제에 있는 일도 아니다. 호 온과 호 에르코메노스는 현재분사고 호 엔은 미완료 시제다.

헬라어에서 미완료시제는 부정과거와 확연이 구분된다. 부정과거(Aorist)란 어느 시점(포인트)의 동작을 말한다면 미완료시제(Imperfect)는 아직 어떤 동작이나 상태가 완료되지 않음을 나타내 줄 뿐이다. 언제나 되풀이되는 것이고 반복적인 것을 일컬을 때 사용한다. 동시에 그것은 현재를 중심으로 현재분사를 지향하고 있는 것을 의미한다. 현재, 과거, 미래로 번역한다는 것은 어불성설이라는 말이다.

예수는 스스로를 일컬어 에고 에이미(I AM)이라고 선언한다(요 8:58). 아브라함이 나기 전부터 '나는 나다'고 하고 있다. 이 위대한 선언 속에 '야웨 하나님'이 그대로 담겨 있다.

예수는 I AM 이라는 1형식 문장, 그리고 수많은 보어가 따라와 2형식 문장을 이룬다. 길과 진리와 생명뿐만 아니라, '나는 빛이다. 나는 양의 문이다. 나는 목자다.' 등 수많은 정체성의 확장이 이루어진다. 그 모두는 I AM에서 시작되고 마치는 것이며 나의 나 됨이 어떻게 이뤄지는지 보여주고 또 안내한다. 그런 의미에서 그는 주(Lord)가 되고, 모범이고, 안내자요 야웨의 신약적 완성이다. 여호수아는 (’Ιησοῦς) ‘야웨는 구원이심’이라는 의미를 갖는다. 모세 이후 광야에서 이스라엘 백성들을 가나안으로 인도하는 모세의 후계자 이름이다.

여호수아의 이름은 예수와 헬라어로 철자가 똑같다.(행 7:45, 히 4:8) 의미 또한 같다. 야웨는 구원이라는 의미를 담고 있다. 마태복음 1장 21절은 야웨는 구원이라는 의미의 이름인 예수로 이름짓는 까닭이 자기 백성을 저희 죄에서 구원할 자이심이기 때문이라고 기록하고 있다. 따라서 야웨는 구원이고, 예수는 야웨의 구원을 이루어간다. 모세를 믿었다면 나를 믿었을 것이라는 예수의 말씀은 여러 가지 의미가 있겠지만, 이 점에서도 명확하다.

모세를 믿었더면 또 나를 믿었으리니 이는 그가 내게 대하여 기록하였음이라(요 5:46)

모세를 제대로 안다면 예수도 그대로 드러난다.

출애굽기 3장 14절은 모세의 새로운 출발이다. 모세 오경은 모세의 이러한 신관의 토대 아래 편집, 저작되었다고 보는 것은 지극히 타당하다. 창세기의 수많은 이야기는 그러한 모세의 관점이 반영되고 투영되지 않을 수 없다는 말이다.

창조 이야기, 에덴의 아담 이야기, 노아 이야기, 아브라함의 이야기, 이삭과 야곱 이야기들 속에 어찌 야웨 하나님에 대한 모세의 생생한 계시가 배제된 채 배치될 수 있을까? 따라서 우리는 창세기 에덴의 이야기를 읽어갈 때, 이 같은 기본적인 배경을 놓쳐서는 곤란하다는 점이다.

창세기 2장 4절에서 야웨 엘로힘이 처음 등장한다. 따라서 어떤 이들은 창세기 1장은 E문서, 창세기 2장 4절부터는 J문서라고 칭하기도 한다. 창세기 2장 4절부터는 매우 새로운 시각으로 읽어야 한다.

6. 이야기의 원형 - 에덴 이야기

창세기 1장은 7일 창조설화로 이야기가 구성되었다. 창조설화는 성서 이야기의 제 일 원형이다. 창조설화의 이야기 방식은 성서 전체 이야기에 어떤 형태로든 영향을 미친다. 성서의 모든 이야기 구성에는 창조 이야기가 서사구조에 반영되어 있다. 이는 히브리인들 이야기 구성방식의 제 일 원형이다. 창조설화가 모세에 의해 문자로 기록되었다는 가설은 터무니없는 게 아니다.

성서 이야기의 제 이 원형은 에덴 이야기다. 이 역시 모든 성서 이야기의 서사구조에 어떤 형태로든 반영되어 있고 스며 있다. 이것은 히브리인들의 무의식에 투영되어 있다는 의미다. 따라서 창세기 1장과 2장을 이해하는 것은 성서의 여러 가지 이야기들을 이해하는 첩경이기도 하다. 원형적 이야기를 이해하면 그것에 의한 변주된 이야기는 이해하기가 훨씬 수월하기 때문이다. 성서는 이야기로 구성된 이야기 모음집이다. 내러티브의 형식을 띠고 있는 이야기들의 모음이다.

성서가 이야기들로 구성되어 있다는 게 무슨 뜻일까? 인생들이 모여 있는 곳은 거기가 어디든 이야기가 만들어진다. 언어는 있되 문자와 종이가 없던 시절, 공동체의 전통을 유지하고 관습을 전승하는 가장 원형적인 방식은 '이야기'다. 이야기는 흥미롭고 재밌어야 전승 가능하다. 재미없는 이야기는 소멸되기 쉽상이다. 흥미롭지 않은 이야기는 이야기의 생명력이 없다.

하여 모든 이야기는 이야기꾼에 의해 초월적 요소가 가미되게 마련이고 극적인 요소를 담아내는 법이다. 이야기는 이야기꾼에 의해 가감되면서 오랜 전승 과정을 거쳐 이야기의 완성도는 높아가게 된다. 그리고 오랫동안 대중들에게 떠돌던 이야기 중 살아남은 이야기는 부족이나 민족의 정체성을 일깨우는 전통으로 자리 잡게 된다. 이같이 경전에 담겨 있는 이야기들은 그 이야기를 전승하고 보존하는 각 시대의 영성가들에 의해 채집(採集)되고 수정(修正) 편집되어 오늘에 이르렀다.

한 개인의 삶을 되돌아봐도 수많은 이야기로 응집되어 있고 점철되어 있다. 각각은 수많은 이야기를 그리며 결국 저마다 자기다운 이야기를 써내려는 게 인생이다. 실패와 좌절과 절망의 이야기들을 넘어 마침내 진주처럼 빛나는 자신의 이야기를 써내고 싶은 게 인생이고 그것이 존재로 드러나게 될 때 그 이야기는 신성의 빛이 서리게 된다. 얼이 서려 있는 이야기가 된다는 말이다. 마침내 누군가에게 읽히는 이야기가 된다. 이야기가 전승되며 영존하는 이유라고 할 수 있겠다.

성서의 정통성은 유기적 영감설이나 축자 영감설이라는 신학적 호교론에 의해 유지되는 게 아니라는 점이다. 전승된 이야기는 그것만의 독특성과 생명력이 있게 마련이다. 그 시대의 이야기 방식으로 오늘의 독자와 호흡한다. 처음에는 신학적 편견을 가지고 텍스트를 마주하더라도 점차 그 편견을 내려놓고 이야기와 마주하게 된다.

독자와 텍스트가 순수하게 마주할 때, 성서의 이야기들은 독자에게 발언하게 되고 독자는 거기서 정면으로 옛사람들의 숨결을 만나게 된다. 언제나 그러하듯, 텍스트는 그를 마주하는 독자의 상태만큼만 발언한다. 이야기는 내용이 아니라 그 이야기가 생성될 당시 존재한 옛사람들의 숨결이다. 이야기는 단순히 정보전달을 목적으로 만들어지는 게 아니다. 그 속엔 지혜가 담겨 있다. 삶의 예지를 전승하는 것이 이야기가 존재하는 이유다. 이야기는 비유와 비사(秘事, παροιμία 파로이미아 풍유, 격언)로 구성될 수밖에 없는데, 의식의 심연에서 일어나는 숨겨진 일들을 이야기로 남기기 위해서는 언제나 비사의 방식을 띠지 않을 수 없기 때문이다.

창조 설화는 결코 물리적 창조 세계의 이야기가 아니다. 중근동에 산재해 있는 여러 창조 설화 중 모세 오경의 편집자에 의해 채수되어 편집되고 후대에 전승되어 우리 앞에 펼쳐져 있다. 그것은 물리적 창조 이야기 방식을 비유하여 그려낸 의식의 심연에서, 그리고 그 심연을 박차고 하늘을 나는 장자의 대붕(大鵬)과 같은 비사(秘事)로 펼쳐지는 창조 이야기다. 성서를 어떻게 그러한 관점으로 볼 수 있을까? 성서의 다른 수많은 이야기 속에 창세기 1장의 창조 이야기가 투영되어 있고, 그 이야기들은 창세기 1장의 이야기가 의식의 심연을 여행하며 그 심연을 넘어서는 이야기임을 역으로 설명해준다.

성서의 이야기 제 일 원형이 창세기 1장 창조 이야기라면, 제이 원형은 에덴 이야기다. 창세기 1장과 2장은 모든 이야기의 아르키타입(archetype)이요, 프로토타입(prototype)인 셈이다. 성서의 다른 이야기들이 이를 허다히 증언한다.

그런데 종교인들은 이야기를 역사적 사실(팩트)로 읽으려 한다. 거기엔 신을 찬양하고 은총을 구하기 위한 박수부대의 외침만 있을 뿐 이야기를 통해 전하려는 옛사람들의 지혜와 존재의 소리는 듣지 못한다. 문제는 거기에 있다.

7. 신화 속 그(HE)와 나(I)

여기서 잠시 신화는 언제나 그 주인공이 신이고 주어가 신으로 서술되고 있다. 영웅신화 역시 마찬가지다. 영웅을 신격화해 놓고 영웅을 중심으로 서술한다. 왜일까? 옛사람들은 왜 이야기의 주체로 엘로힘 혹은 야웨 엘로힘으로 이야기를 구성할까? 그 같은 신화에서 우리는 존재의 본질을 읽어낼 수 있을까? 이야기의 주어와 나와는 무슨 상관일까?

He is I and I am He

여기서 He는 누구인가? 대개 He를 3인칭인 타자 곧 그 사람을 일컫는 게 일반적인 어법이다. 그럴 때 He는 내가 될 수 없다. 각각 서로 다른 개체이기에 He Equal(=) I의 성립은 불가능하다. 그렇다면 저 문장은 성립할 수가 없다.

반면에 TV 화면에 나온 저 사람, 사진 속의 그(He)가 곧 나(I)라고 하면 성립이 가능한 문장이다. 이때 사진 속의 그가 나라는 것을 확인하게 되면 He와 I는 동일성을 확보하게 된다. 이때의 동일성은 사진 이미지의 동일성일 뿐이다.

Who is he? 각자의 마음속에 존재하는 지극(至極)한 형태의 그는 누구인가? 이때 '그'는 3인칭이다. 이 지극한 존재로 있는 그가 누구일까? 질문의 대상으로 있을 때 그는 곧 3인칭 He가 된다. 누구인지 선명하지 않기 때문에 HE이기도 하다.

성서는 여기서 지극한 존재로 있는 He를 나를 낳는 자라 하며 나를 나 되게 하는 존재의 근원이라 칭하고 동시에 그(Him)를 데오스(신) 혹은 엘로힘이라 일컫는다.

독자들은 알 수 없는 것에 '데오스'라 이름해놓고 전지전능의 신으로 상상하며 그 아래 부복한다. 그를 예배하고 숭배한다. 은총을 구하고 은혜를 구한다. 이때 그(HE)는 각자 마음의 궁궐 안에 지극한 존재로 존재하는 그(He)가 아니라, 마을 어귀에 있는 천하대장군의 진화된 형태로 관념이 지어 만들어 하늘 어귀에 세워놓은 그(HE)다. 신이라는 이름, 엘로힘이라는 이름, 지금까지 등장한 각종 좋은 이름을 입혀놓고 인생들을 굴복시키고 있다. 즉, 인생의 욕망이 낳고 키워서 영험하기 이를 데 없는 신으로 만들어 세운 것이라는 말이다. 그렇게 낳고 기른 신은 인생들 위에 군림하며 인생들을 굴종시킨다. 신의 대리인을 자칭하는 광란의 종교지도자들이 있고 상상력을 동원해 더 큰 신으로 물을 주며 키워가고 있다. 이름이 무엇이든 총칭해서 그는 '하늘의 용'이다.

번개와 천둥!

지상으로부터 형성된 고온다습한 공기층과 얼음 알갱이들로 형성되어 있는 차가운 구름이 갑작스럽게 만나면서 구름 아래 음전자를 형성하고 구름 위에 강력한 양전자층을 생성한다. 갑작스런 대류의 흐름 속에서 음전자와 양전자가 서로를 향해 +와 -의 균형을 유지하기 위해 격발하고 구름 속에서 강력한 전기충격을 일으키며 열을 발생시킨다. 강력한 전기충격은 빛과 소리의 현상을 빚어내며 뇌성벽력을 일으킨다.

습하고 뜨거운 공기층과 얼음 알갱이의 차가운 공기층이 부딪치면서 음전자와 양전자층을 형성하고 양전자와 음전자가 만나면서 공기 중 질소화합물을 만들어낸다. 천둥과 번개는 모든 생명의 단백질 원천을 만들어내는 질소 공장인 셈이다. 땅에서는 공기 중의 질소를 흡착해 질소비료를 만들어내는 뿌리혹박테리아와 같은 미생물이 있는가 하면 하늘에서는 천둥과 번개가 온 대지에 천연비료를 만들어 빗물과 함께 흩뿌려줘 초목이 왕성하게 자라게 한다. 생물들의 단백질 공급원이 된다.

의식의 세계도 이와 같다.

고온다습한 공기의 흐름은 무엇일까? 끓어오르는 욕망과 생존의 욕구를 기반으로 형성된 열정의 기류가 고온다습한 공기층이다. 대부분 인생이 이를 바탕으로 의식의 세계가 형성되고 활동한다. 아래에서부터 피어오르는 안개라 하겠다.

아인(אֵין,Not), 그게 아니라는, 얼음 알갱이처럼 차갑고 냉정한 기운의 기류가 위로부터 불어온다. 두 개의 기류가 부딪히면서 천둥과 번개가 발생한다. 아니 번개와 천둥이 몰아친다. 빛과 소리의 속도 차이로 번개 후 천둥이 이어서 들려온다. 의식의 세계 역시 인식의 빛이 먼저고 소리는 뒤따라 오게 마련이다.

에덴 이야기에서 '하아담 아파르'(흙사람, 아무것도 아닌 사람)와 상응한다. 번개와 천둥소리를 통해 시작된 의식의 새로운 싹 틔움이 비로소 직립의식의 시작이다. 머리에서부터 시작되는 새로운 의식의 싹틈, 타자 지배에서 벗어나게 되고 스스로 직립의 시작이어서 성서는 이를 면류관이라 칭한다. 쌍떡잎으로 피어나는 지혜와 총명이 생명의 면류관이다.

서구의 지성 헤겔이 지적한 바대로 즉자존재(An Sich, 사물화된 존재)와 대자존재(für sich, ~을 향하여 있는 존재)가 서로 소용돌이 속에 강력하게 부딪히고 음전자와 양전자의 팽팽한 대립과 결합 속에서 번개를 일으킨다. 천둥소리를 내게 된다. 그 다음으로 지양(止揚 aufheben)한다. 이전 것에서 순간 멈추게 되고 새로운 것을 향해 서 있게 된다. 꽃이 지고 열매를 향하는 원리와 같다. 불가의 정혜쌍수 혹은 지관쌍수와 방불한다.

누구나 각각의 '그' 혹은 각각의 '나'는 각자의 정신의 세계를 구현하는 가장 강력한 힘이고 동시에 그것은 현재를 중심으로 언제나 있고, 있어 왔으며, 동시에 현재 분사로 다가오고 있는 것이다.

야웨는 그런 점에서 즉자-대자적(an und für sich)이다. 동시에 자기 존재를 향해 서 있는 인생도 언제나 즉자-대자적(an und für sich)일 수밖에 없다. 즉자존재(卽自存在)란 "그것이 그것인 바 그 것"을 일컫는 말이다. 즉, 사물존재는 어제도 그것이고, 지금도 그것이고, 내일도 그것이 그것으로 있다. 따라서 즉자존재란 사물 존재와 같은 그런 정신의 존재를 일컫는 말이다.

칸트의 물자체(Ding An Sich)에 이어 헤겔이 사용하고 샤르

트르가 심화시킨 용어다. 하여 'in itself'다. 그 자체로 있는 것이다. 이에 비하면 대자존재(對自存在)란 '~을 위하여, 혹은 ~향하여 있는 존재'다. 하여 for itself요, 소위 'für sich'라 한다.

인간은 지금까지의 나에 대해서는 다분히 사물 존재처럼 고착시키고 '그런 사람'이라고 사물화시키려는 특성이 있다. 그런데도 "그 사람은 그렇고 그런 사람"이라고 사물화(즉자존재)시키는 것에 정신은 결코 고착되지 않는다. 비록 그렇고 그런 사람의 특성을 지닌다 하더라도 모든 인생은 그렇고 그런 것에 머물지 않고 동시에 자기 자신의 보다 나은 자신 됨을 향하여 서 있다는 말이다. 정신의 특성을 살펴보면 보다 더 자기 자신다운 자신의 본래 존재를 향하여 서 있게 된다는 점에서 대자적(für sich)이라는 말이다. 정신의 그러한 특성을 요한계시록 1장 8절은 잘 묘사하고 있다. "호 온(현재분사, 지금 그러함), 호 엔(was 즉자적), 호 에르코메노스(is coming, 대자적), 지금 존재하고 어제도 존재해왔고 지금 오고 있는"이미 과거를 품고 있는 어제와 지금까지의 나는 즉자적(an sich, 그러한 나 혹은 된 나) 요소라면 존재의 나를 향해 서 있는 나는 대자적(für sich 그러할 나, 혹은 될 나)이기 때문이다. 이는 현재 여기 서서 어제를 품고 동시에 내일을 향해있기 때문이다.

인간의 정신은 끊임없이 어제를 품으면서도 동시에 그를 부정하며 내일을 향해 나아가는 존재기 때문이다. 내일도 오늘 여기서 끊임없이 다가오는 것을 통해 맞이하고 있다. 그것이 생명의 특성이다. 꽃은 꽃봉오리(어제)를 부정하고 열매는 꽃을 부정한다. 부정을 통해 다음으로 나아간다. 그러므로 부정은 틀리다는 얘기가 아니다. 열매는 꽃을 부정하지만 꽃이 틀려서 부정하는 게 아니다. 꽃을 거치지 않고서야 어찌 열매로 나아갈까. 정신의 성숙은 이같은 과정을 통해 이뤄진다. 부정을 통해 다음을 맞이한다는 점이다. 어제와 오늘과 내일은 서로 유기적이고 전체적이다. 생명은 늘 그렇게 역동적이다.

거기서 타자 지배를 극복하고 자기 자신으로 우뚝 서는 존재의 길로 나아가게 된다. 천둥과 번개가 공기 중에서 질소화합물을 만들어내듯, 두 개의 공기층이 강력하게 만나며 먹구름 속에서 번개 치고 천둥소리를 내며 의식은 진화한다. 즉자-대자의 존재를 향해 나아간다. 이같은 패턴을 반복하며 의식의 세계는 절대정신인 얼의 나라를 향해 나아간다. 지극(至極)한 정신의 사람을 일컬어 얼 사람이라 한다. 마침내 He는 I라는 사실이 관념이거나 도그마가 아니라 현실로 드러난다. 얼(엘 HE)과 나(I)가 둘이 아닌 하나로 창조된다. 그럴 때 HE IS I 와 I AM He의 노래를 비로소 부르게 된다. 신은 더 이상 우상의 하늘에 머물지 않는다. 3인칭의 이야기는 1인칭의 이야기가 된다.

히브리 사상의 핵심은 He was 와 He will be 라면 헬라 사상의 핵심은 I was요 I am이며 I will be(is coming)다. 성서는 헤브라이즘과 헬레니즘의 절묘한 조화의 책이다. 요한복음에서 절정을 이룬다. He is I 와 I am HE 가 성립되는 장면이 모노게네스(독생 혹은 유일한 존재)다. 거기서 신학과 인간학은 접점을 맞이한다. 모노게네스(μονογενής, 독생)는 우뢰의 아들이다.

8. 정신의 네 단계

- 네페쉬, 루아흐, 네샤마, 예흐예

여호와 하나님이 흙으로 사람을 지으시고 생기를 그 코에 불어 넣으시니 사람이 생령이 된지라 (창 2:7)

그리고 그 코에서 산 숨(네샤마)으로 숨쉬었고 그 아담은 산 혼을 향하게 되었다. (창 2:7)[5]

성서, 에덴 이야기에서 우리는 정신을 네 단계로 구분하고 있다는 걸 발견할 수 있다. 물론 절대적인 구분은 아니다. 다만, 잠정 그렇게 분류해 말해 볼 수 있고 그것이 성서의 이야기들 속에 스며 있다는 점이다. 이는 마치 육체를 영유아기, 소년기, 청년기, 장년기로 나누는 것과 같다. 그러나 그런 분류가 절대적인 기준이 될 수는 없다. 이때 그것을 분류하는 것도 저마다 조금씩 의견을 달리할 수는 있다. 그처럼 성서의 이야기들 속에도 정신이 그때마다 성숙해가는 단계가 있다. 즉, 정신이 거듭거듭 태어나는 과정이라 해도 지나치지 않다. 네페쉬<루아흐<네샤마

5) וַיִּפַּח בְּאַפָּיו נִשְׁמַת חַיִּים וַיְהִי הָאָדָם לְנֶפֶשׁ חַיָּה
바이파 베아파이우 니스마트 하임 바예히 하아담 레네페쉬 하야

(니스마트 하임)<예호예다. 그러나 이런 구분은 편의상 분류일 뿐, 도그마처럼 규정될 일은 아니다.

위 본문에 등장하는 니스마트 하임(네샤마)은 짐승의 세계관으로 숨 쉬던 것에서, 그것의 헛됨(아파르)을 경험하고 비로소 처음 사람으로 숨을 쉬게 되는 것을 서사적으로 표현할 때 등장하는 절묘한 어법이라 하겠다. 하여 니스마트 하임의 숨 쉼이란, 비로소 I am, 즉 내가 나로 서서 호흡하는 순간의 긴 숨을 일컫는다. 물론 몸은 언제나 제 몸이 숨을 쉬고 호(呼)와 흡(吸)을 반복해왔다. 태호흡의 경우 모태에서 어머니의 숨결을 의지해 숨쉬기가 이뤄졌으니 타자에 의한 숨이었다. 그러나 탯줄을 자르고 폐호흡이 시작된 후 한순간도 스스로 숨을 쉬지 않은 적이 없다.

정신도 그러한가? 직설하면 정신은 한 번도 탯줄을 자른 적 없이 사회라는 시스템의 인큐베이터에 의해 태호흡을 반복하고 있는 것은 아닌가 묻지 않을 수 없다. 이때 호흡법은 자가 호흡이 아니라 사회의 산소호흡기 시스템에 의한 것이다. 하여 대부분의 정신은 누군가에 의하지 않으면 지탱할 수 없었다. 최초로는 부모요, 또래 친구요, 이성 친구며, 사회의 교육과 문화요, 집단 무의식이 지배하는 것에 의해 그 정신이 호흡하는 것이다. 이때의 정신, 의식활동은 약육강식이 그 토대며 타자 지배 아래 있는 것이다. 이때의 정신을 일컬어 그냥 '네페쉬'라 하는 것이다.

지금까지 동물의 세계에서는 자기 자신의 삶이 없었다. 그 의식의 세계가 부모와 전통과 외부에서 주입되고 전달된 것에 의해 형성되었고 그것에 의해 살아온 것이다. 엄밀히 말하면 자기 자신의 삶이 아니었다. 생존의 세계에서 생존을 우선하고 이를 유지하는 것이 급선무고 약육강식의 동물의 세계, 야수의 세계에서 도태되어서는 안 되기 때문에 부모는 생존법부터 가르치고 전해준다. 그 마음은, 그 생각은, 그 의식의 활동은 오로지 생존을 우선하는 방식으로 초기화되고 세팅된다.

외부에서 주입된 가치와 도덕, 윤리의식에 의해 자신의 정신 세계가 창조되고 형성된 셈이다. 자신은 없고 타인이 자신의 의식 세계를 점령, 지배하는 것이다. 정신세계는 오로지 동물의 형상으로 지어져 있고 따라서 근원적으로 강퍅할 수밖에 없다. 자신은 없고 오로지 모든 게 타인으로 인한 것이니 한 번도 스스로 숨 쉬어본 적이 없다는 말이다. 하여 '아담 아파르'가 되고 '니스마트 하임'으로 숨을 쉰다는 것은 비로소 동물로부터 벗어나 내가 나로 눈뜨고, 비로소 스스로 자기 자신의 숨을 쉰다는 의미다. 의식 세계가 타인에 의해 숨을 쉬던 탯줄이 잘리고 독립적으로 쉬게 되는 숨을 일컬어 '네샤마'라 하는 것이다. 하여 네샤마는 생기(니스마트 하임, 산 숨)요, I am의 숨 쉼이다. 그래서 살아 있는 숨결(生氣)이라고 비로소 말할 수 있는 것이다. 여기서 잠시 '니스마트 하임'으로 숨결이 불어 넣어지기 전 찾아오는 게 있다. 성서의 많은 이야기 속에는 등장하기도 하고 생략되기도 한다. 에덴 이야기에는 없지만, 창세기 1장 창조 설화에는 등장한다. '루아흐' 다.

성서에서 분류하는 숨에는 대략 네 가지 종류가 있다. '네페쉬'와 '루아흐'와 '네샤마'와 '예흐예'다. 이를 정신의 4단계라고 분류해 볼 수 있겠다.

정신의 처음 단계는 피지컬(physical)적인 '네페쉬'다. 이때 네페쉬는 생각과 감정과 의지와 인생들이 활동하는 그 모든 정신 활동이다. 오로지 생존 문제가 의식활동의 알키메디안 포인트라는 점이다. 동물적 본능의 충족을 중심으로, 육체의 생존을 중심으로 정신 활동이 이뤄지기에 모든 것이 이기적이고 자아 중심적이다. 그런 점에서 정신의 특성을 육신적이라 칭하는 것이다. 육체의 생존이 그 정신 활동의 중심축으로 자리잡고 있다는 의미다. 누구나 먹고 사는 것만큼 중요한 것은 없다. 하여 모든 의식의 초기 활동은 바로 이를 중심으로 형성되는 것, 매우 자연스러운, 그러나 동물의 특성과 조금도 다를 바 없다는 말이다. 오감의 활동은 물론이고 정신의 활동이 모두 생존 문제를 중심으로 정렬되고 세팅되어있다고 하겠다.

루아흐(רוּחַ)는 지성적 활동이라고 할 수 있다. 인간의 내면에서 별처럼 반짝이는 지성적 활동이 곧 '루아흐'요, 이는 타자를 통해서가 아니라 자신의 내면에서 스스로 시작되는 번개와 천둥의 현상이다. 루아흐는 창세기 2장에는 나오지 않고 창세기 1장 2절에 처음 등장한다. 하늘의 별이 반짝이듯, 외부에서 전해져 온 것에 의한 정신 활동이 아니라, 어느 순간 찾아오는 별처럼 빛나는 깨우침이나 자각 혹은 지혜가 곧 '루아흐'다. 헬라어로는 프뉴마로 번역한다. 프뉴마도 그 신성성이 있는 하나님의 영($\pi\nu\epsilon\hat{\upsilon}\mu\alpha\ \theta\epsilon o\hat{\upsilon}$)이다. 칠흑같은 어두움과 혼돈 속에서도 어느 순간 찾아오는 지성적 빛이 곧 루아흐다.

루아흐가 수면에 운행하면서 새로운 창조의 세계가 열리게 된다. 루아흐는 따라서 지성적 활동이다. 누구나 타인이 전해준 정보와 상관없이 자신 안에 반짝이는 별이 있다. 북두칠성은 자신의 길을 찾아가라는 네비게이션이며 길 안내 도우미다. 그러나 이는 도우미일 뿐 자기동일성, 곧 자기 자신은 아니다. 자신을 향하여 나아가게 하는 동력이며 하늘의 별이다. 예언이며 소망이라는 점이다.

이 같은 정신 활동은 매우 중요하다. 기존의 생각들과 다른 자신의 내면에 비치는 빛이기 때문이다. 스스로의 자각 활동이니 지성(앎의 활동성)이라 칭하는 것이다. 타인에 의해 생성된 정보의 수집으로 이뤄지는 지식 활동과 다른 속성이어서 구별된 것이다. 구별된 표현이 '루아흐 엘로힘'이요 그래서 '하나님의 신'이라는 표현이 가능하다. 이게 성서의 어법이다.

반짝반짝 작은 별
아름답게 비치네
서쪽 하늘에서도
동쪽 하늘에서도
반짝반짝 작은 별
아름답게 비치네

영어 공부할 때의 ABC Song으로도 유명한 곡이지만, 우리말 번안 가사는 참으로 아름답다. 저 하늘의 별만을 바라보며 노래하지 말자. 누구나 그대의 가슴에 비치는 반짝거리는 작은 별, 이를 무시하지 말자.

비로소 타인의 소리가 아니라 스스로 내면에서 시작되는 지성의 활동이다. 처음에는 희미하지만 점차 북두칠성이 선명하게 보이고 개밥 바라기의 새벽 별이 확연해진다. 어둠을 밝히며 그대 삶의 길을 안내해준다. 타인의 안내는 잠시의 도움이고 힌트일 뿐 그대가 가야 할 길이 아니다. 오로지 자신의 길은 자신의 북두칠성을 좇아 살아야 길을 잃지 않고 실족해 넘어지지 않는다.

네샤마(נְשָׁמָה breath, πνοὴν ζωῆς)는 비로소 네페쉬와 루아흐의 징검다리를 지나 독립적인 자기 자신의 삶(I am)이 시작되는 숨결이다. 긴 숨을 내쉬며 비로소 '아 그랬었구나' 하는 탄성이다. 내가 나였던 적이 있었던가. 그런데 긴 터널을 지나 비로소 '나'의 본체, 나다움과 의식 세계에서의 독립적인 '나'의 숨결이 시작됨이다. 비로소 정신(mental)이라는 말이 성립한다. '정신의 나'요 비로소 '나다'인 '나'다.

루아흐의 활동은 반복적으로 나타나고 동물적 속성의 토대 위에 서 있던 네페쉬는 새로운 운영체계(operating system) 위에서 활동한다, 즉 아담 아파르라는 인식의 바탕에서, '내가 나'라는 숨결이 불어 넣어진 바탕에서 네페쉬가 작동하게 된다. 이를 '레네페쉬 하야'라 일컫는다. 동물적 본능을 중심으로 활동하던 네페쉬는 산 네페쉬를 향하여 있게 된다. 단순한 네페쉬, 즉 동물적인 네페쉬는 새나 짐승들에게도 같게 작동한다. 단지 아이큐의 차이만 있어 네페쉬의 작동이 고도화되었느냐 단순하냐가 있을 뿐이다. 이 네페쉬가 비로소 자기 자신의 자신 됨에 눈뜨고 그를 향하여 작동할 때, 성서는 이를 '레네페쉬 하야'라 칭하고 있다. 여기서 레(ל)는 히브리어로 '~을 향하여'라는 의미의 전치사다. 헬라어로 바울은 이를 '에이스 푸쉬켄 조산(εἰς ψυχὴν ζῶσαν)'이라 번역한다. 히브리어 레는 헬라어 에이스(into)로 번역된다는 점이다. 네페쉬 하야가 비로소 자기 자신을 향해(into) 서 있게 된다는 말이다. 혹은 야웨 엘로힘을 향해 서 있게 된다. 더이상 가면을 쓰고 타인의 눈치를 살피며 타인의 평가를 향해 서 있지 않는다는 말이기도 하다. 그럴 때 혼은 비로소 살아 있는 혼이 된다.

'예흐예(אֶהְיֶה)'는 신성의 정신(divine)이다. 여기 '예흐예'가 비로소 I AM 이다. 네샤마의 숨결을 숨 쉬면서 서 있는 '나'다. 신성체란 야웨의 본체요, 뜻이 하늘에서 이뤄지는 근원이고 지성소며 또 다른 말로 '베레쉬트'다. 야웨에 의해 야웨는 창조되고 사랑과 힘과 아름다움의 세계가 '바라'된다. 이때 야웨는 케테르(왕관, 번개)와 호크마(직관지, 천둥)와 비나(이해)의 세 모습이 하나로 나타나는 신적 에너지다. 아론의 싹 난 지팡이와 감추인 만나와 증거판인 흰돌(로고스)이 담겨 있는 게 지성소의 법궤다. 지성소의 법궤가 하나의 이름으로 개념화되면 '기름 부음'이고 '그리스도'라 할 수 있다. 이를 구약 성서는 '야웨 엘로힘'이라 한다. 성서는 한결같이 이 같은 신성과 엘로힘을 지시한다. 이 세 귀물(貴物)이 상징하는 상징성에서 우리는 '야웨 엘로힘'을 독해(讀解)해야 한다.

결코 현상계 배후 존재로 등장하는 엘로힘이 아니다. 인생의 내면에 성전이 설정되어 있고 성소와 지성소라는 독특한 개념을 동원해 분류하지만, 성서는 어디까지나 한결같이 내재해 있는 초월의 존재로 신이 묘사되고 있다. 내재적 초월성은 그런 점에서 신성성이다. 인간의 내적 요소에 감춰져 있지만 드러나게 되는 것을 '알레데이아(진리)'라 하고 그 신성성을 야웨 엘로힘이라 칭하는 것이다. 성서의 어법이 그러하다는 점이다.

수많은 사람이, 서구신학과 그 역사가 현상계 배후 존재로 신을 상정하므로 기독교가 폭력적으로 흐르게 된다. 기독교가 파시트적 요소를 품고 있을 수밖에 없는 까닭이 그 같은 신관에서 비롯된다. 성서의 신관은 결코 현상계 배후 존재로의 신이 아니다. 그것은 텍스트 해석에 대한 오류일 뿐이다. 이제 그 신과는 결별할 때가 도래한 것이다. 예수의 지적과 니체의 전통 신에 대한 해체가 있음에도 불구하고 작금의 한국 주류 기독교가 선포하고 있는 신은 중세 암흑기의 신관으로 회귀하였고 거기서 조금도 벗어나지 못하고 있다. 해체된 이후의 신을 찾지 못하고 도리어 이전으로 회귀하고 있다. 그 같은 신은 이미 죽은 신으로 판명되었고 현대인의 가슴을 적실 수 없고 설득될 수 없다. 예수는 유대인의 신을 해체한 자리에 깃드는 야웨 엘로힘에 대해 곳곳에서 명확히 드러내고 있다. '나를 본 자는 아버지를 보았다'는 언표에 답이 들어 있다. 거기서의 '나'는 신성의 '나'요 야웨 엘로힘이다.

앞서 언급했지만 다시 한번 바울의 표현에 등장하는 레네페쉬 하야(εἰς ψυχὴν ζῶσαν)를 살펴보자.

그 첫 사람 아담(프로토스 안드로포스 아담)은 산 혼(에이스 푸쉬켄 조산)으로 되었다 함과 같이 그 마지막 아담(호 에스카

토스 아담)은 살려주는 영(에이스 푸뉴마 조포이운)으로 되었
다(고전 15:45).

as it is written, The first Adam was made into a living soul,
the last Adam into the enlivening, or the life-giving, Spirit.
-Wycliffe's Bible

개역성경은 '첫 사람 아담은 산 영이 되었다 함과 같이 마지
막 아담은 살려주는 영이 되었다'고 번역한다. 창세기 2장 7절
에 나오는 레네페쉬 하야(לְנֶ֥פֶשׁ חַיָּ֖ה)를 70인역은 레(לְ) 전치사
를 '에이스(εἰς)'로 살려 번역했고, 바울은 이를 그대로 인용하
여 '산 혼으로(에이스 푸슈켄 조산 εἰς ψυχὴν ζῶσαν)'라고
했다. 영어 번역 성경 중 '레' 전치사를 살리고 있는 역본은 위
클리프 역본이다. into를 넣어서 히브리어 '레' 전치사를 살리고
있다. 하지만 그 외의 역본들에서는 전치사 into를 찾아볼 수 없
다. 살려주는 영을 일컫는 '호 에스카토스 아담 에이스 프뉴마
조오포이운(ὁ ἔσχατος Ἀδάμ εἰς πνεῦμα ζωοποιοῦν.)' 역
시 '살려주는 영을 향하여(εἰς, into)'라고 해야 한다.

우리의 호흡이 무엇이어야 하는가? 우리의 생각과 감정과 의
지의 활동이 무엇을 향하여 있는 것인가? 오로지 자신의 자신
됨을 향하여야 하겠고, 나아가 살려주는 영을 향하여 서 있게
될 때, 됨됨이를 향하여 서 있는 그것이 우리의 삶을 이끌어간
다. 이것이 야웨 하나님을 향하여 예배한다는 것의 의미고 그가
주가 되셨다는 시인들의 고백도 그 같은 언저리에 있다.

바울은 여기에 덧붙여 마지막 아담을 언급한다. 에덴 이야기

에서 마지막 아담은 어떻게 그려지고 있을까? 마지막 아담은 '에이스 프뉴마 조포이운' 곧 생명을 주는 존재로 묘사하고 있다. 산 혼이 살려주는 영으로 이행하는 이야기다. 에덴 이야기에서 마지막 아담은 처음 아담이 하와와 결혼을 하고 가인과 아벨 형제를 낳게 되고 이를 거쳐 셋을 낳게 된다. 에덴의 이야기에는 수많은 서사가 있는 셈이다. 그를 거쳐 아담은 하나님의 형상 곧 자기 형상과 모양의 셋을 낳게 된다. 셋은 마침내 처음 아담이 낳은 마지막 아담이다. 에이스 푸쉬켄 조산이 에이스 프뉴마 조포이운으로 다시 태어나는 과정인 셈이다. 따라서 에덴 이야기는 바로 레네페시 하야가 마침내 형상과 모양의 사람(the life-giving, Spirit 생명을 주는 정신, 살려주는 영)으로 태어나는 순례의 여정이라 하겠다.

창세기 2장

티끌처럼 아무것도 아니라는 존재 인식과 함께 '비로소 사람' 이 새로 태어난다.
이를 에덴 이야기에서는 '아담 아파르' 라 한다. 이것을 흙으로 사람을 지었다고
번역하게 되니 신화적 이야기를 그냥 신화 속으로 몰아넣고 만다.

9. 천지와 지천
하아레츠(the earth), 하샤데(the field), 하아다마 (the ground), 아담 아파르(the dust Adam)

여호와 하나님이 천지를 창조하신 때에 천지의 창조된 대략이 이러하니라 (창 2:4)

여호와 하나님이 천지를 창조하신 때에 천지의 창조된 대략
이 이러하니라(4절) 여호와 하나님이 땅(the earth)에 비를 내리
지 아니하셨고 경작할 사람도 없었으므로 들(the field)에는 초
목이 아직 없었고 밭(the field)에는 채소가 나지 아니하였으며
(5절)[6]

---

[6] 창세기 2장 4절 원문과 역본들

אֵלֶּה תוֹלְדוֹת הַשָּׁמַיִם וְהָאָרֶץ בְּהִבָּרְאָם בְּיוֹם עֲשׂוֹת יְהוָה אֱלֹהִים אֶרֶץ וְשָׁמָיִם:
엘레 톨도트 하샤마임 베하아레츠 베히바레암(바라) 베욤 아쇼트(아사) 예호바 엘로힘
아레츠 베샤마임

Αὕτη ἡ βίβλος γενέσεως οὐρανοῦ καὶ γῆς, ὅτε ἐγένετο, ᾗ ἡμέρᾳ ἐποίησεν
ὁ θεὸς τὸν οὐρανὸν καὶ τὴν γῆν 아우테 헤 비블로스 게네세오스 우라누 카이 게
스, 호테 에게네토, 헤 헤메라 에포이에센 퀴리오스 호 데오스 톤 우라논 카이 텐 겐 -
LXX(70인 역은 B.C 3 세기경 히브리어 성서를 헬라어 코이네 방언으로 번역한 역본
으로 약 72인의 학자들이 참여하여 번역했다 해서 70인 역이라 칭한다.)

These are the generations of the heavens and of the earth when they were created in
the day that the LORD God made the earth and the heavens - KJV

창 2장 4절 문장의 후반부, '바욤 하쇼트 예호바 엘로힘 아레츠 베샤마임'의 문장에서 주목해야 할 부분은 아레츠가 샤마임보다 먼저 등장하고 있다는 점이다. 개역성경은 천지의 창조된

이것이 천지가 창조될 때에 하늘과 땅의 내력이니 여호와 하나님이 땅과 하늘 - 한글 개역개정

이것은 야웨 하나님이 땅과 하늘을 '아사'(아쇼트는 아사의 부정사 연계형, made)하던 날에 '바라'된 그 하늘과 그 땅의 낳고 낳음(계보, 족보)이다.- 私譯

*톨도트는 톨레도트의 연계형이다. 연계형은 다음 단어를 속격으로 해석해주면 무난하다. '베히바레암'은 전치사 '베'와 '바라'의 낲알 부정사다. 70인역은 이를 에게네토 (ἐγένετο)라 번역한다. 70인 역은 '아사'의 목적어인 '에레츠 베샤마임'에 원문과 달리 정관사를 넣어 번역하고 있는 반면, '엘레 톨도트 하샤마임 베하아레츠'의 정관사는 도리어 반영하지 않고 있다. 그리고 히브리어 '바라'를 기노마이(γινόμαι의 부정과거 에게네토 ἐγένετο, became)로 번역한다. 이를 보건대 70인 역의 모본은 현재 우리가 보고 있는 히브리 성서의 텍스트와 미묘한 차이가 있음을 알 수 있다. KJV는 '바라'를 were created로 번역한다. 영어로 번역하면서 대부분 '바라'는 create의 개념으로 강화된 것을 알 수 있다. 앞서 '바라'는 톨도트에 포섭되는 개념이라는 점을 지적했듯, 도리어 be born의 개념이 선명함에도 create로 번역하는 것은 아쉽다. 사실 '바라'는 창조하다 create 보다 도리어 born의 의미에 가깝다. 70인 역은 야웨를 아예 번역하지 않는다. KJV는 야웨를 Lord로 바꿔 번역하고 있다. 70인 역에서부터 야웨를 잃어버리고 있다는 것을 알 수 있다.

여기 독특한 역본 몇 편을 소개한다.

These are births of the heavens and of the earth in their being prepared, in the day of Jehovah God's making earth and heavens - Young's Literal Translation

톨도트를 births로 번역하고 있다는 점이 눈여겨 볼만하다. 이는 '낳고 낳음'이라는 견해를 뒷받침해준다. 또 하나의 역본을 보자. These are the toledot of HaShomayim and of Ha'Aretz when they were created, in the Yom that Hashem Elohim made Eretz v'Shomayim - Orthodox Jewish Bible

OJB(정통 유대성경)는 원문의 '예호바'를 '하쉠(Hashem, 그 이름)'이라 음역하고 있다. 대부분 히브리어는 음역해서 영어 문장으로 표현한다. 이들도 '바라'는 영어 created로 표현하고 있음을 알 수 있다.

These are the births of the heavens and the earth when they were created, in the day that 1497;1492;1493;1492; Elohim made earth and heavens.- The Scriptures [(ISR 1998 / The Scriptures 1998 by Institute for Scripture Research (TS1998)) 성서를 읽을 때 독자들은 create를 born, 즉 낳음의 관점으로 보아야 한다는 점. 족보 혹은 계보의 토대에서 이해되어야 한다는 것이 나의 견해다.

대략이 이러하다고 그 어순을 천지(天地)로하고 있다. 공동번역과 개역개정본은 히브리어 원문을 따라서 천지를 지천(地天)으로 수정해서 번역하고 있다. 대개는 하늘이 먼저 나오고 이어서 땅이 나오는데, 땅이 먼저 등장하고 이어서 하늘이 나오는 것을 가볍게 지나갈 수 없다는 얘기다.

이것이 천지가 창조될 때에 하늘과 땅의 내력이니 여호와 하나님이 **땅과 하늘**을 만드시던 날에 (창 2:4 개역개정)

창세기 1장 1절은 하샤마임(그 하늘들) 베하아레츠(그 땅)고, 창세기 2장 4절의 앞 문장에서도 하샤마임 베하아레츠(그 하늘과 그 땅)로 이것이 일반적인 배열 순서다. 그런데 2장 4절의 뒷 문장의 경우, 주어가 야웨 엘로힘이고 동사는 '아사'며 아사의 대상인 목적어가 아레츠와 샤마임인데, 여기 아레츠와 샤마임에는 정관사(하, 베하)가 등장하지 않는다. 동시에 아레츠(땅)가 먼저 등장한다. 천지가 아니라 지천(地天)인 셈이다.

전술한 대로 이후 전개될 이야기는 톨도트(계보)에 대한 이야기다. 그런데 갑자기 천지가 여기서는 왜 지천일까? 한글 개역성경은 천지로 번역하지만 개역개정판과 공동번역은 '땅과 하늘'로 개정했다. 아울러 '아사'를 반영해서 '만드시던'으로 개정하고 있다. 대부분 번역성서들은 땅과 하늘의 어순으로 번역하고 있지만, 특이하게도 한글 개역성경과 마찬가지로 70인역은 하늘과 땅(τὸν οὐρανὸν καὶ τὴν γῆν)으로 번역한다.

여기서 의문이 하나 생긴다. 천지의 낮고 낮음을 이야기하면서 정작 에덴 이야기를 전개할 때 하늘 이야기는 보이지 않고 땅의 이야기가 지속해서 언급되고 있다. 왜 그러한가.

에덴의 이야기는 하늘과 땅의 '낳고 낳고'에 대한 계보 이야기다. 천지의 계보라는 말이 무슨 뜻일까? 개역개정본은 톨도트를 '내력'으로 번역하고 있다. 즉 천지의 '낳고 낳고'의 족보라는 말을 이해할 수 없어 '내력'이라 번역한다. 하늘이 하늘을 낳고 땅이 또 땅을 낳는다는 말은 메타포로 이해하기 전에는 결코 성립 가능한 문장이 아니다. 하늘이 하늘을 낳는다거나 땅이 또 땅을 낳는다는 말을 이해하기란 상식적으로 어렵다. 해서일까? 번역자는 도저히 족보라거나 계보라고 번역해내지 못한다. 고심 끝에 찾아낸 답이 '내력'이리라. 현대인의 성경은 '대충'이라고 번역하고 있다. 최악의 번역이다.

한국의 전래 동화에서 '호랑이가 담배 먹던 시절'이라는 표현과 마찬가지로 '천지의 족보'라는 말은 은유를 동원한 이야기로 구성되어 있다. 이를 간과하면 에덴 이야기는 신화 속에 갇혀 버리고 그 속에 담겨 있는 로고스는 발견할 수 없게 된다.

톨도트는 게네세오스요, 게네세오스의 대표적인 사례가 마태복음 1장 1절 비블로스 게네세오스 예수 크리스투 휘우 다윗, 휘우 아브라함이다.(βίβλος γενέσεως Ἰησοῦ Χριστου υἱοῦ Δαυὶδ υἱου Ἀβραάμ). 이후 열네 대, 열네 대, 열네 대의 계보가 나열된다. 에덴의 계보 이야기와 마태복음의 계보 이야기는 병행구요, 각각의 버전으로 계보에 대해 이야기를 구성하고 있다는 말이다. 성서는 그런 관점으로 보면 족보 이야기다. 단지 혈육의 족보가 아니라, 인간의 의식(意識)의 변화를 나타내는 족보라는 점이다.

에덴의 계보는 땅의 '낳고 낳음' 이야기로 진행된다. 하늘의 낳고 낳음에 대해서는 특별한 언급이 없다. 왜일까? 동사 아사의 목적어로는 천지가 아니라 지천으로 어순을 바꿔 기록하고 있다. 땅이 먼저 나온다. 땅의 낳고 낳음이 하늘의 낳고 낳음인가? 이 점을 유심히 주목할 필요가 있다.

바로 이어서 나오는 창세기 2장 5절은 아레츠, 땅의 "낳고 낳음" 이야기가 전개된다. 땅이 땅을 낳는다는 말이 무슨 뜻인가? 에덴의 이야기를 따라가 보면서 의문을 풀어보자. 샤마임(하늘)이 상징하는바, 에레츠(땅)가 은유하는 바 그 메타포를 간과한 채 이야기를 들으려 한다면, 즉 이야기를 이야기로 듣지 않고 역사적인 팩트로 인식하고 믿어야 한다고 주장하면 답이 없다. 거기서 성경은 발언을 멈추고 만다. 들려주려는 바가 들려지지 않는다. 위대한 창조주의 이력과 연혁만 읽게 되고 만다. 신의 위대함을 노래해야 하는 박수부대로 강요당한다. 그 같은 주장을 토대로 터무니없는 도그마를 생성하고 종교의 성을 구축해 인생을 질곡으로 끌고 가는 일은 대명천지 멈춰야 한다.

1) 여호와 하나님이 땅에 비를 내리지 아니하셨고

그 밭에는 각종 채소가 나기 전이고 그 땅에는 각종 초목이 있기 전 이었다. 왜냐하면 야웨 하나님이 그 땅 위에 비를 내리지 아니하셨고 또 사람은 그 토지를 경작하지 아니하였기 때문이다.

성서는 하늘과 땅의 낳고 낳음을 이야기하는 책이다. 하늘과 땅은 사람을 비유한다. 낳고 낳음을 이야기하는 데 그 순서가 땅의 다시 낳음부터 언급한다. 땅이 다시 태어나면서 자연스레 하늘도 다시 태어난다.

창세기 2장 5~6절은 다시 태어나야 할 땅에 대해서 기술한다. 창세기 2장 5절은 모든 인생들이 딛고 서 있는 마음의 상태를 말해주는 땅이다. 엘로힘을 찾고 또 찾더라도, 그 아래에서 무수한 지식과 교리를 잉태하고 또 추구하고 있더라도 인생은 한마디로 말하면 곧 2장 5~6절과 같다는 매우 간결한 규정이다. 모든 인생이 처해있는 상태를 간단히 기술하고 있다. 몸과 마음, 마음과 몸은 둘이로되 둘이 아니다. 에레츠는 몸을 비유하고 샤데(들)는 마음을 비유한다.

그 땅은 이러하다.

이 문장은 이렇다. 들에는 초목이 아직 없었고 밭에는 채소가 나지 아니했다. 왜냐하면 여호와 하나님이 땅에 비를 내리지 않으셨고, 사람은(아다마) 그 땅을(에트 하아다마) 경작하지 않았기 때문이다. 정관사가 없는 아담이니 누구나 사람이 그러하다는 걸 이야기 한다.

아다마의 상태는 '여호와 하나님'의 비가 내리지 않았다는 것. 말하자면, 아직은 야웨 곧 '나는 나'라는 자각과 주체적 삶의 눈뜸이 없었다는 얘기다. 결국 '나는 나'라는 것을 향해 마음이 작동하지 않다는 얘기와 여호와 하나님이 땅에 비를 내리지 않았다는 얘기는 같은 말이다. 사람이 다시 태어난다는 건, 처음 동물적 본능을 따라 지향하던 삶에서 돌이켜 자기 자신을 성찰하는 것에서부터 시작된다고 할 수 있겠다. 성찰이란 억지로 할 수 있는 것이 아니다. 어떤 계기가 찾아와야 한다. 현재 삶의 위기(자아 위기)를 거쳐서야 비로소 자기 자신을 돌아보는 계기를 갖게 된다.

자아 위기(ego crisis)를 겪기 전에는 성찰이 이루어지지 않는다. 하여 '야웨 하나님이 비를 내리지 않았다'는 서술이 가능하다. 사람은 있으되 그 마음 땅을 경작하지 아니한다. 따라서 야웨 하나님의 비에 의해 경작되는 초목과 채소가 나지 않는다는 것은 너무도 당연하다. 성공신화만을 좇고 경쟁과 다툼과 이기심의 노예가 되어 살고있는 마음은 사막일 뿐, 거기 야웨의 비가 내릴 여지가 찾아올 리 없다. 그 땅을 경작하지 않으니 초목도, 채소도 나지 않고 오로지 안개만 땅에서 올라와 온 지면을 적시고 있다고 묘사한다.

이게 종의 상태로 사는 사람들의 실상이다. 마음을 경작하지 아니한다. 마음에 초목도 채소도 나지 않는다. 잠시 있다가 사라지는 안개만 자욱하다. 모든 인생이 목매고 있는 것들도 따지고 보면 안개와 다를 게 무엇일까?

그러므로 이 이야기는 인생을 이렇게 간단하게 규정한다.

그리고 그 땅으로부터 안개가 올라와 그 온 땅의 표면을 적셨다.(창 2:5)

하늘에서 내리는 비가 땅을 적시는 게 아니라, 땅에서 올라온 안개가 잠시 땅을 적시니 더욱 땅은 황폐할 뿐이라는 게 에덴의 시(詩)다. 사실은 이것이 '아다마'의 실상이다. 이 '아다마'로부터 새로운 땅을 낳겠다는 게 '땅이 낳고 낳는' 이야기다. 그러므로 '아다마'는 '아파르 아담(흙사람)'의 토대요, 아파르 아담의 자궁인 셈이다.

야웨 엘로힘의 창조는 이렇게 계속된다.

야웨 하나님이 그 땅으로부터(하아다마) 그 흙사람을 지으시고 (야차르) 그의 코에 생명의 숨결을 불어넣으니 그 사람이 산 혼(레네페쉬 하야)으로 되었다.(창 2:7)

'하아담 아파르'(그 흙사람)

여기서 아파르는 '먼지' 혹은 '티끌, 혹은 가루'를 의미한다. 아다마는 창세기 2장 5~6절의 마음 상태다. 야웨 하나님의 비가 내리고 땅이 다시 낳음을 입는다는 건, 아다마로부터(민 하아다마) 고운 흙의 가루를 빚어 마치 토기장이가 토기를 빚듯, 가루와 같은 마음 상태로 빚어감이다. 이를 일러 옛사람들은 야웨 하나님이 하아다마로부터 아파르 아담을 지었다고 이야기한다.

번역 성경들은 대개 흙으로 사람을 지었다고 번역한다. 오해가 깊다. 가장 많은 오역이 이 문장에서 발생한다. 한글성경들은 거의 오역하고 있다. 여기서 아파르는 사람을 만드는 재료로 생각하고 흙으로 사람을 만들었다는 신화를 만든다. 그런뜻이 아니다. 여기서 아파르와 아담은 히브리어 문장에서 동격이다. 따라서 아담은 곧 아파르 흙이다. 동격문장이다. 이 문장은 하아다마로부터 하아담 아파르를 빚었다는 뜻이다. 따라서 하아다마가 2장 5~6절의 상태에 있는 우리들의 마음이라면, 2장 7절 흙사람이라는 건, 마치 아브라함은 자신을 일컬어 티끌과 재(아파르 베에페르)라고 고백(창 18:27)하는 것과 같은 상태를 일컫는다. 욥도 새롭게 그의 길을 들어설 때 비슷한 고백을 한다.

내가 주께 대하여 귀로 듣기만 하였삽더니 이제는 눈으로 주를 뵈옵나이다 그러므로 내가 스스로 한하고 티끌(아파르)과 재 (에페르) 가운데서 회개하나이다(욥 42:5~6)

다시 말하면 땅이 새로 태어난다는 것은 민하아다마로부터 마음이 흙가루처럼 된, 즉 '나는 티끌과 재와 같습니다'와 같이 마음이 낮아진 상태를 일컫는다. 진토와 같은 존재임을 자각하는데서부터 비로소 마음 땅이 새로워진다는 것, 거기서부터 땅은 새로워지고 또한 새롭게 숨을 쉴 수 있다는 것. 해서 그 코에는 생명의 숨결이 불어넣어지는 것이고, 거기서부터 사람이 새로워지니 혼은 그냥 혼이 아니고 산혼이 된다는 애기다. 야웨 하나님을 향하여 서있는 '레네페쉬 하야'라고 하는 이야기다. '~향하여 있는 네페쉬 하야.' 그러므로 여기서 하늘의 숨결로 숨을 쉬게 되니 하아다마로부터 아파르 아다마로 빚어지면서 하늘로부터 불어오는 숨으로 숨쉬게 되니 하늘의 거듭남이 아닌가? 그러므로 땅의 다시 낳음과 하늘의 다시 낳음, 곧 하늘과 땅의 계보가 시작된다.

하늘과 땅의 낳고 낳음의 이야기는 계속된다.

이렇게 아담은 비로소 '처음 사람'이 된다. 따라서 성서의 이야기에 등장하는 처음 사람이란, 아다마로부터 다시 태어난, 그리고 하늘로부터 불어오는 바람으로 숨을 쉬기 시작한 존재를 처음 사람이라고 칭한다. 이는 성서의 이야기를 읽어가는데, 매우 중요한 부분이다. 창세기 2장 5~6절의 상태는 처음 사람을 낳기 위한 토대(성서의 논법으로는 동물)요, 기반이고 2장 7절이 '처음 사람'이라는 점이다. 이제 처음 사람으로부터 성서의 이야기는 전개된다.

2) 하아레츠(the earth)와 하샤데(the field)와 하아다마(the ground) 7)

에레츠가 포괄적으로 땅 전체를 일컫는다면, 샤데는 경작 가능한 들이요 밭을 의미한다. 이 밭은 동시에 들이다. 신약성서에

---

7) 창 2:5

וְכֹל ׀ שִׂיחַ הַשָּׂדֶה טֶרֶם יִהְיֶה בָאָרֶץ וְכָל־עֵשֶׂב הַשָּׂדֶה טֶרֶם

베콜 시아흐 핫사데 테렘 이흐예 바아레츠 베콜 에세브 핫사데 테렘

יִצְמָח כִּי לֹא הִמְטִיר יְהוָה אֱלֹהִים עַל־הָאָרֶץ וְאָדָם אַיִן

이츠마 키 로 힘티르 예호바 엘로힘 알 하아레츠 베아담 아인

לַעֲבֹד אֶת־הָאֲדָמָה 라아보드 에트 하아다마

And every plant of the field before it was in the earth and every herb of the field before it grew for the LORD God had not caused it to rain upon the earth and there was not a man to till the ground-KJV

여호와 하나님이 땅에 비를 내리지 아니하셨고 땅을 갈 사람도 없었으므로 들에는 초목이 아직 없었고 밭에는 채소가 나지 아니하였으며 안개만 땅에서 올라와 온 지면을 적셨더라-개역개정

여호와 하나님이 땅에 비를 내리지 아니하셨고 경작할 사람도 없었으므로 들에는 초목이 아직 없었고 밭에는 채소가 나지 아니하였으며-개역성경

그 땅(the earth)에 있는 밭(the field)에는 채소가 존재하기 전이고 그 밭(the field)에는 향기나는 식물이 아직 자라지 않았다. 왜냐하면 그 땅(the earth)에는 야웨 하나님이 비를 내리지 않았고 또한 그 토지(the ground)를 경작할 사람도 없었기 때문이다.(5절) 그리고 안개만 땅(the earth)으로부터 올라와 온 지면(the whole face of the ground)을 적셨다(6절 私譯).

의하면 이곳은 코스모스, 곧 세상이기도 하다(마 13장 참조.) 들은 채소와 곡물을 내기도 하지만, 들짐승이 들끓고 있는 곳이고 야생이 머무는 곳이기도 하다. 야생이란 동물의 왕국의 속성인 약육강식만이 머무는 곳이라는 뜻이다. 하아다마는 경작의 대상이 되는 땅이지만 아직은 채소를 내거나 열매 맺는 나무를 내기 전의 '황무지'를 일컫는다. 황폐하고 강퍅한 땅을 상징한다. 원문은 하아레츠와 하샤데, 하아다마의 구분이 명확하다. 영어로는 earth와 field와 ground로 구분하고 있지만, 70인 역은 하아레츠와 하아다마를 그냥 '게스(γῆς)' 한 단어로 통일하고 있다. 하샤데(field)는 아그루(ἀγροῦ)라고 구분한다.

마음은 '아레츠'로 비유된다. 6절은 땅에서 안개만 올라와 지면을 적시고 있다고 이야기하는데, 여기에서 지면은 하아다마의 표면(אֶת־כָּל־פְּנֵי־הָאֲדָמָה 에트 콜 페네이 하아다마)이다. 안개만 올라오는 까닭은 야웨의 비가 내리지 않아서고 경작할 사람이 없어서다. 안개는 약육강식의 소산물로 잠시 있다가 사라지는 것들이고, 앞을 가려 만물을 밝히 볼 수 없게 하는 것들이다. 그저 자신의 이익의 관점에서만 사물과 만물을 보기 때문에 그것이 그것으로 보이지 않는다. 이익의 관점에서만 타인을 바라보기 때문에 사람을 사람으로 보지 못한다. 그것이 눈을 가리는 비늘이다. 눈을 가리는 비늘이 안개다. 안개는 땅에서 올라온다. 하늘에서 내리는 비가 아니다. 볕이 들면 사라지고 들은 여전히 메마르다.

그러나 이 땅은 단지 그러한 상태로 머물지 않는다. 야웨의 비가 내리면 경작할 땅으로 다시 태어난다. 여기서 야웨란 요드,

헤, 바브, 헤의 신성 네 글자요, 유대인에 의하면 감히 발음해 부를 수 없어서 '그 이름(하쉠)'이라고 바꿔 부르는 그 야웨다. 그러나 그것은 유대인에 의해 엄위하신 신으로 일컫고 함부로 불러서 안 된다고 하는 오해한 야웨일 뿐이다.

사실 야웨는 여호수아, 호세아 예수아로 그 이름이 확장된다. 여호수아는 '야웨는 구원이시다'는 의미다. 야웨는 '나는 나다', '내가 곧 그다'는 의미를 함의하고 있는 이름이다. 예수 이름도 결국 야웨에서 유래하였다.

'하아다마'는 동물의 왕국의 강퍅한 마음의 상태를 일컫는다. 인생은 누구나 처음은 그렇게 살게 마련이다. 누구나 먼저 생존의 세계에서 생존을 이어가야 하기 때문이다. 하여 마음은 생존본능을 충족하는 방향으로 초기화되고 그렇게 설정된다. 따라서 이때 정신의 세계를 형성하는 형상은 야생동물과 다를 바 없다. 인면수심은 틀린 말이 아니다. 그 겉은 사람의 모습을 하고 있지만, 그 마음은 동물과 다를 바 없다는 뜻이다. 동물과 차이가 있다면 단지 IQ가 조금 다를 뿐이다. 하여 사람이 거듭나야 한다는 말은 모태에 들어갔다가 다시 태어나야 한다는 말이 아니라 그 의식과 마음의 세계가 동물의 형상으로 초기화되어 있던 것을 '사람의 형상'으로 다시 버전업 시켜 재설정해야 한다는 뜻이다. 그것이 곧 야웨(나는 나, I am)로 인해 다시 태어난다는 의미고, 야웨 엘로힘의 비가 내려야 한다는 뜻이다. 거기서 비로소 '동물의 형상'은 '사람의 형상'으로 다시 지음 받는(born again) 것이고 이를 '하나님의 형상'(בְּצַלְמֵנוּ כִּדְמוּתֵנוּ 베찰메누 케드무테누, 우리의 형상 안에서 우리의 모양과 같이, 이마고

데이)이라 성서는 칭한다.

더스트 아담은(아담 아파르 the man of the dust) 바로 이 하아다마로부터(민 하아다마, from the Ground) 나온다. 하아다마가 더스트 아담을 낳는 것이다. 에덴 이야기는 땅이 땅을 낳는 계보 이야기다. 여기서 하아다마로부터 더스트 아담을 낳는 것을 바라나 아사를 사용하지 않고 '야차르(조성하다)' 동사를 사용한다. 이로부터 낳고 낳고의 계보 곧 톨도트는 바라와 아사와 야차르의 동사 등으로 확장되고 있음을 알 수 있다. 즉 2장 4절에 창조와 관련하여 '바라' '아사'가 나오고 7절에서 '야차르'가 나오고 있다.

창세기 2장 4~6절은 이같이 인간의 실존을 진단하면서 에덴의 이야기를 전개해간다.

10. 비로소 사람(하아담 아파르)[8]

여호와 하나님이 흙으로 사람을 지으시고 생기를 그 코에 불어 넣으시니 사람이 생령이 된지라(창 27)

야웨 하나님이 그 아다마로부터(민 하아다마) 아담 아파르(티끌 사람)를 빚었고 그 코에서 산 숨(니스마트 하임)을 호흡하였고 그 아담은 산 혼을 향하게 되었다(into a living soul, $\epsilon\grave{\iota}\varsigma$ $\psi\upsilon\chi\grave{\eta}\nu$ $\zeta\tilde{\omega}\sigma\alpha\nu$).-직역

---

8) 창세기 2:7

וַיִּיצֶר יְהוָֹה אֱלֹהִים אֶת־הָאָדָם עָפָר מִן־הָאֲדָמָה וַיִּפַּח

바이이체르 예호바 엘로힘 에트 하아담 아파르 민하아다마 바이이파

בְּאַפָּיו נִשְׁמַת חַיִּים וַיְהִי הָאָדָם לְנֶפֶשׁ חַיָּה:

베아파이오 니스마트 하임 바예히 하아담 레네페쉬 하야

Then the LORD God formed man of dust from the ground, and breathed into his nostrils the breath of life; and man became a living being.-NASB

And the LORD God formed man of the dust of the ground, and breathed into his nostrils the breath of life; and man became a living soul.-KJV

Therefore the Lord God formed man of the slime of [the] earth, and breathed into his face the breathing of life; and man was made into a living soul. (And so the Lord God formed man out of the slime of the earth, and breathed into his face the breathe

성서에서 가장 아름답고 극적인 문장을 택하라고 하면 아마도 이 문장이 아닐까? 첫 단어는 조성하다는 뜻의 '야차르'다. 이는 바라와 아사와 함께 톨도트를 이뤄가는 세 번째 동사다. '바라'가 낳음이라면, 낳음은 '아사'와 '야차르'에서 더욱 성숙되고 새로 낳음으로 이어진다. 다시 말해 태어난 아이가 날로 자라며 부모에게 양육을 받는데, 이러한 양육이 '아사(make)'라 하겠다. 그리고 누구나 부모로부터 정신의 독립을 외치는 사춘기가 도래한다. 사춘기의 도래는 질풍노도와 함께 정신의 대변혁기이기도 한데, 이는 '야차르'에 비유된다. 야차르는 form(조성되다. 형성되다)의 의미다. 지금까지 쉬던 숨을 멈추고 새로운 숨을 쉬게 된다. 생기가 그 코에 불어 넣어지니 획기적인 혁명적 변화가 시작된다. 그 정신이 '비로소 사람'의 형상을 지니게 된다. 비로소 사람은 처음 사람(The first Adam)이다.

그런 점에서 계보의 첫 일성이 바라라면, 바라는 아사로 나아가며, 아사는 야차르를 통해 완성되어 간다. 바라와 아사와 야차르는 톨도트에 포섭되기도 하지만, 동시에 아사와 야차르는 바라에 포섭되는 개념들이기도 하다. 톨도트>바라>아사>야차르라고 볼 수 있겠다. 계보(톨도트)는 낳음과 양육과 분리독립을 통해 진행된다.

---

of life; and then the man was made into a living soul.)-Wycliffe's Bible

καὶ ἔπλασεν ὁ θεὸς τὸν ἄνθρωπον χοῦν ἀπὸ τῆς γῆς καὶ ἐνεφύσησεν εἰς τὸ πρόσωπον αὐτοῦ πνοὴν ζωῆς, καὶ ἐγένετο ὁ ἄνθρωπος εἰς ψυχὴν ζῶσαν. -LXX

여호와 하나님이 땅의 흙으로 사람을 지으시고 생기를 그 코에 불어 넣으시니 사람이 생령이 되니라 - 개역개정

예컨대 아이를 잉태하여 태어나면 '아이를 낳는다'고 한다. 성서의 '바라'는 낳다의 개념이다. '낳음(born)'은 곧 창조(create)다. 아이가 태어나면 어미는 젖을 물리며 양육한다. 사람의 꼴을 갖춰가도록 끊임없이 돌보며 무한 애정으로 아이를 아이답게 양육한다. 이를 '아사'(made)라 한다. 이미 태어난 아이는 사람이지만 더욱 사람답게 자라도록 돌본다. 창조의 연속성이다. 낳음의 연속성이다. 그런 점에서 양육도 낳음에 포괄된다는 말이다. 양육 또한 창조 행위에 속한다는 의미다. 사춘기가 되면 비로소 부모의 품으로부터 의식이 독립하려고 몸부림친다. 몸의 변화와 동시에 정신의 변혁기에 이르러 마침내 부모로부터 독립된 개체가 된다. 이것 역시 창조에 속하며 낳음에 속한다. 이때의 동사가 이를테면 히브리어로는 '야차르(form)'요, 조성됨이다. 따라서 크게 보면 아사와 야차르도 바라에 포괄된다는 점이다. 그 모든 과정을 압축하면 바라로 표현할 수 있다. 나누어 말하면 바라, 아사, 야차르로 세분할 수 있다. 사춘기를 거쳐 몸과 정신이 독립하고 마침내 부모를 떠나 스스로 살아갈 수 있을 때 부모의 창조 사역은 마무리된다.

더이상 관여나 간섭이나 돌봄이 필요 없게 된다. 육체의 세계에도 그러하듯 정신의 세계, 의식의 세계 역시 동일한 특성으로 나타난다. 처음 핏덩이로 낳았지만 매일 새로 태어나며 마침내 몸도 마음도 누구의 도움이 필요 없는 스스로 직립 보행할 수 있는 존재로 거듭 태어난다. 정신의 세계에도 그와 같은 끝없는 새로 태어남을 통해 온전한 한 사람을 이룬다. 여기까지는 처음 사람이다. 처음 사람은 그 정신이 독립하여 비로소 자가 호흡을 한다. 자가 호흡을 하며 성인으로 성숙해간다. 마침내는 마지막 사람, 생명을 주는 아담으로 거듭 태어난다. 생명의 계보란, 바로 그 정신이 독립하게 되고 마침내 살리는 영으로 거듭 태어나는 과정의 계보를 말한다.

야곱을 창조하시고 이스라엘을 조성하신 하나님(사 47:28)에서 알 수 있듯 야곱은 바라에 속하고 이스라엘은 야차르에 속한다.

> 야곱아 너를 창조(바라)하신 여호와께서 지금 말씀하시느니라 이스라엘아 너를 지으신(야차르) 이가 말씀하시느니라 너는 두려워하지 말라 내가 너를 구속하였고 내가 너를 지명하여 불렀나니 너는 내 것이라(사 43:1)

물론 이스라엘에 바라를 사용하는 경우도 다수 나온다. 어떤 개념이 하나로 고착될 수는 없다. 야차르는 바라에 포섭되기에 바라로 표현해도 무방하다는 말이다.

시편 104편 30절은 창세기 2장 7절에 대한 시인의 인용이요, 노래다. 거기서는 '야차르'가 아니라 '바라'를 사용한다. 야웨의 영(루아흐)을 보내어 창조(바라)를 진행한다. 아다마의 표면(지면)을 새롭게 하는 장면이다. 야차르가 아닌 바라를 사용하는 것은 야차르가 바라를 수행하는 과정이요, 바라에 포함되기 때문이다. "목수가 집을 짓는다"는 표현 속에는 나무를 자르고, 대패질하고, 나무와 나무를 서로 이어 붙이고 건축하는 모든 동작이 포함되어 있는 것과 같다.

주의 영을 보내어 그들을 창조하사 지면을 새롭게 하시나이다
(시 104:30)[9]

에트 하아담 아파르 민하아다마
(אֶת־הָאָדָם עָפָר מִן־הָאֲדָמָה)

성서의 오역이 이 부분처럼 치명적인 곳도 흔치 않다. 에덴의
신화적 이야기를 더욱 신화 속으로 함몰시킨 것이 이 문구의
오역이다. 이 부분을 대개 역서들이 오역하고 있지만, 그 중
NASB가 가장 원문을 충실하게 반영하고 있다고 여긴다.

man of dust from the ground -NASB

man of dust of the ground -KJV

한글 번역서들은 하나같이 "땅(ground)의 흙(dust)으로 사람
을 지으시고"라고 번역한다(개역개정). 개역성경은 그냥 "흙으
로 사람을 지으시고"다. 둘 다 오역이다. man of dust(하아담 아
파르)에서 아담과 아파르는 동격이다. 여기서 of는 동격의 of로
보아야 한다. 민 하아다마에서 '민'은 from의 의미를 나타내는
전치사다. 민 하아다마는 '그 아다마로부터(from the ground)'

---

9) 시 104:30
תְּשַׁלַּח רוּחֲךָ יִבָּרֵאוּן וּתְחַדֵּשׁ פְּנֵי אֲדָמָה:
(테샬라 루하카 이바레운 우테하데쉬 페네이 아다마)
이바레운((바라의 니팔동사 미완료 시상 3인칭 복수, 그들이 창조되다) You send forth
Your Spirit, they are created; And You renew the face of the ground.-NASB

다. 따라서 그 의미는 "그 아다마로부터 아담 아파르를 조성(야차르)하고"라는 뜻이다. 이 말은 하아다마(the ground)나 아파르(dust)가 사람을 만드는 재료가 아니라는 의미다. 서구신학의 오류는 여기서도 결정적이다. 즉, 서구신학의 오류는 텍스트 해석의 오류에서 비롯된다. 에덴 이야기의 잘못된 해석에서 비롯된다. 텍스트 해석의 오류에서 신관과 인간관이 철저히 왜곡된다.

이를 원문 그대로 해석하면 "야웨 하나님이 황무지(the ground)와 같은 마음을 먼지나 티끌(dust) 곧 고운 흙과 같은 부드러운 마음의 상태로 조성했다"는 뜻이다.

'아파르'는 단지 흙이 아니라, 그 마음이 강퍅한 동물의 형상(the ground)에서 그것이 결국 인생을 사는 데는 아무것도 아니라는(아파르) 실존 인식의 찾아옴을 의미한다. 성공을 추구하고 더 많은 힘을 배양하려는 모든 애씀이 약육강식의 동물적 속성을 확장하려는 몸짓에 불과하다는 인식, 즉 하아다마는 덧없음이라는 자기부정이다. 이를 '아파르'라 하고 비로소 '아담(사람)'이라 칭한다. 즉, 사람이라 하는 것이다. 아담과 아파르는 동격이다. 민(from) 하아다마(the ground), 그 황무지와 같은 것으로부터 아담 아파르가 조성되는 것이다. 성서의 다른 이야기에서 보면 아담 아파르는 다음과 같이 묘사된다.

아브라함이 말씀하여 가로되 티끌과 같은 나라도 감히 주께 고하나이다(창 18:27)

그러므로 내가 스스로 한하고 티끌과 재 가운데서 회개하나이

다(욥 42:6)

티끌처럼 아무것도 아니라는 존재 인식과 함께 '비로소 사람'이 새로 태어난다. 이를 에덴 이야기에서는 '아담 아파르'라 한다. 이것을 흙으로 사람을 지었다고 번역하게 되니 신화적 이야기를 그냥 신화 속으로 몰아넣고 만다.

여기서 존재와 무의 원형을 찾아볼 수 있다. 서양철학의 본질적 주제인 있음과 있지 않음의 원형이 에덴 이야기의 벽두에 나오는 '아담 아파르'에 뿌리를 두고 있다. 나는 존재자의 유무를 논하거나 현상계 배후 세계의 유무를 논하는 것은 끝없는 논쟁을 유발할 뿐 큰 의미 없다고 여긴다. 서양철학의 대부분 형이상학이 원인 무효가 될 수밖에 없었던 까닭이 거기에 있다. 중세는 현상계 배후 세계로 신의 존재가 실체요 주체였다. 그러나 창세기 야웨 엘로힘은 현상계 배후에서 인간을 창조하는 존재가 아니다. 야웨는 배후 존재로 있는 엘로힘이 아니라 나는 나(I am)로 인식되는 곳에 내재하고 있는 신성성과 얽인 엘로힘이다. 신약의 방식으로 말하면 성전 안에, 지성소에서 인간과 하나로 머무는 거기에서 시작한다.

'존재가 무에 뿌리를 두고 있다'는 것은 아파르에서 비로소 아담이 긍정된다는 에덴에서의 아담 아파르 이야기가 그 원형이다. "Nothingness lies coiled in the heart of being - like a worm 무는 존재의 중심에 마치 벌레처럼 똬리를 틀고 있다." - Sartre. 따지고 보면 서양철학은 이 주변에서의 산책이다. 이 원형적 이야기에서 터무니없이 멀리 떨어져서 논하거나 혹은 좀 더 가까이에서 산책하는 것 차이 정도다.

그러므로 무는 실존적(實存的) 무(無)다. 실존적 무의 체험에서만 존재(있음)의 긍정이 시작된다. 즉 정신의 세계에서 각 개인에게 실존적인 동물의 형상이 무(無 혹은 空)로 드러나, 그것의 허무가 철저히 드러나고 체험되며 부정되는 곳에서 현존재인 '사람의 형상(있음 I am)'이 긍정된다는 의미다. 여기서 '아담 아파르'는 반야심경의 색즉시공(色卽是空)과 상통한다. 색즉시공은 이론으로 논해질 바가 아니다. 조견오온개공(照見五蘊皆空)에 대한 히브리인의 통찰력이 '민 하아다마(五蘊) 아담 아파르(皆空)'다. 거기서 '야차르'는 조견(照見)에 상응한다. 에덴 이야기는 이를 '바라'라 하고 땅이 땅을 낳는다고 전승하고 있다. 그러던 것이 모세에 의해 에덴 이야기로 편집된다. 하아다마에서 아담 아파르를 낳고 조성하는 것이 곧 땅이 땅을 낳는 것으로 이야기된다.

여기서 하늘 이야기는 어디로 사라진 것일까? 천지창조의 계보요, 지천의 창조되던 날이라면서 땅의 이야기가 지속되고 있다. 땅이 거듭 태어나는 얘기가 진행되고 있다. 황무지가 진토되어 아파르로 다시 태어나는 이야기가 진행되는 동안 하늘의 낳고 낳음은 어디로 간걸까? 하늘은 이야기 속에 깊이 숨어 있다. 에덴 이야기에서 우리는 하늘이 다시 태어나는 모습을 읽어낼 수 있을까? 어느 땅에 속하느냐에 따라 하늘도 달라진다. 땅이 거듭 태어나면 하늘도 새로 태어난다. 애굽에 있으면 애굽 하늘을 이고 산다. 애굽 하늘을 바라보고 산다. 광야에 있으면 하늘도 어느덧 광야의 하늘이다. 가나안에 있으면 하늘도 가나안 하늘이다. 바빌론에 잡혀가면 하늘도 바빌론 하늘 아래 있게 된다.
하여 천지의 계보는 지천의 계보와 동의어가 된다. 땅이 다시
태어난다는 것은 하늘도 다시 태어난다는 걸 의미한다.

11. 동방의 에덴 10)

여호와 하나님이 동방의 에덴에 동산을 창설하시고 그 지으신 사람을 거기 두시고
(창 28)

야웨 하나님이 동방(옛적부터)의 에덴에 동산을 세우고 그가 빚은 그 사람을 그곳에 살게 하셨다. 그리고 야웨 하나님이 그 땅에(하아다마) 보기에 아름답고 먹기에 좋은 각종 나무가 나게 하셨고 동산 가운데에는 생명나무와 좋고 나쁨의 지식나무가 있었다.(창 2:8-9私譯)

에덴동산은 기쁨의 동산이라는 의미를 갖는다. 흔히 이 이야

---

10) 창 2:8-9

(8) וַיִּטַּע יְהוָה אֱלֹהִים גַּן־בְּעֵדֶן מִקֶּדֶם וַיָּשֶׂם שָׁם אֶת־הָאָדָם אֲשֶׁר יָצָר

바이타 예호바 엘로힘 간 베에덴 미케뎀 바야쎔 샴 에트 하아담 아쉘 야차르

(9) וַיַּצְמַח יְהוָה אֱלֹהִים מִן־הָאֲדָמָה כָּל־עֵץ נֶחְמָד לְמַרְאֶה וְטוֹב

바야체마 야웨 엘로힘 민 하다다마 콜 에츠 네흐마드 레마르에 베토브

לְמַאֲכָל וְעֵץ הַחַיִּים בְּתוֹךְ הַגָּן וְעֵץ הַדַּעַת טוֹב וָרָע׃

레마아칼 베에츠 하하이임 베토크 하간 베에츠 하다아트 토브 바라아

기를 대하는 독자들은 에덴동산을 시공간적 의미로 읽게 된다. 창조의 어느 시점 특정한 어느 공간에 에덴동산을 창설하였고 거기서 최초의 사람이 머물게 되었다는 신의 창조 신화로 읽는다는 말이다. 그러한 방식으로 읽는 사람들에 의해 에덴동산의 고고학적 위치는 어디일까를 추론하는 이들도 다수 등장한다.

물론 이야기가 구성될 때 이야기를 만드는 사람들의 주변에서 볼 수 있는 자연환경의 특정한 모델이 있을 수 있다. 그렇다고 하더라도 에덴의 이야기에 등장하는 에덴동산은 그러한 시, 공간적으로 특정된 물리적 공간일까? 이야기를 이야기로 읽지 않고 역사적 팩트로 읽는 방식을 따른다면 이는 신성모독이고 창조주 하나님에 대한 배도라고 할 수 있을 것이다. 엄위하신 창조주 하나님의 사역에 대해 믿음 없는 소치라고 치도곤을 당하게 될 것이 분명하다. 만일 에덴의 이야기를 그렇게 물리적인 세계를 창조하고 물리적 인간을 창조하는 창업 과정에 대한 창조주의 이력서로만 읽는다면, 그것은 단지 창조주의 엄위하심을 경배해야 한다는 당위성 외에 에덴 이야기를 통해서 우리가 얻을 수 있는 것은 무엇이란 말인가? 이야기는 이야기로 읽어야 한다. 그럴 때 이야기를 통해 담아내려는 옛사람들의 무궁한 지혜에 참여할 수 있고 이야기를 통해 전승하려는 옛사람들의 숭고함을 읽어낼 수 있다.

에덴동산은 '레네페쉬 하야(into living soul)'가 살게 되는 터전이다. 앞서 언급한 것처럼, '레네페쉬 하야'란 그 코에 생명의 숨결 곧 신적 숨결인 '네샤마(נְשָׁמָה)'가 불어 넣고 신적 의식으로 숨쉬게 된 존재를 일컫는다. 신적 의식으로 숨을 쉬는 존재를 성서는 비로소 '사람' 곧 아담이라고 지칭한다는 게 에덴 이야기에 등장하는 사람에 대한 문법이다. 그가 곧 '레네페쉬 하야'다. 그러므로 아담은 하아다마 곧 황무지와 같은 마음의 상태에서 벗어나 아담 아파르(먼지 사람)라는 존재 인식에 머무는 마음의 상태를 일컫는다는 점이다. 이때에 비로소 그에게 주어지는 마음의 동산이 있는데, 그 마음의 동산이 에덴동산(גַּן־בְּעֵדֶן 간-베에덴)이라는 말이다. 기쁨 안에 있는 동산 혹은 기쁨 속에 있는 정원(garden)이다.

안개만 가득하던 땅에 야웨의 비가 비로소 내릴 수 있게 되었음을 의미한다. 왜냐하면 '하아다마(황무지와 같은 마음)'로부터 '아담 아파르'가 나왔고 아담 아파르에게 생명의 숨결이 불어 넣어졌으니 비로소 하아다마(Ground)를 경작할 수 있는 사람이 태어난 것이다. 따라서 에덴동산은 아담 아파르가 동산지기가 되어 자신의 고향이기도 한 하아다마로부터(out of the ground) 각종 나무가 나게 하신다. 동산 중앙에는 생명 나무와 선악을 알게 하는 나무도 함께 있게 되는 데 이것이 옛사람들이 파악하고 있는 인간에 대한 이해고, 신에 대한 이해방식이다.

과연 그렇게 읽어도 문제가 없는 것일까? 좀 더 살펴보자. 에덴동산은 '미케뎀(מִקֶּדֶם)' 즉, 해 돋는 데서부터 세워졌다. 미케뎀이란 '해 돋는 데서부터, 동방, 동쪽으로부터'라는 뜻이 있는가 하면, '아주 오래된' 혹은 '옛적부터'라는 의미도 담겨 있다. '레네페쉬 하야'인 처음 사람 아담은 에덴동산의 동산지기기도 하고, 동산을 경작하는 사람이기도 하다. 그렇다면 여기 아담이 머물게 되는 에덴동산은 곧 아담 자신을 일컫는 말이다. 에덴의 이야기에 등장하는 에덴동산은 물리적 공간이 아니다. 동산 안에는 아담 아파르(dust Adam)가 있고 동시에 하아다마(the ground)가 있다. 이 또한 인간의 마음의 상태요 실존 아닌가?

솔로몬의 아가서에 동산에 대한 묘사를 보자. 아가서란 솔로몬의 노래 중 노래(Song of Song)라는 의미다. 남녀의 사랑을 비유로 영성을 노래하고 있는 대목에서 다음과 같은 표현이 등장한다.

> 나의 누이, 나의 신부는 잠근 동산이요 덮은 우물이요 봉한 샘이로구나 네게서 나는 것은 석류나무와 각종 아름다운 과수와 고벨화와 나도초와 나도와 번홍화와 창포와 계수와 각종 유향목과 몰약과 침향과 모든 귀한 향품이요 너는 동산의 샘이요 생수의 우물이요 레바논에서부터 흐르는 시내로구나 북풍아 일어나라 남풍아 오라 나의 동산에 불어서 향기를 날리라 나의 사랑하는 자가 그 동산에 들어가서 그 아름다운 실과 먹기를 원하노라(아 4:12~16)

여기서 동산은 신부의 아름다움을 노래하는 비유다. 즉 동산은 시공간적 의미가 아니라, 사람의 마음을 비유하고 있다는 말이다. 우물도 마찬가지요, 샘도 마찬가지다. 석류나무와 각종 아름다운 과수와 고벨화와 나도초와 나도와 번홍화와 창포와 계수와 각종 유향목과 몰약과 침향과 모든 귀한 향품이 모두 신부의 아름다운 여러 속성들을 표현하고 있는 문학적 메타포다.

에덴의 이야기에 등장하는 동산의 각종 나무도 마찬가지다.

'아담 아파르'는 비로소 지성소를 향해 서 있고 그 동산을 경작하며 지키는 지킴이라고 하는 점이다. 즉, 동산지기란 지성소를 향하는 마음을 잃지 않고 그곳에서 자라는 각종 나무들, 예컨대 석류나무와 각종 아름다운 과수와 고벨화와 나도초와 나도와 번홍화와 창포와 계수와 각종 유향목과 몰약과 침향과 모든 귀한 향품을 식재료로 삼는 삶을 일컫는다. 북풍과 남풍은 고난이 아니라 도리어 동산에 가득한 향기를 날리게 하는 거룩한 바람이 된다. 동산에 부는 서늘한 바람은 따라서 거룩한 바람이다.

성전을 예로 들면, 성전은 지성소와 성소로 구분되어 있고 성전은 하나님의 집이기도 하려니와 그 성전을 맡은 자는 우리 자신이다. 하나님이 머무는 예루살렘 성전은 하나님의 집이며, 우리가 더럽혀서는 안 되는 우리 자신이다. 이는 곧 '나'라는 말과 다름이 없다. 그러므로 마음의 땅은 자기 자신이고 그를 경작할 사람 또한 자기 자신이다. 거기서 지성소에 머무는 하나님이란 지극(至極)한 마음의 상태, 즉 동양의 언어로하면 무극의 상태에 있는 순수 창조 에너지를 가리킨다. 성서의 언어로는 신성이요 하나님이라 하겠다. 편견이 없고 사심이 없는 순수 존재의 상태에서 펼쳐지는 장엄한 생명의 세계를 일컬어 하나님, 혹은 엘로힘과 얼의 세계라 옛사람들은 일컫고 있는 것이다. 그곳이 '동방으로(미케뎀)'라는 개념이 지시하는 곳이라 하겠다.

그러므로 에덴 이야기에서 '동방'이란 빛이 비추는 곳, 지성소를 향해 있음을 의미한다. 흩어져 있는 히브리인들이 절기마다 예루살렘을 향해 순례하는데, 이스라엘에서 지형적으로 동방은 메소포타미아 문명일 터이나 종교적(영적) 의미의 동쪽은 예루살렘이기 때문이다. 시온의 영광이 비춰오는 곳이 그들에게는 동쪽이다.

따라서 동방의 에덴동산이란 물리적 공간을 의미하는 것이 아니다. 그곳에 자라는 각종 나무들 역시 물리적 나무로 이해해 서는 곤란하다. 이 이야기는 처음부터 인간의 그림을 그리는 이 야기다. 미케뎀(동방으로부터)이라는 말은 성소가 지성소를 향 하여 있듯 '네페쉬 하야' 인 아담은 늘 지성소를 향하여(ㄅ) 있는 존재임을 상징한다.

그러므로 에덴동산이란 그 마음이 지성소의 법궤를 향하여 서 있는 마음의 지극한 상태를 일컫는다고 하겠다. 이를 일러 에덴동산이라고 한다. 즉, '해뜨는 곳으로부터' 동산을 창설했다 는 에덴 이야기에 등장하는 에덴동산에 대한 이해요 해석이다.

동산 가운데 생명나무와 좋음과 나쁨의 지식나무가 있다. 이 는 지성소로 상징된다. 동산의 각종 나무는 결국 성소에 배치되 어있는 만물을 의미한다. 생명 나무와 지식나무란 동산 중앙에 있는 나무를 어떻게 바라보느냐에 따라 생명 나무이기도 하고 지식나무이기도 하다. 둘은 둘이 아니라 하나인데, 어떤 이는 지 식이고, 추상적인 관념으로만 파악하고 있다. 그러나 누군가는 이를 생명으로 취할 뿐이다. 하여 이야기 속에서는 두 나무로 그려지고 있지만 사실 하나라 해도 틀리지 않는다.

다만 생명 나무가 휘장(타자로부터 주입된 도그마가 자신의 이기적 욕망과 결합해서 형성된 철옹성과 같은 선입관)으로 가 려져 있어 지성소의 생명 나무가 보이지 않는다. 하여 생명 나 무에 대해서는 전혀 이해할 수 없으니 단지 캄캄함이며 어두움이다. 그에게 생명 나무는 생명 나무가 아니라 지식으로만 헤아리는 선악의 나무가 될 뿐이다. 따라서 언제나 선악의 나무로 바라보는 이들에게 생명 나무는 비밀로 남아 있다. 선과 악을 나누며 시시비비를 따져 서슬푸른 심판의 칼을 휘두르고 있지만, 사실은 생명의 나무가 비밀스럽게 감춰져 있다고 하는 점이다. 세상을 바라보는 두 개의 뚜렷한 관점이 있다. 마음의 세계를 작동하는 뚜렷한 두 개의 알키메디안 포인트 곧 지렛점이 있다. 생명의 관점인가 옳고 그름 곧 선악의 관점인가. 에덴 이야기에서 진단하는 인간 이해다. 자기 자신이든 타인을 향해서든 언제나 이같은 두개의 관점이 작용한다.

함께 맷돌을 갈고 있지만 한 사람은 하늘에 있고 한 사람은 땅에 있다. 비록 몸이 같은 공간에서 같은 일을 하고 서로 같은 말을 주고받건만 그 의식이 한 사람은 하늘에서 구만리 장천을 날고 있고 또 한 사람은 앞서 찾아온 지식을 근거로 땅에 배를 깔고 선악의 심판에 몰두하고 있는 것을 일컫는다. 심판은 언제나 너는 틀렸고 내가 옳다고 하는 사망의 칼이다. 따라서 생명을 살리는 게 아니라 죽인다. 상대를 죽일 뿐만 아니라 결국 자기 자신도 해한다. 선악은 언제나 사망을 낳는다.

따라서 하아다마로부터 아담 아파르가 되었다는 것은 '나는 티끌과 재와 다를 바 없다' 는 고백이고 그 같은 터 위에서 시작되는 삶의 그림이다. 이후 머물게 되는 마음의 상태와 펼쳐지게 되는 내면을 그리고자 하는 것이 바로 에덴동산 이야기라고 하는 점이다.

12. 아담

아담은 사람의 원형이다. 고유명사의 아담, 그 아담은 동시에 모든 인류의 원형적인 표상이며, 따라서 '나'에 대한 본질을 그린 그림이다. 그러므로 창세기 2~3장에 등장하는 아담에 대한 많은 이야기와 사건들을 '그 아담', 곧 에덴의 특정한 아담에 한정해 놓고 읽는다면 수많은 오해를 야기한다. 도리어 그것은 나의 일기책, 나의 영적 여정에 대한 MRI, 자기공명 영상 촬영 필름이다. 수많은 내면의 순례도를 짧은 이야기 구조, 신화적 구조의 형식을 빌려 그린 그림이다.

바울 서신은 바울의 이야기이자 그의 고백이 담긴 책이지만 거기에는 보편성이 있다. 창세기의 아담 이야기 역시 비록 그 이야기 구조가 신화적인 이야기 기법을 사용하고 있으나, 죄의 기원이나 인류의 기원에 대한 기록이 아닌 인간에 대한 원형적 통찰이 담긴 기록이다. 거기서 인류의 '죄의 기원'을 읽으려 할 때, 변질된 신학 이론이 창출되고 수많은 사변적인 논리가 생성된다. 아담 이야기는 인류 타락의 기원을 말하는 책이 아니다. 아담 이야기는 특정 아담을 통해 인간의 보편을 말한다. 그런데 특정 아담의 행위가 원인이 되어 모든 아담들에게 죄가 있게 되었다는 식의 성경 읽기가 수천 년 동안 되풀이되고 있다. 그 것은 창세기에 국한된 것이 아니다. 전체 성경에 대한 읽기 방식이 그랬고 그 같은 인간관 아래에서 형성된 서구 문명의 역사가 왜곡의 역사요, 그러한 인간관에 의해 면면히 흘러온 종교이데올로기가 인간을 굴곡지게 했다. 인간을 해방하기는커녕 종교이데올로기로 족쇄를 채웠다.

아담은 인간에 대한 아르키 타입이다. 인간의 원형적 이야기다. 모든 인간의 전형이 그대로 담겨 있는 모습이다. 그 사진은 평면적으로, 일차원적으로 특정 시간을 단순 촬영한 사진이 아니라, 통시적으로 촬영된 모습이다. 따라서 아담의 이야기는 나의 과거 모습이 담겨 있기도 하고 현재의 모습이 있으며 또한 미래의 모습이 있기도 하다. 미래의 모습에 대해서 필름을 제대로 해독해 낼 수 있는 독법 기술이 없다. 단순한 평면적 사진이 아니기 때문이다. 이를 읽어내고 거기서 나의 모습을 제대로 보려면 통시적인 눈과 그 전체를 읽어낼 수 있는 안목이 필요하다. 미래의 모습을 미리 전망해 볼 수 있는 눈이 열려 있어야 아담의 이야기를 통시적이고 공시적으로 볼 수 있으며 거기서 나의 실존을 볼 수 있다.

아담이 선악을 알게 하는 나무의 열매를 먹은 것을 인류에게 죄가 들어오게 된 근본 원인으로 설명하려는 것은 옳지 못하다.

어찌 그 아담이 선악을 알게 하는 나무의 실과를 따먹어서 죄가 지배하게 되었다고 그렇게 간단하게 처리할까. 아니다. 그런 것이 아니다. 아담이 죄를 지었기 때문에 오늘 우리도 죄인이라는 식의 굳건한 종교적 교리가 형성되게 된 데에는 물론 바울이 크게 일조를 하였다. 바울의 의도는 그 같은 교리를 형성하고자 함이 아니었으나, 결과적으로 기독교 신학에 원죄론의 교리가 형성될 수 있게 이바지한 것은 분명하다. 물론 그 같은 교리는 유대교 속에 뿌리 깊이 박혀있는 전통이기도 하다. 유대인의 속담에도 아버지가 신 포도를 먹어서 내 이빨이 시다는 말이 있다.

> 그때에 그들이 신 포도를 먹었으므로 아들들의 이가 시다하지 아니하겠고 신 포도를 먹는 자마다 그 이가 심같이 각기 자기 죄악으로만 죽으리라(렘 31:29~30)
> 너희가 이스라엘 땅에 대한 속담에 이르기를 아비가 신 포도를 먹었으므로 아들의 이가 시다고 함은 어찜이뇨 나 주 여호와가 말하노라 내가 나의 삶을 두고 맹세하노니 너희가 이스라엘 가운데서 다시는 이 속담을 쓰지 못하게 되리라 모든 영혼이 다 내게 속한지라 아비의 영혼이 내게 속함같이 아들의 영혼도 내게 속하였나니 범죄하는 그 영혼이 죽으리라(겔 18:2~4)

선지자들은 아버지가 신포도를 먹어서 내 이빨이 시다는 속담이 옳지 않음을 철저히 지적하고 있다. 그런데 어느 사이 그 같은 속담이 슬그머니 원죄론이라는 이름으로 우리 곁에 들어와 있다. 이 같은 전통은 인간의 내면의 뿌리 깊은 전가(轉嫁)심리 때문이다. 우리 말에도 잘되면 내 탓이요 못되면 조상 탓이란 말이 있듯, 죄를 조상 탓으로 돌려놓고 잠시 숨어 있으려는 의도가 아니겠는가. 그러나 아무리 그렇다 해도, 그것을 교리로 만들어 놓고 인생을 우롱하는 처사야말로 기가 막힌 일이다. 의(義)도 역시 예수라는 조상 탓으로 간단히 해결처리 하려는 이웃지 못할 하이코미디가 생각하는 동물이라는 인간이 만들어낸 지독한 칭죄(稱罪), 칭의(稱義) 교리다.

처음 아담이 이렇게 왜곡되어 있으니 마지막 아담에 대해 같은 왜곡이 있을 것, 두말하면 잔소리다. 오늘날 형성되어 있는 속죄교리 혹은 구원론은 속죄 제물인 대제사장 예수에 대해 너무도 단순하게 이해하고 있는 탓이다. 세상 죄를 지고 가는 어린양의 예수는 단순히 이천 년 전 그렇게 지고 가는 단회적 사건이 아니다. 그 예수는 죄가 어떻게 처리되는지에 대한 계시적 사건이다. 오늘 우리에게 어린양으로 나타난 예수는 이천 년 전과 동일하게 십자가에서 모든 죄를 처단해야 한다. 그러므로 예수는 대속(代續) 제물이 아니라 속죄 제물이다. 죄를 대신 속하는 제물이 아니라 죄를 속하는 제물인 것이다.

베드로에게 이스라엘을 구원할 세상 임금으로 등장했던 예수와 같이 오늘의 예수 역시 우리의 종교적 우상이 되어버렸다. 거기 그렇게 우리의 섬김의 대상으로 있는 예수는 우리들의 죄악이며 우리들의 욕심이다. 이 예수는 지독한 이기심과 욕심의 집합이며, 우리들의 이기심을 만족시켜 주는 축복의 신으로 둔갑해 있다. 그러나 베드로의 눈을 뜨게 하려면 그 예수가 십자가에 못 박힌 것처럼, 우리들의 지독한 욕심으로 점철된 오늘의 예수 역시 십자가에 못박혀야 한다. 그때의 예수가 못박혔듯, 오늘 그대가 믿고 있는 그 예수 역시 못박아야 한다. 그래야 우리가 죄로부터, 우리 욕심의 상징인 예수로부터 해방된다. 그리고 그는 우리 안에서 생명의 부활로 다시 나타난다. 숭배의 대상 예수가 아니라 예수의 가슴과 정신으로 내가 다시 태어난다. 그것은 곧 예수의 죽음인 동시에 나의 죽음이다. 당신의 그 예수가 죽어야 비로소 예수의 정신이 당신의 가슴에서 다시 살아난다. 이를 일컬어 바울은 예수와 함께 못 박히고 예수와 함께 다시 산다는 세례로 표현하고 있다. 이와 같은 것이 간과되고 단지 예수를 믿기만 하면 된다는 단순 교리에 매몰되어 있어서는 안 된다.

우리의 죄가 눈과 같이 희게 된다고 하는 것은 참으로 옳은 말이다. 그것은 예수 그리스도로 말미암는다. 그러나 그 예수 그리스도는 우상으로 등장한 저 이천 년 전의 특정 예수를 통해서 이루어지는 것이 아니다. 예수는 인류의 죄를 속하고 있다는 도그마. 그것은 개체적인 특정 예수가 짊어진 것이 아니다. 그 예수는 모든 이들이 열망하고 추구하는 예수다. 바로 그 예수는 오늘 당장 그대의 죄를 짊어지고 죽어야 한다. 그럴 때 비로소 그대가 함께 죽는 것이다. 이것을 예수를 믿는다고 하는 것이다. 그러나 어떤 이들은 자신과 함께 죽어야 할 예수는 금지옥엽처럼 모셔놓고 세상 임금으로 자신들의 관념에 모셔놓은 채, 이천 년 전 예수에게만 모든 것을 전가한다. 이는 예수로 말미암아 구원을 얻은 것이 아니다. 그 예수는 그대의 죄를 짊어지고 죽은 적이 없기 때문이다. 오늘 그대의 예수란 그대의 모든 꿈과 소망을 담아 그대가 따르고 있는 그 예수가 십자가에 죽어야 한다. 그것이 예수가 오늘 이 시점에서 그대와 나의 죄를 짊어지고 가는 어린양으로 등장하는 것이다. 따라서 이천 년 전의 예수는 하나님이 죄를 처리하는 것에 대한 표상이다.

마찬가지로 아담은 죄를 처리할 수 없는 인간의 실존에 대한 표상이다. 두 번째 아담이 우리들의 무명을 도말하는 표상이라면, 처음 아담은 결코 우리의 어둠을 벗겨낼 수 없다는 것을 보여주는 그림이다. 그러므로 처음 아담으로 선악을 알게 하는 나무의 열매를 먹지 않게 하려는 것은 어리석은 것이다. 처음 아담은 그가 누가 되었든지 선악의 열매를 먹고 살 수밖에 없다. 창세기가 보여주는 그림은 그 사실을 알려주고자 함이다. 그러므로 두 번째 사람으로 다시 낳음을 입으라는 말이다. 하늘의 형상으로 덧입어야 한다는 말이다. 그러므로 선악의 이야기는 곧 나를 말해주는 것임을 알 수 있다. '비로소 사람'인 처음 사람도 선악의 세계를 거치게 되어 있다는 점이다. 에덴 이야기는 이같은 장쾌한 순례의 여행을 담아내고 있는 뮈토스요 동시에 로고스다.

아담이 지금의 나를 말해주고 있다는 사실은 곧 내가 창세기 2~3장의 모습과 동일하게 현재를 살고 있다는 의미다. 에덴동산의 사람 이야기에 대해 주의 깊게 볼 대목이 있다. 단순히 사람의 모양을 하고 있는 것을 일컬어 사람이라고 하지 않는다는 점이다. 아담이란 하나님의 생기를 그 코에 불어 넣은 존재다. 산 혼이 된 존재를 일컬어 사람이라고 한다. 그러므로 사람의 모양은 하고 있으나 짐승의 형상을 하고 있는 사람은 아직 사람이 아니다. 그들에게는 동물적 본성만 있을 뿐 하늘의 정신과 얼로 호흡하는 존재가 아니기 때문이다. 비록 직립보행을 하고 언어를 사용하며 생각하는 기능이 있다 할지라도 그 형상은 사람의 형상이 아니라 동물의 형상이다. 창세기 2~3장은 하나님의 생기를 받아서 산 혼이 된 '사람'에 대한 이야기이지 짐승에 대한 이야기는 아니라는 점이다. 아담의 이야기는 인생의 정신에 대한 이야기, 내면에 대한 이야기다. 그 겉사람에 대한 이야기가 아니라 그 내면이 어떻게 그의 겉사람과 함께 하나가 되어가는가에 대한 이야기다. 일진일퇴를 거듭하며 마침내 한 번 그 겉사람에게 속사람이 잡아먹히고, 다시 그것을 극복하는 극복의 원리가 거기 그렇게 기록되어 있는 책이다.

13. 강의 발원지[11]

강이 에덴에서 발원하여 동산을 적시고 거기서부터 갈라져 네 근원이 되었으니(창 2:10)

에덴에서부터 강이 발원하여 동산을 적시고 그곳으로부터 갈라져 네 개의 근원이 되었다.

이른바 에덴의 4대 강 이야기다.

시편에서는 "반석을 가르니 물이 흘러나서 마른 땅에 강같이 흘렀다"(시 105: 41) 하고, 바울은 "다 같은 신령한 음료를 마셨으니 이는 저희를 따르는 신령한 반석으로부터 마셨으매 그 반석은 곧 그리스도시라"(고전 10:4)고 광야의 반석에 대해 '그리스도'라고 해석한다. 예수께서는 "나를 믿는 자는 성경에 이름과 같이 그 배에서 생수의 강이 흘러나리라 하시니"(요 7:38)라고 한다.

---

11) 창 2:10
וְנָהָר֙ יֹצֵ֣א מֵעֵ֔דֶן לְהַשְׁק֖וֹת אֶת־הַגָּ֑ן וּמִשָּׁם֙ יִפָּרֵ֔ד וְהָיָ֖ה לְאַרְבָּעָ֥ה רָאשִֽׁים׃
베나하르 요체 메에덴 레하쉬코트 에트 하간 우미샴 이파레드 베하야 레아르바아 라쉼

위의 말씀들을 보면 에덴의 이야기에 담겨 있는 강의 발원지가 어디인지는 분명하다. 광야에서의 반석은 곧 신령한 반석 그리스도요, 그리스도는 샘근원이 되어 그 배에서 생수의 강이 흘러나게 한다. 아담 아파르인 레네페쉬 하야는 바로 신령한 반석으로 상징화된 그리스도가 샘 근원이 되어 그 배에서 생수의 강이 넘쳐나는 기쁨의 동산 에덴에 머물게 된다는 것이 에덴 이야기 방식이다.

에덴은 단순히 공간적 에덴이 아니라는 점은 위와 같은 부분에서도 알 수 있다. 이야기 속에 채택된 에덴이요, 내면세계를 그려내고자 하는 에덴이다. 유대인들의 광야 이야기가 성서에서는 단순히 역사적 이야기로 채택된 것이 아니라, 영성의 순례기로 그려지고 있고, 예수와 제자들, 그리고 바울에 의해서 역사적 사실 논증의 이야기가 아닌 영성의 순례기로 해석되고 있다는 점은 에덴의 이야기를 어떻게 읽어야 하는 지에 대한 분명한 지침이고 힌트인 셈이다. 이야기는 이야기다. 역사적 팩트로 이야기를 읽으려 한다면 얼마나 이상해지는가. 내러티브는 내러티브로 읽어야 한다.

가련하고 빈핍한 자가 물을 구하되 물이 없어서 갈증으로 그들의 혀가 마를 때에 나 여호와가 그들에게 응답하겠고 나 이스라엘의 하나님이 그들을 버리지 아니할 것이라 내가 자산(불모의 고지)에 강을 열며 골짜기 가운데 샘이 나게 하며 광야로 못이 되게 하며 마른 땅으로 샘 근원이 되게 할 것이며 내가 광야에는 백향목과 싯딤나무와 화석류와 들 감람나무를 심고 사막에는 잣나무와 소나무와 황양목을 함께 두리니 무리가 그것을 보고 여호와의 손이 지은 바요 이스라엘의 거룩한 자가 창조한 바인 줄 알며 헤아리며 깨달으리라(사 41:17~20)

이사야에 나오는 말씀인데, 에덴의 이야기와 똑같지 아니한가. 불모지 하아다마의 땅이 다시 태어나서 강이 흐르고 동산에 각종 나무가 나는 것과 다를 바가 없다. 야웨 하나님의 손이 '아사(지은 바)' 하고 '바라(창조)' 하는 것이 곧 이와 같다. 여기 가련하고 빈핍한 자와 물이 없어서 갈증으로 그들의 혀가 마른 자에게 향하는 야웨의 응답이다. 에덴동산의 창조는 하아다마에서 아담 아파르를 창조하는 이야기며 그들이 머물고 지키고 경작해야 할 그들 자신이다.

"보라 내가 새 일을 행하리니 이제 나타낼 것이라 너희가 그것을 알지 못하겠느냐 정녕히 내가 광야에 길과 사막에 강을 내리니 장차 들짐승 곧 시랑과 및 타조도 나를 존경할 것은 내가 광야에 물들을, 사막에 강들을 내어 내 백성, 나의 택한 자로 마시게 할 것임이라 이 백성은 내가 나를 위하여 지었나니 나의 찬송을 부르게 하려함이니라"(사 43:19~21)

표현은 조금 다르더라도 에덴동산의 이야기와 크게 다르지 않다. 비로소 자기 자신을 향하여 사는 기쁨(에덴)의 한 가운데 '기름 부음'이 있다. 기름 부음은 지성소의 빛이요, 구중궁궐 깊은 곳에 있는 자신의 본래 모습이다. 여기서 발원한 강이 동산을 적신다. 물댄동산! 비로소 만물이 소성하고 각종 식물과 나무들이 자라게 된다. 동산을 적시고 네 개의 강으로 나뉘어 흐르고 있다고 에덴의 이야기는 말한다. 이 강은 네 개의 강근원이 되고 에덴의 네 강은 사방으로 흘러간다고 이야기는 진술한다. 에덴동산이 사람을 일컫는 옛사람들의 비유 방식이라는 것은 그 후대 사람들에 의해서도 확인할 수 있다.

주린 자에게 네 심정을 동하며 괴로워 하는 자의 마음을 만족케 하면 네 빛이 흑암 중에서 발하여 네 어두움이 낮과 같이 될 것이며 나 여호와가 너를 항상 인도하여 마른 곳에서도 네 영혼을 만족케 하며 네 뼈를 견고케 하리니 너는 물 댄 동산 같겠고 물이 끊어지지 아니하는 샘 같을 것이라(사 58:10,11)
물들이 그것을 기르며 깊은 물이 그것을 자라게 하며 강들이 그 심긴 곳을 둘러 흐르며 보의 물이 들의 모든 나무에까지 미치매 그 나무가 물이 많으므로 키가 들의 모든 나무보다 높으며 굵은 가지가 번성하며 가는 가지가 길게 빼어났고 공중의 모든 새가 그 큰 가지에 깃들이며 들의 모든 짐승이 그 가는 가지 밑에 새끼를 낳으며 모든 큰 나라가 그 그늘 아래 거하였었느니라 그 뿌리가 큰 물 가에 있으므로 그 나무가 크고 가지가 길어 모양이 아름다우매 하나님의 동산의 백향목이 능히 그를 가리우지 못하며 잣나무가 그 굵은 가지만 못하며 단풍나무가 그 가는 가지만 못하며 하나님의 동산의 아무 나무도 그 아름다운 모양과 같지 못하였도다 내가 그 가지로 많게 하여 모양이 아름답게 하였더니 하나님의 동산 에덴에 있는 모든 나무

가 다 투기하였느니라(겔 31:4~9)

물댄 동산은 사람을 일컫는다는 것이 이사야에 의해서도 드러나고 있으며 그 안에 있는 나무들 역시 사람을 비유하는 것으로 에스겔은 말한다.

에스겔의 성전 이야기를 들어보면 에덴의 네 강에 대한 힌트가 확연해질 것이다.

그가 나를 데리고 전 문에 이르시니 전의 전면이 동을 향하였는데 그 문지방 밑에서 물이 나와서 동으로 흐르다가 전 우편 제단 남편으로 흘러 내리더라 그가 또 나를 데리고 북문으로 나가서 바깥 길로 말미암아 꺾여 동향한 바깥 문에 이르시기로 본즉 물이 그 우편에서 스미어 나오더라 그 사람이 손에 줄을 잡고 동으로 나아가며 일천척을 척량한 후에 나로 그 물을 건너게 하시니 물이 발목에 오르더니 다시 일천척을 척량하고 나로 물을 건너게 하시니 물이 무릎에 오르고 다시 일천척을 척량하고 나로 물을 건너게 하시니 물이 허리에 오르고 다시 일천척을 척량하시니 물이 내가 건너지 못할 강이 된지라 그 물이 창일하여 헤엄할 물이요 사람이 능히 건너지 못할 강이더라 그가 내게 이르시되 인자야 네가 이것을 보았느냐 하시고 나를 인도하여 강 가로 돌아가게 하시기로 내가 돌아간즉 강 좌우편에 나무가 심히 많더라 그가 내게 이르시되 이 물이 동방으로 향하여 흘러 아라바로 내려가서 바다에 이르리니 이 흘러 내리는 물로 그 바다의 물이 소성함을 얻을지라 이 강물이 이르는 곳마다 번성하는 모든 생물이 살고 또 고기가 심히 많으리니 이 물이 흘러 들어 가므로 바닷물이 소성함을 얻겠고 이 강이 이르는 각처에 모든 것이 살 것이며 또 이 강 가에 어부가 설 것이니 엔게디에서부터 에네글라임까지 그물 치는 곳이 될 것이라 그 고기가 각기 종류를 따라 큰 바다의 고기 같이 심히 많으려니와 그 진펄과 개펄은 소성되지 못하고 소금 땅이 될 것이며 강 좌우 가에는 각종 먹을 실과나무가 자라서 그 잎이 시들지 아니하며 실과가 끊치지 아니하고 달마다 새 실과를 맺으리니 그 물이 성소로 말미암아 나옴이라 그 실과는 먹을 만하고 그 잎사귀는 약재료가 되리라 나 주 여호와가 말하노라 너희는 이 지계대로 이스라엘 십 이 지파에게 이 땅을 나누어 기업이 되게 하되 요셉에게는 두 분깃이니라 내가 옛적에 맹세하여 이 땅으로 너희 열조에게 주마 하였었나니 너희는 피차 없이 나누어 기업을 삼으라 이 땅이 너희의 기업이 되리라 이 땅 지계는 이러하니라 북방은 대해에서 헤들론 길로 말미암아 스닷 어귀까지니 곧 하맛과 브로다며 다메섹 지계와 하맛 지계 사이에 있는 시브라임과 하우란 지계 곁에 있는 하셀핫디곤이라 그 지계가 바닷가에서부터 다메섹 지계에 있는 하살에논까지요 그 지계가 또 극북방에 있는 하맛 지계에 미쳤나니 이는 그 북방이요 동방은 하우란과 다메섹과 및 길르앗과 이스라엘 땅 사이에 있는 요단강이니 북편 지계에서부터 동해까지 척량하라 이는 그 동방이요 남방은 다말에서부터 므리봇 가데스 물에 이르고 애굽 시내를 따라 대해에 이르나니 이는 그 남방이요 서방은 대해라 남편 지계에서부터 맞은편 하맛 어귀까지 이르나니 이는 그 서방이니라 그런즉 너희가 이스라엘 모든 지파대로 이 땅을 나누어 차지하라 너희는 이 땅을 나누되 제비 뽑아 너희와 너희 가운데 우거하는 외인 곧 너희 가운데서 자녀를 낳은 자의 기업이 되게 할지니 너희는 그 외인을 본토에서 난 이스라엘 족속 같이 여기고 그들로 이스라엘 지파 중에서 너희와 함께 기업을 얻게 하되 외인이 우거하는 그 지파에서 그 기업을 줄지니라 나 주 여호와의 말이니라 모든 지파의 이름대로 이 같을지니라 극북에서부터 헤들론 길로 말미암아 하맛 어귀를 지나서 다메섹 지계에 있는 하살에논까지 곧 북으로 하맛 지계에 미치는 땅 동편에서 서편까지는 단의 분깃이요(겔 47:1~23)

네 개의 강이란 일반적으로는 사방으로 흐른다는 걸 의미한다. 동양에서는 사방, 팔방, 십방 세계라는 말을 하지만, 동서남북 사방으로 흐른다는 건, 전체를 적시고 축인다는 말이겠다. 이 이야기들은 사람 이야기다. 사람의 전체를 관통해서 물이 흐른다는 걸 어떻게 이해할 수 있을까?

옛사람들은 사람을 머리와 가슴과 배와 다리로 쉽게 구분하여 이야기 속에 담아내려는 특성이 있다. 특히 성서는 이 점이 두드러진다. 머리는 이성을 가슴과 손은 마음을 배와 다리는 생존 욕구를 종아리와 두 발은 머리와 가슴과 배를 통합해서 움직이는 존재로 인식한다. 다니엘서에서 우상을 설명하는 방식이나 요한계시록의 네 생물 이야기들이 이를 잘 나타내준다. 우상이 드러나는 방식도, 생명이 드러나는 방식도 4개의 범주로 이야기에 담아내려는 옛사람들의 접근은 충분히 이해할 수 있지 않은가? 성서 전체를 관통하고 있는 구분법이기도 하다는 얘기다. 머리는 이성을 상징하고, 가슴은 마음을 상징하고 배는 욕망을 상징하고 다리는 그 모두를 포함해서 움직이는 존재를 함의한다. 우리의 이성, 생각하는 기능들이나 움직이는 마음, 그리고 추구하는 욕망은 근원에서 흐르는 물이 어떤 것이냐에 따라 달라진다. 그리스도, 곧 기름 부음이 그들을 적시는 것(생명의 원리)과 선악의 원리가 지배해서 생각과 이성이 작동하느냐에 따라 욕망과 마음도 달라지기 때문이다.

생명의 원리가 삶의 지렛대 역할을 하느냐, 옳고 그름, 선과 악이 삶의 지렛대 역할을 하느냐에 따라 생각하는 것이나 마음이 향하는 것이나 욕망하는 것이나 움직이는 것이 달라진다는 말이다. 그리스도와 우상은 그 모양이 똑같다. 그 안에 흐르는 세계가 다를 뿐. 동산 중앙에 있는 나무는 생명으로 기능하기도 하고 선악으로 기능하기도 한다.

나의 나 됨이 무엇이냐의 질문에 충실하고 앞으로 나아가는 길, 그 길에서 '기름 부음' 곧 생명의 원리에 충실할 것인가 선악의 원리에 충실할 것인가에 의해 에덴의 길이 나뉜다.

14. 에덴의 네 강

첫째의 이름은 비손이라 금이 있는 하윌라 온 땅에 둘렸으며 그 땅의 금은 정금이
요 그곳에는 베델리엄과 호마노도 있으며 둘째 강의 이름은 기혼이라 구스 온 땅
에 둘렸고 세째 강의 이름은 힛데겔이라 앗수르 동편으로 흐르며 네째 강은 유브
라데더라 (창 2:11-14)

강은 어디서 발원하는 걸까? 이미 앞에서 살펴봤다. 성서의
다른 이야기들을 살펴보면 그 물이 성소로 말미암는다는 점이
분명하다. 에덴 이야기에서는 에덴이 그 발원지다. 그러므로 에
덴에서 흐르는 강은 마음의 동쪽 성소로부터 흘러나오는 물이
다. 발원지는 에덴이요 성소인 셈이다. 성소의 지극한 곳은 지성
소(הַקֹּדֶשׁ the holy place 하코데쉬)다. 따라서 성소에서 흘러나
오는 물은 동시에 하늘에서 내리는 비와 같다. 왜냐하면 성서에
서 하늘이란 지성소를 일컫고 있기 때문이다. 에덴의 서사에 따
르면 성소와 지성소로 형성된 마음의 세계가 에덴이다.

강 좌우 가에는 각종 먹을 실과나무가 자라서 그 잎이 시들지

아니하며 실과가 끊치지 아니하고 달마다 새 실과를 맺으리니 그 물이 성소로 말미암아 나옴이라 그 실과는 먹을 만하고 그 잎사귀는 약재료가 되리라(겔 47:12)

1) 비손(פִישׁוֹן)

강이 에덴에서 발원하여 동산을 적시고 거기서부터 갈라져 네 근원이 되었으니 첫째의 이름은 비손이라 금이 있는 하윌라 온 땅에 둘렸으며(창 2:10)

강이 흘러 동산을 적시고 네 개의 강 근원이 된다고 한다. 강이 에덴에서 발원하여 동산을 적신다는 뜻은 더 이상 타인에 의해 그 의식의 세계가 지배받지 않고 자신의 깊은 곳으로부터 물을 공급받는다는 점이다. 의식의 직립보행이 시작되며 독립이 시작된다는 것은 갈증을 해소하는 물의 공급처가 자기 자신 안에 있음을 자각하는 데서 시작된다. 그것은 비밀의 형태로 있으며 은밀하면서도 치우침 없는 지극한 마음을 향해 있는 것이다. 신약의 방식으로 하면 "그 배에서 생수의 강이 흘러나리라"(요 7:38)는 예수의 말씀이 시작되는 것이다. 샘의 근원이 더이상 야곱의 우물이 아니라, 자기 자신에게서 흘러나서 마음의 네 영역에 흘러든다는 말이겠다. "예수께서 대답하여 가라사대 이 물을 먹는 자마다 다시 목마르려니와 내가 주는 물을 먹는 자는 영원히 목마르지 아니하리니 나의 주는 물은 그 속에서 영생하도록 솟아나는 샘물이 되리라"(요 4:13~14) 여기서 내(ἐγώ)가

주는 물은 결국 그리스도 그 기름 부음에 의해서 솟아나는 샘물(πηγὴ ὕδατος)을 일컫는다. 여기가 수원지(水源池)다.

비로소 하늘의 숨결로 숨쉬기 시작하면서 사랑과 생명으로 인생이 적셔진다는 이야기다. 동시에 생명의 강은 네 개의 강근원(로쉬, 아르케)이 된다고 하였으니 동산은 네 개의 영역 혹은 네 범주로 나뉜다고 할 수 있겠다. 에덴의 이야기 방식에 의하면 마음은 네 개의 범주로 나뉜다. 그 첫 번째는 비손 강으로 흐르는 영역이다. 성서는 대개 가나안을 중심으로 지리적인 구분을 하고 있다. 남방과 북방과 동방과 서방이다. 그렇다면 비손 강은 무엇을 비유하고 상징하는 걸까? 우리 마음의 영역에서 어떤 지점일까?

첫째의 이름은 비손이라 금이 있는 하윌라 온 땅에 둘렸으며 그 땅의 금은 정금이요 그곳에는 베델리엄과 호마노도 있으며 (창 2:11-12)

'피숀(פִישׁוֹן)'은 '푸쉬(פוש)'라는 단어에서 유래했는데, '자라다' '살이 찌다' '퍼지다'는 뜻이다. 하윌라(הַחֲוִילָה)는 '훌(חול 힐)'에서 유래했고 '훌'은 '꼬다, 빙빙 돌리다' 혹은 (특히 해산의) '진통을 겪다', 또는 두려움; 상징적으로 '기다리다', '곡해하다' :- 배다, 낳다(낳게 하다), 새끼를 낳다, 춤추다, 몰아내다, (고통으로) 근심에 빠지다 등의 뜻이다.

에덴동산의 자연적 지명과 위치가 오늘날 어떤 특정 지역에 위치한다는 식으로 전제한다면 이 글은 정당성이 없다. 그런 가정이나 가설을 중심으로 이 글을 쓰는 게 아니라 도리어 에스겔서 47장의 성전 이야기를 중심으로 이 글이 전개된다.

생각의 세계가 생명의 지렛대에 의해 작동한다면 생각의 지혜를 일컫는 것이 비손 강으로 표현된다. 생각의 세계에 말씀의 씨가 뿌려지면서 생명의 싹이 태동하고 생명의 원리에 의해 생각이 작동, 작용한다는 것. 하여 지혜와 총명이 사랑의 원리에 따라 활동한다는 게 비손 강의 흐름이다.

> 서방은 대해라 남편 지계에서부터 맞은편 하맛 어귀까지 이르나니 이는 그 서방이니라(겔 47: 15)

하윌라 온 땅을 돌아 흐르는 비손 강이 흘러드는 곳에는 금이 나고 향료와 홍옥수와 보석이 나온단다. 무슨 뜻일까? 사랑에서, 생명의 원리에 의해 작동하는 생각의 세계는 말씀을 잉태하고 진통을 거쳐 새끼를 낳듯 육신의 생각을 버리고 보석 같은 진리(말씀, 로고스)와 깨달음의 열매가 그 땅에서 생성된다는 뜻이겠다. 의식의 세계에서 보석이란 보석 같은 깨침이다. 깨침은 삶을 새롭게 바라보게 하고 마음의 아름다운 열매를 맺게 한다. 이해력은 지성의 활동이고 지성의 활동이란 단순한 기억의 활동을 넘어선다. 하늘에는 별이 반짝이고 마음의 하늘에는 번개와 같은 예지의 빛이 반짝인다. 타인에 의해 전해진 지식은 징검다리 역할을 할 수 있을 것이다. 스스로 각성하는 자각은 의식의 세계에 빛이며 생수인 셈이다. 하여 하윌라 온 땅으로 흐르는 비손 강이란 그 밭에서 감추인 보화를 캐내는 것을 향하여 흐른다. 그런데 왜 하필 강으로 표현할까? 깨침은 타자로부터 제공된 지식을 근거로 한 분별지를 넘어서는 무분별지의 지혜요 자각이기 때문에 기쁨을 수반하고 마음을 적셔주기 때문에 강물로 은유하는 것은 아닐까?

반석에서 흘러내리는 물로 갈한 목을 축인다는 것은 무슨 뜻일까? 달리 말한다면 황무지 같은 마음의 땅에 강물이 흘러(야웨의 비가 내리는 것과 그 배에서 생수의 강이 흐르는 것은 같은 표현이다.)들고 법궤에 담겨 있는 로고스(깨침이 있는 말씀)의 씨가 뿌려져 보석과 같은 열매를 맺게 된다. 이는 의식의 왕성한 지성적 활동이다. 비손강이 하윌라 온 땅에 흘러드는 것은 이 같은 의식의 왕성한 지성적 활동을 상징한다. 생각의 세계가 지성소의 빛을 지렛점으로 작동한다는 점이다. 자기 욕망을 실현하기 위한 이기적인 관점에서 생각의 세계가 작동하는 것이 아니라는 점이다. 숨겨 있는 비밀의 세계(자기 자신)를 열어 보이는 것에 작동한다. 자기 자신을 열어 보이는 단초라 하겠다.

성소에는 각종 성물이 있다. 성물은 조각 목에 금을 씌워 만든다. 인생들 일상에 흩어져 있는 수많은 장삼이사의 지혜들도 새로 태어난다. 비손 강 물이 흘러들어 생성되는 금과 보석 같은 진리로 조각 목들을 감싸서 성전의 기물이 되게 한다(사 60:6 출 28:9~20 겔 28:12~15 시 72:15 참고).

동방의 박사들이 예수의 탄생을 기뻐하여 예물을 드리듯 비손 강가에서 생성된 금이나 몰약 그리고 각종 보석은 기쁨의 정서(찬양과 감사)로 나타나는 것들이다. 에스겔은 두로 왕을 책망하면서 에덴의 이야기를 그대로 반복한다. 뒤에서 언급하겠지만, 에덴에서 아담은 선악을 알게 하는 지식의 나무 실과를 먹는다. 에스겔도 같은 이야기를 두로 왕의 모습을 통해 그려낸다. 자기 자신을 찾아가는 순례의 길목에서 그것은 누구나 한번 겪게 되는 진통이기도 하다. 그런데도 에덴의 비손 강과 네 개의 강을 이해하는 데 에스겔은 매우 중요한 단서들을 제공한다.

> 인자야 두로 왕을 위하여 애가를 지어 그에게 이르기를 주 여호와의 말씀에 너는 완전한 인이었고(אַתָּה חוֹתֵם תָּכְנִית 아타 호템 타크니트, 너는 온전히 인친 자였고) 지혜가 충족하며 온전히 아름다왔도다 네가 옛적에 하나님의 동산 에덴에 있어서 각종 보석 곧 홍보석과 황보석과 금강석과 황옥과 홍마노와 창옥과 청보석과 남보석과 홍옥과 황금으로 단장하였었음이여 네가 지음을 받던 날에 너를 위하여 소고와 비파가 예비되었었도다 너는 기름 부음을 받은 덮는 그룹임이여 내가 너를 세우매 네가 하나님의 성산에 있어서 화광석 사이에 왕래하였었도다 네가 지음을 받던 날로부터 네 모든 길에 완전하더니 마침내 네 속에 있는 불의(עַוְלָתָה בָּךְ 아벨라타 바크)가 드러났도다 (겔 28:12~15).

에덴 이야기에서 아담이 선악과를 먹는 것에 대해 에스겔이 그리고 있는 두로왕 버전인 셈이다. 에덴의 첫 번째 비손 강은 각종 보석이 있는 하윌라 온 땅을 흐르는 것으로 묘사되고 있다. 각종 보석으로 단장한 것은 지혜가 충족하며 온전히 아름다왔음을 상징하는 것 아닌가?

2) 기혼(גִּיחוֹן)

둘째 강의 이름은 기혼이라 구스 온 땅에 둘렸고(창 2:13)

성서에는 기혼 강이 구스 온 땅에 둘렸다는 간략한 표현만
나타난다. 옛사람들은 당시 그들을 둘러싼 자연환경 특히 산이
나 강을 빌려 이야기를 만들고 영성을 전한다. 구스 땅은 성서
에서 에티오피아 그리고 스바와 동일하게 사용되고 있다. 영어
성서들은 구스를 에디오피아로 번역한다. 따라서 예루살렘을 중
심으로 보면 구스땅과 애굽은 남방에 해당한다. 하여 기혼 강은
남방을 향하여 흐르는 게 맞다.

남방은 다말에서부터 므리봇 가데스 물에 이르고 애굽 시내를
따라 대해에 이르나니 이는 그 남방이요(겔 47:19)

기혼 강이 구체적으로 무엇을 뜻하는지 알기는 쉽지 않다. 다
만, 기혼은 그 어원이 '기하'에서 유래했는데 이는 '물을 내뿜
다, 해산의 수고, 터져나오다'라는 뜻이며, 솔로몬에게 기름이
부어지고 왕으로 선포된 예루살렘 근처 계곡 이름과 같다. 구스
에서 스바의 여왕이 금은보화를 선물하면서 솔로몬에게 지혜를
구하는 것을 보면 기혼 강에서 기름 부음 받은 솔로몬의 지혜
가 스바 여왕을 통해 구스까지 흘러 들어가는 것은 분명하다.

스바 여왕이 여호와의 이름으로 말미암은 솔로몬의 명예를 듣

고 와서 어려운 문제로 저를 시험코자 하여 예루살렘에 이르니 수원이 심히 많고 향품과 심히 많은 금과 보석을 약대에 실었더라 저가 솔로몬에게 나아와 자기 마음에 있는 것을 다 말하매 솔로몬이 그 묻는 말을 다 대답하였으니 왕이 은미하여 대답지 못한 것이 없었더라 스바 여왕이 솔로몬의 모든 지혜와 그 건축한 궁과 그 상의 식물과 그 신복들의 좌석과 그 신하들의 시립한 것과 그들의 공복과 술관원들과 여호와의 전에 올라가는 층계를 보고 정신이 현황하여 왕께 고하되 내가 내 나라에서 당신의 행위와 당신의 지혜에 대하여 들은 소문이 진실하도다(왕상 10:1~6)

스바의 여왕과 같이 우리 내면에서 솔로몬의 지혜를 구하는 것은 우리의 이해력이 결핍되었음을 의미한다. 그런데 기혼 강은 구스 온 땅에 흘렀다고 한다. 구스 온 땅이란 성서에서 남방을 의미한다. 성서에서 남방이 상징하는 것은 생존을 우선하는 사고 방식이다. 가뭄과 기근이 들면 언제나 남방에 가서 식량을 구한다. 아브람도 그랬고 야곱도 그러했다. 애굽과 구스 곧 남방은 생존을 우선하는 사고가 지배하는 땅이다. 따라서 기혼 강이 구스 땅으로 흘렀다는 것은 하늘의 영적 지혜가 생존 우선주의의 사고 방식이 지배하는 영역에도 흘러들게 했다는 의미를 담고 있다. 모든 걸 육체의 생존 관점, 빵의 관점에서만 보려는 세계관이 남방을 지배한다. 빵이 얼마나 중요한가? 육체가 생존하려면 빵이 있어야 한다. 성서에서 애굽과 가나안은 늘 시소게임하듯, 성서 이야기의 주인공들에게 나타난다. 빵과 하나님의 입에서 나오는 말씀은 늘 긴장 관계에 있다.

예수께서 "사람이 떡으로만 살 것이 아니요, 하나님의 입에서 나오는 말씀으로 산다"고 일갈한 것은 인간의 정신세계는 육체의 세계, 그 이상으로 중요하다는 점을 일깨우고 있다. 애굽의 세계관이 가나안의 세계관을 지배할 수도 있고 가나안의 세계관이 애굽으로 흘러들 수도 있다. 기혼 강의 이야기는 생존의 세계관이 우선하는 그곳에 생명의 세계관이 흘러들어 이해력을 넓히고 있음을 비유한다. 뜻이 하늘에서 이루어진 것처럼 땅에서도 이루어지고 있음을 알려주는 것이기도 하다.

마치 생명을 해산하듯, 말씀이 터져 나오고 지식의 세계가 확장된다. 물론 에덴에는 두 가지 중요한 관점이 있다. 생명의 관점에서 삶을 바라보고 살 것인가? 선악의 관점에서 자신을 바라보고 이해할 것인가. 그에 따라서 그의 마음의 세계는 전혀 다르게 기경된다. 선악의 관점은 늘 강퍅하게 하고 황무지로 다시 되돌린다. 생명의 관점에서 바라보는 마음은 타인을 향해서나 자신에 대해서 옳고 그름으로 나누거나 분별하지 않는다. 삶과 생명의 현상을 바라보며 생명 그 자체를 존중한다. 에덴 이야기에도 이에 대한 갈림길을 담고 있다.

그중에 거하신 여호와는 의로우사 불의를 행치 아니하시고 아침마다 간단없이 자기의 공의를 나타내시거늘 불의한 자는 수치를 알지 못하는 도다 내가 열국을 끊어 버렸으므로 그 망대가 황무하였고 내가 그 거리를 비게하여 지나는 자가 없게 하였으므로 그 모든 성읍이 황폐되며 사람이 없으며 거할 자가 없게 되었느니라 내가 이르기를 너는 오직 나를 경외하고 교훈을 받으라 그리하면 내가 형벌을 내리기로 정하기는 하였거니와 너의 거처가 끊어지지 아니하리라 하였으나 그들이 부지런히 그 모든 행위를 더럽게 하였느니라 나 여호와가 말하노라 그러므로 내가 일어나 벌할 날까지 너희는 나를 기다리라 내가 뜻을 정하고 나의 분한과 모든 진노를 쏟으려고 나라들을 소집하며 열국을 모으리라 온 땅이 나의 질투의 불에 소멸되리라 그때에 내가 열방의 입술을 깨끗케 하여 그들로 다 나 여호와의 이름을 부르며 일심으로 섬기게 하리니 내게 구하는 백성들 곧 내가 흩은 자의 딸이 구스 하수 건너편에서부터 예물을 가지고 와서 내게 드릴지라(습 3:5~10)

대저 나는 여호와 네 하나님이요 이스라엘의 거룩한 자요 네 구원자임이라 내가 애굽을 너의 속량물로, 구스와 스바를 너의 대신으로 주었노라(사 43:3)

3) 힛데겔(חִדֶּקֶל)

세째 강의 이름은 힛데겔(חִדֶּקֶל)이라 앗수르 동편으로 흐르며 (창 2:14)

앗수르는 예루살렘을 중심으로 보면 북방이다. 따라서 티크리스 강은 북방으로 흐르는 강이다. 앗수르 동편이라 하면 예루살렘에서 북방으로 흘러 북동쪽으로 흐른다고 보면 될 것이다.

북방은 대해에서 헤들론 길로 말미암아 스닷 어귀까지니 곧 하맛과 브로다며 다메섹 지계와 하맛 지계 사이에 있는 시브라임과 하우란 지계 곁에 있는 하셀핫디곤이라 그 지계가 바닷가에서부터 다메섹 지계에 있는 하살에논까지요 그 지계가 또 북방에 있는 하맛 지계에 미쳤나니 이는 그 북방이요(겔 47:15~17)

힛데겔(חִדֶּקֶל)은 헬라어로 티그리스(Τίγρις)라 표기한다. 힛데겔은 헤데크 곧 '가시나무'에서 유래했을 것으로 유추한다. 오늘날도 살아있는 강 이름이다. 티크리스와 네 번째 강인 유브라데는 현재도 흐르고 있고 메소포타미아 문명의 발상지기도 하다. 예루살렘이나 이스라엘을 중심으로 놓고 보면 앗수르는 니느웨와 함께 북방 지역에 위치한다.

성서의 전체적인 그림은 이스라엘 백성들이 출애굽 하여 가나안 땅에 정착하는 것이다. 애굽의 노예 상태로 있는 것에서부터 벗어나는 것이 순례의 시작이라 할 수 있겠다. 그런데 가나안에 정착한 이스라엘 백성들은 왕정 시대를 거친 후 다시 북방민족의 식민지배를 받게 된다. 남방민족 애굽의 노예로 살던 인생이 자유와 생명을 찾아 가나안에 정착하는 것도 잠시, 또다시 바빌론의 포로가 되는 이야기가 반복된다. 애굽은 생존 욕구에 속박됨을 의미하고, 북방에 사로잡히는 이야기는 이론과 논리, 교리에 사로잡혀 옴짝달싹 못 하는 상태를 이야기한다. 북방에 사로잡힌다는 것은 여전히 '가나안'을 중심으로 한 마음의 세계를 잃어버리고 이성적 활동, 지식과 도그마(교리)적 종교의 노예 상태로 전락하게 되는 인생을 상징한다.

따라서 북방으로 흐르는 강물은 이성적 활동의 인식능력, 논리적 사고가 지배하는 곳, 곧 북방으로 성전의 동편에서 시작된 강물이 흘러들게 된다는 점이다. 인생의 수레바퀴를 굴리는데 논리와 이성적 활동이 얼마나 중요한가? 모든 문명은 이론과 추리, 논리력을 바탕으로 발전한다. 현대 신박한 문물들은 논리력의 산물이다. 의식의 세계에서 도그마도 논리력으로 조직한다. 과학 문물은 논리가 아니면 성립할 수 없지만, 의식의 세계의 논리력은 대개 편견을 토대로 조합된다. 따라서 거기서 논리력은 자신의 주장을 관철하고 옳음을 주장하는 고집으로 작동한다. 종교적 편견을 낳고 자신이 갇혀 있는 자신만의 동굴 속 우상에 사로잡히게 된다. 유대인이 바빌론의 포로로 잡혀간다는 이야기는 바로 그와 같은 정신 현상의 한 형태다. 에덴 이야기에서는 선악의 나무 이야기가 그 지점이다. 이스라엘 입장에서 보면 바빌론은 영지주의의 상징적 장소다. 출애굽 후 가나안에 잠시 머물다가 바빌론에 포로가 되는 이야기나 아담 아파르가 되어 에덴에 머물다가 선악의 나무에 포로가 되는 것이나 이야기 구조가 같다는 말이다. 따라서 선악의 지식 나무는 적어도 영적 지식 나무고 하나님에 대해 눈이 밝다고 하는 나무다.

북방으로 흐르는 강은 바로 그와 같은 우리들 의식의 속성에 마음에서 타고 흐르는 지성소에서 발원한, 에덴에서 발원한 물이 흘러든다는 이야기다. 북방 민족이 활개치고 독재하던 그곳에 생명의 기운이 흘러 들어가게 되는 것이 이야기로 그려지고 있다. 세 번째 힛데겔을 통해 옛사람들이 말하고 싶은 부분이다.

4) 유브라데(פְרָת)

넷째 강은 유브라데(Εὐφράτης)더라(창 2:14)

동방은 하우란과 다메섹과 및 길르앗과 이스라엘 땅 사이에 있
는 요단강이니 북편 지계에서부터 동해까지 척량하라 이는 그
동방이요(겔 47:18)

'페라트(פְּרָת)'는 히브리어요 유프라테스(Εὐφράτης)는 헬라
명칭이다. '솟아나다'는 의미의 단어에서 유래했다. 오늘날 유브
라데 강과 에스겔에서 말하는 동방은 방향은 맞더라도 에스겔
에서 언급하는 지역과는 잘 맞지 않는다. 다만 4대 강이 이야기
에 상징적으로 채택되고 있다는 점을 유의해야 한다. 지정학적
으로 반드시 특정 지역과 일치하느냐 여부는 크게 중요하지 않
다. 에덴동산의 위치가 어디인가 하는 것도 그런 점에서 마찬가
지다. 이 이야기가 당시 주변 자연 현상과 그 시대의 강과 산들
의 이름을 차용하여 무엇인가를 설명하고 있다고 해서 지리적
으로 반드시 정밀하게 일치해야 할 이유는 없다. 중요한 것은 4
대 강 이야기를 통해 순례기를, 우리 내면을 그려내려 한다는
점에 주목해야 한다.

네가 시홀의 물을 마시려고 애굽 길에 있음은 어찜이며 또 그
하수(나할-상징적으로 나일강이나 유브라테스 강을 의미)를 마
시려고 앗수르 길에 있음은 어찜이뇨(렘 2:18)

창세기는 아브람 언약을 기록하고 있다. 이는 에덴동산의 네
개의 강 이야기와 같은 얘기기도 하다. 에덴의 4대 강은 아담과

의 언약이다. 아담 언약은 아브람과의 언약에도 그대로 반영된다.

> 그 날에 여호와께서 아브람으로 더불어 언약을 세워 가라사대 내가 이 땅을 애굽 강에서부터 그 큰 강 유브라데까지 네 자손에게 주노니(창 15:18)

큰 강 유브라데는 가장 표면적인 인식과 지식의 세계를 상징하기도 한다. 기억력을 통해 쌓아지는 표면적 지식의 세계에 생명의 지렛점이 작동하여 기억 활동이 이루어진다면, 정보 집적의 세계에 있는 수많은 지식들이 자신의 이기적 자아를 위해, 경쟁과 정보전쟁에서 승리하기 위해 작동하는 것이 아니라, 진리를 전하고 생명을 살리는데 집적된 기억의 지식이 활동하게 된다. 이것이 큰 강에서 물을 마시고 싶은 갈증이다. 애굽 강에서부터 그 큰 강 유브라데까지 네 자손에게 주겠다는 것이 **아브람과의 언약**이다. 누구나 열망하여 추구하는 바다. 이곳에 에덴에서 발원한 물이 흘러들면, 성소에서 발원한 물이 흘러들면 애굽의 하수가 새로워진다. 유브라데 강물이 새로워진다. 죽은 물고기로 악취가 나는 죽음의 강을 되살리는 이야기들이 성서 곳곳에 등장한다.

15. 경작과 지킴[12]

여호와 하나님이 그 사람을 이끌어 에덴 동산에 두사 그것을 다스리며 지키게 하시고(창 2:15)

경작과 지킴(to cultivate and keep it). 이 두 개념은 성서 전체를 관통한다. '아바드(עָבַד)'는 '일하다, 섬기다, 노동하다, 봉사하다, 일시키다, 경작하다'는 뜻을 갖고 있다. '샤마르(שָׁמַר)'는 'Keep'의 의미를 갖는다. 동산이 훼손되거나 훼파되지 않도록 파수꾼이 성문을 지키듯, 지키라는 의미다. 언제든 여우가 포도밭을 훼손할 수 있기 때문이다. 좌우에 경도된 이데올로기가 동산에 들어와 무화과나무를 훼손할 수 있기 때문이다. 큰 자가 되려는 우두머리 욕망이 동산에 침투해 언제든 황무지로 만들 수 있기 때문이다.

---

12) 창 2:15

וַיִּקַּח יְהוָה אֱלֹהִים אֶת־ הָאָדָם וַיַּנִּחֵהוּ בְגַן־ עֵדֶן לְעָבְדָהּ וּלְשָׁמְרָהּ

바이카 예호바 엘로힘 에트 하아담 바얀녜헤후 베간 에텐 레아브다흐(아바드) 우레샤 메라흐(샤마르)

동산 지기란 집말은 청지기와 같다. 누구나 공평하게 땅을 분양받았다. 동산을 경작하고 지켜야 할 책무는 누구나 있고 자신의 마음을 지키는 자는 자기 자신이다. 자신의 마음의 세계를 넓혀가고(기경하고) 그곳에 허브향이 넘치는 각종 채소와 열매 맺는 나무가 자라게 하도록 차별 없이 땅이 주어졌다.

비록 한 뼘 땅이지만 우주의 천변만화가 있고 만물이 깃들어 있다. 누구에게나 와있는 땅이지만 그곳을 타자가 경작하고 있고 지배하고 있다. 이미 주어져 있음에도 불구하고, 내 마음의 영토에 타자가 등기를 해놓고 권리를 주장하려 한다. 즉, 내 마음을 타자가 원격조정하려 하며 리모콘으로 컨트롤 하고 있다. 하여 끊임없이 타인의 눈치를 보며 그들의 마음에 들게 하려고 밭에서는 뇌물을 생산하게 된다. 타자는 당근과 채찍으로 나의 마음을 지속적으로 지배하려 하고 빼앗기지 않으려 한다. 도리어 더욱 기승을 부리며 가산을 노략질해간다. 이것이 인생의 마음을 둘러싸고 주변에서 지배권을 확보하려는 전쟁 이야기다.

아브람의 이야기에서도 가나안의 다섯 왕이 아브람의 조카 롯을 포로로 잡아가고 영토 전쟁과 더불어 재산 쟁탈 전쟁을 치룬다.

소돔 왕과 고모라 왕과 아드마 왕과 스보임 왕과 벨라 곧 소알 왕이 나와서 싯딤 골짜기에서 그들과 접전하였으니 곧 그 다섯 왕이 엘람왕 그돌라오멜과 고임왕 디달과 시날왕 아므라벨과 엘라살왕 아리옥 네 왕과 교전하였더라(창 14:8~9)

이제는 다시 되돌려 받아야 한다. 다시 양도받으려면, 등기

권리증을 이전하려면 타자를 과감히 내보내야 한다. 빼앗긴 것을 되찾아와야 한다. 거기서 삶의 혁명적 변화를 경험하게 된다. 하늘과 땅이 경천동지하며 다시 설정된다.

예수께서 "온유한 자는 복이 있나니 땅을 기업으로 받을 것이라"(마 5:5)는 말씀처럼 '아담 아파르'에게 다시 재분양한다. 거듭 태어난다는 것은 땅을 양도받아 다시 등기 이전하는 것과 다름없다.

마태복음 13장 씨 뿌리는 비유는 땅을 기경하고 경작한다는 게 무얼 말하는지 알게 해준다. 동산은 마음 땅이고 네 개의 강은 땅을 적시는 물을 공급한다. 씨가 뿌려지고 돌과 가시를 걷어내어 옥토가 되게 하며 이곳에서 결실하게 하는 것, 경작하고 지키는 것이 무엇인지를 분명히 해준다. 이를 위해 하아담(그 처음 사람)은 동산에 머문다. 옛사람들은 존재에 눈떠서 새롭게 그 의식의 세계를 성숙시켜가고자 하는 인생의 이야기를 그렇게 그리고 있다.

경작한다는 의미의 '아바드'는 '섬기다. 봉사하다. 노동하다'는 뜻으로도 많이 쓰인다. 따라서 일하고 섬기고 봉사한다는 것의 참뜻은 모두 마음 땅을 기경하고 그곳에 씨를 뿌리며 그곳에 식물들이 자라게 하는 것, 황폐한 땅이 기름진 땅으로 다시 살아나게 하는 것, 그것이 일이며 섬김이며 예배요 경작이다. 재분양받은 땅에 각종 나무가 자라도록 경작자가 되는 것이다. 존재의 채소, 존재의 나무가 자라게 된다.

에덴의 네 강은 에덴 언약이다. 그것은 후에 아브람에게도 같게 나타난다. 즉, 아브람과의 언약이기도 하고 모든 인생을 향한 언약이기도 하다. 채소가 나지 않고 열매 맺는 나무가 없는 그곳에 야웨의 비가 내려야 비로소 기경이 가능하다. 동시에 경작할 사람이 있어야 비로소 마음의 세계가 새롭게 열리고 밭은 기경된다. 경작할 사람이란 '아담 아파르' 곧 나는 가장 작은 자요, 재와 티끌이라는 인식이 찾아와야 그로 인해 비로소 밭을 기경할 수 있게 된다는 게 에덴 이야기의 시작이었다. 그 같은 자각이 찾아와야 비로소 동산지기가 된다는 게 에덴 이야기의 서두였다.

그런데 그 같은 인식이 한 켠에 찾아오더라도 여전히 마음의 더 많은 부분은 이전 약육강식의 방식에 의해 정착된 땅으로 이뤄져 있다는 사실이다. 그곳에 원주민이 있고 선주민이 있다. 원주민은 타자가 뿌려놓은 씨로 인해 형성된 의식이고 삶의 방식들이다. 선주민의 삶의 시스템은 쟁투(爭鬪)다. 다툼과 갈등을 토대로 삶이 운영된다.

욕망의 충족을 기본으로 삶의 수레바퀴를 돌리기 때문이다. 나의 욕망과 타인의 욕망은 각자가 기준이기 때문에 언제나 상반되고 갈등하게 마련이다. 그로 인해 항상 수고가 있게 된다. 따라서 동산지기는 에덴의 언약을 따라 모든 곳에 강이 흘러들게 하고 새로운 영토로 기경해 가는 게 인생이다. 자기 자신의 마음의 땅에 강이 흘러들어 각종 열매 맺는 나무의 실과들이 주렁주렁 맺히도록 농군으로 부름받은 것이다. 마음의 땅에 생명의 씨를 뿌려 포도나무와 무화과나무의 열매가 맺히도록 각자 인생의 과제가 부과된 셈이다. 그리고 그 땅의 소산물을 먹거리로 삼으라는 게 에덴 언약이다.

다시 말하면 하아담은 자기 자신의 에덴동산을 기경하고 다시 그 땅에 각종 채소와 열매 맺는 나무가 맺히도록 지키는 동산지기가 되게 했다는 점이다. 즉, 에덴의 네 강이 흐르게 하고 (야웨 엘로힘의 비가 내리게 하고) 경작할 사람 곧 '아담 아파르'를 그곳에 세웠다. 여기서부터 인생은 타인에 의해서 지배당했던 마음의 세계에, 비로소 스스로 주인이 되며 스스로가 자신의 마음의 땅을 경작하고 각종 나무가 자라게 해서 열매 맺게 하는 동산 지기가 되는 것이다.

그러므로 에덴동산은 동시에 자기 자신을 의미한다. 그렇다면 그가 기경하고 지켜야 할 곳, 동시에 그가 머무는 집은 어디일까. '레네페쉬 하야(향하여 있는 산 혼)'가 머무는 땅은, 하아다마가 아담 아파르가 되어 머무는 땅은, 속사람이 머무는 동산은 새로 빚은 마음의 땅을 일컫는다는 말이겠다. 하아담은 어디에 머무는 걸까. 성서의 다른 곳을 통해 다시 확인할 수 있다.

그러나 너희 이스라엘 산들아 너희는 가지를 내고 내 백성 이스라엘을 위하여 과실을 맺으리니 그들의 올 때가 가까이 이르렀음이라 내가 돌이켜 너희와 함께 하리니 **사람이 너희를 갈고 심을 것이며** 내가 또 사람을 너희 위에 많게 하리니 이들은 이스라엘 온 족속이라 (겔 36:8~9)

전에는 지나가는 자의 눈에 황무하게 보이던 그 황무한 땅이 장차 기경이 될지라 사람이 이르기를 이 땅이 황무하더니 이제는 에덴동산 같이 되었고 황량하고 적막하고 무너진 성읍들에 성벽과 거민이 있다 하리니(겔 36:34~35)

성서에서 기경한다는 것은 사람을 갈고 심는다는 얘기임이 분명하다. 사람이 사람을 기경한다는 것은 자신이 자기 자신의 마음을 갈고 또 심는다는 이야기가 아니고 무엇이랴. 그곳에는 이미 강이 흐르고 그 강은 네 개의 강 근원이 되어 사방으로 흐른다는 것이 에덴의 이야기다. 이는 새로 태어난 사람의 내면에 흐르는 생명의 구조를 가리키며, 생명으로 살 수 있는 모든 것이 구비되어 있음을 일컫는다. 우리 내면의 마음 땅에는 이미 만물이 그렇게 배치되었다.

하늘과 땅의 낳고 낳음은 이렇게 시작되는 것이다. 땅이 새로 낳고 나면, 즉 그 땅이 새로 태어나면 그곳은 마치 에덴동산과 같이 하늘에서 비가 내리지 않던 땅에 하늘로부터 비가 내리며, 땅에는 네 개의 강이 흐른다. 마음 땅에 각종 채소가 나고 열매가 맺을 수 있도록 경작하고 지켜가는 새로운 농부로 태어나는 것이다. 이 농부는 생명의 지렛대로 동산을 경작하고 또 지켜야 하는 새 계명이 주어진다.

에덴의 이야기는 그렇게 진행된다.

여전히 동산 중앙에는 두 개의 나무가 있다.

16. 동산 각종 나무
(מִכֹּל עֵץ הַגָּן 미콜 에츠 하간)

여호와 하나님이 그 사람에게 명하여 가라사대 동산 각종 나무의 실과는 네가 임
의로 먹되(창 2:16)

에덴동산은 강퍅한 자리를 떠나 야웨의 비가 내리는 땅, 그
같은 사람(아담)의 마음을 비유한다. 동산에 각종 나무의 과실
이 나게 하고 나무에서 나는 과실은 반드시 먹으라고 한다. 각
종 나무란 마음이 내는 마음의 정적인 요소를, 동산의 각종 동
물이란 마음이 빚어내는 동적인 요소를 비유한다. 공중의 새란,
지혜와 지식의 발원과 작동을 비유하는 에덴 이야기의 비유법
이다. 이 같은 비유 방식은 성서 전체에 그대로 관통한다. 감람
나무, 무화과나무, 포도나무 등 동산의 각종 나무는 사람을 비유
하고 사람의 마음에서 내는 마음의 여러 정적(靜的) 속성을 나
타내준다.
　몰약이 가득한 향낭, 엔게디 포도원의 고벨화, 백향목으로 지
은 집의 대들보, 잣나무로 만든 서까래, 샤론의 수선화, 골짜기

의 백합화 등은 마음의 요소들이다.

용기 있는 마음을 병거의 준마로 비유하고, 사랑하는 사람을 노루와 사슴으로 비유한다. 창으로 들여다보고 창살 틈으로 엿보는 사슴과 노루의 노니는 것을 비유하여 사랑하는 사람을 향하는 마음의 움직임과 그에 이끌리는 행동을 노래 한다.(아가서 4장 참조)

여기서 사랑은 노루와 사슴이 창으로 들여다보고 창살 틈으로 엿보게 하는 식의 행동을 수반한다는 점에서 동물은 마음의 동적인 움직임을 비유하는 비유법임을 알 수 있다. 옛사람들은 바로 그 같은 방식으로 영성을 풀어가고 이야기를 진행하고 있다는 것, 성서는 그 같은 비유 형식을 띠고 있다는 이야기다. 지면에는 꽃이 피고 비둘기가 노래하는데, 에덴을 경작하고 지켜야 하는 까닭은 동산 밖에서 여우가 언제든 습격하여 포도원에 피어있는 꽃을 짓밟고 포도원을 헐려 하기 때문이다.

들의 모든 짐승과 나무들이 하아다마(광야와 같은 마음)로부터 빚어 만든 마음의 각종 요소라는 것은 에덴 이야기를 읽어가기 위해 분명히 해야 할 점이다. 용기라는 것은 마음이 내는 것이다. 겸손도 마음이(하아다마) 빚는 것이다. 온유라는 것 마음(하아다마)으로부터 만들어(야차르, 조성)지는 것이다. 노여움도 마음이 빚어 만든 것이고, 교만도 마음의 산물이다.

에덴의 이야기에 각종 짐승이 흙으로부터(민 하아다마) 나왔다는 것은 바로 인간의 동적인 요소들이 마음으로부터 비롯되었다는 것을 그대로 반영하고 있음을 알 수 있게 한다. 마음이 세상을 향하여 있는 상태를 하아다마(황무지, 강팍한 마음)라 한다면, 마음이 자신의 깊은 본질과 내면에 있는 지성소를 향(ﬥ)하여 있는 상태를 '레네페쉬 하야'라고 한다.

비록 하아다마 였다고 하더라도 이곳에서 흙 사람이 새로 태어나고 흙 사람이 되고 나면 비로소 세상을 향하여 있던 마음이, 강퍅할 수밖에 없었던 마음이 돌이켜 자신의 깊은 곳에 감추어져 있던 새 예루살렘의 빛으로 다시 빚어진다.

그리고 그곳으로부터 새로 빚어진 마음의 요소들은 나무로 비유되고 동물로 비유된다. 하여 줄로 재어준 아름다운 구역(시편 16:6)이 생기게 되고 이를 에덴 정원이라 이름한다. 에덴동산, 줄로 재어준 아름다운 구역은 언제든 여우가 공격하고 뱀이 속삭여 훼파시킨다. 파수꾼이 되어 자신의 마음을 지키라(샤마르 שָׁמַר))는 까닭은 바로 지성소를 향하여 늘 깨어 있으라는 경구다.

에덴동산의 각종 나무와 동물들을 이와 같은 관점에서 읽어보자. 이야기가 말하려는 본래 의미를 다시 읽어낼 수 있다. 옛 이야기에서 오늘 우리 이야기를 읽어내자. 신의 이야기 형식이지만 그곳에서 오늘 '로고스'를 읽어내는 것이 이 시대 독자들의 몫이다. 그것은 오래된 오늘 우리들의 이야기임을 알 수 있다.

야웨 하나님이 그 사람에게 엄히 명하여 말씀하시기를 그 동산 각종 나무로부터는 반드시 먹으라(먹을 것이다). 그러나 좋음(토브)과 나쁨(라아)을 아는 나무 그것으로부터는(밈메누 of it, 아포 아우투) 먹지 말라. 왜냐하면 네가 그 나무로부터(밈메누

of it, 아포 아우투) 먹는 날에는 반드시 죽으리라.(창 2:16~17)[13]

16절의 본 동사 '바에차브'는 '차바'의 강의형(피엘형)이다. 따라서 이는 엄한 명령을 의미한다. 동사가 중복하여 나오면 그역시 동사의 의미를 강조하는데, 16절과 17절에서는 강조하는 동사가 두 번 나온다. 명령은 궁극적으로 명령하는 이의 실현 의지를 담고 있다.

16절에 나오는 아콜 토켈(אָכֹל תֹּאכֵל). '먹는다'는 동사인 '아콜'은 '아칼'의 부정사 절대형이고 토켈은 '아칼'의 칼동사 미완료시상 2인칭 남성 단수형이다. 둘 다 원형은 '아칼'이고 그 어형변화일 뿐이니 동사가 반복해서 나온 문장이다. 이 문장을 번역하거나 해석하는 방식으로 번역 성서들은 "Of every tree of the garden you may freely eat;-NKJV" 형태를 따르고 있다. 즉, '동산 각종나무로부터 네가 임의로(자유롭게) 먹어도 좋다(먹으라)'는 식이다. 동사가 중복되어 나타난 것을 수 많은 번역서들이 freely로 번역한 것은 그만큼 고민한 흔적이라고 여긴다. 그럼에도 가장 일반적인 히브리어 문법을 단순 적용해보면 어떨까? 어떤 동적 행위를 강조하고자 할 때 동사를 반복 사용하려는 언어적 습관이 있다는 점을 그대로 적용해서 이해하

---

13) 창 2:16-17

וַיְצַו יְהוָה אֱלֹהִים עַל־הָאָדָם לֵאמֹר מִכֹּל עֵץ־הַגָּן אָכֹל תֹּאכֵל:(16)

וּמֵעֵץ הַדַּעַת טוֹב וָרָע לֹא תֹאכַל מִמֶּנּוּ כִּי בְּיוֹם אֲכָלְךָ מִמֶּנּוּ מוֹת תָּמוּת:(17)

바에차브 예호바 엘로힘 알 하아담 레모르 미콜 에츠 하간 아콜 토켈(16)
우메에츠 하다이트 토브 바라아 로 토칼 밈메누 키 베욤 아칼카 밈메누 모트 타무트(17)

는 것이 우선이다.

따라서 그러한 규칙을 적용한다면 이 문장은 다음과 같이 번역 혹은 해석할 수 있다. "동산의 각종 나무로부터 반드시 먹게 되리라(Of every tree of the garden you will surely eat)" 여기서 미완료 시상은 오늘날 형태로는 미래로 해석한다. 하여 '반드시 먹으리라' 혹은 '반드시 먹을 것이다'로 해석해준다. 물론 문장이 시작되면서 '바예짜브'가 있어 '먹으라'는 명령형으로 번역했지만 동사 자체로는 명령형이 아니라 미완료 시상일 뿐이다. 기존의 번역서들이 "동산의 각종 나무로부터 반드시 먹게 되리라"고 번역하지 못하는 까닭은 그 의미를 이해할 수 없기 때문이라고 여긴다. 그러나 새로운 흐름의 눈으로 보면 그것은 이해할 수 없는 게 아니다. 도리어 더 잘 이해할 수 있는 것 아닌가? 에덴 이야기에는 예언적 문장이 자주 등장한다. 이 문장도 그러하다. 아담(사람)은 마침내 동산의 '각종 나무로부터 반드시 먹게 될 것'이라는 점이고 예언적 성격의 복선이 담겨 있는 문장이다.

이어서 나오는 창 2장 17절에도 똑같은 문장구조가 등장한다.

'죽는다'는 동사인 '모트'다. 16절에서 아콜(부정사 절대형) 토켈(반드시 먹으리라)이 등장했던 것처럼 17절에는 '모트 타무트(מוֹת תָּמוּת 반드시 죽는다)'가 등장한다. 여기서도 모트와 타무트의 원형은 '무트(מות)'다. '모트'는 '무트(מות)'의 칼 부정사 절대형이고 '타무트(תָּמוּת)'는 칼동사 미완료시상 2인칭 남성 단수 동사다. 동사를 두 번 사용해서 강조하는 방식은 일

반적으로 동사의 강의형 혹은 강조형인 단순 피엘 동사를 사용하는 강조법과 다르다.[14)]

따라서 이 문장에서 '임의로' 번역하는 것은 오역이다. '정녕'에는 surely의 의미가 담겨 있다고 볼 수도 있겠다. 어떻든 '반드시 먹을 것이다'는 뜻이고 '반드시 죽으리라'는 말이다. 둘 다 예언적 문장이기도 하다. 즉, 창 2장 17절에서 무트(die) 동사는 16절에 나오는 아칼(eat) 동사와 동일한 강조 용법을 사용하고 있다. 17절에서의 모든 번역서들은 "모트 타무트"를 "you will surely die."로 번역하고 있다는 점이다. 따라서 16절에서도 같은 방식으로 번역한다 해서 전혀 이상하지 않다는 말이다. "아콜 토켈(אָכֹל תֹּאכֵל) = you will surely eat"

동산 각종 나무로부터 반드시 먹으리라는 말은 무슨 뜻일까? 비록 동산 중앙의 나무가 아니라 하더라도 동산 각종 나무의 실과를 먹으라는 것, 그것도 임의로 먹는 것이 아니다. 동산의 모든 나무(미콜 에츠)로부터란 '각종 나무로부터'를 뜻한다. 창세기 2장 5절의 콜 시하(וְכֹל שִׂיחַ)와 베콜 에세브(וְכָל־עֵשֶׂב) 역시 각종 채소와 각종 푸른 식물이듯 여기 미콜 에츠 역시 각종 나무라고 보아도 무방하다. 여호와 하나님이 땅에 비를 내리지 아니하셨고 경작할 사람도 없었으므로 들에는 초목이 아직 없었고 밭에는 채소가 나지 아니하였으며(창 2:5)에 나타나고

---

14) 히브리어는 동사 원형을 칼동사라하고 이를 강조하는 방식의 표현을 피엘 동사라 한다. 예컨대 '카탈'이 '죽였다'는 의미의 칼동사 원형이라면 피엘동사는 모음에 변화를 주면서 세 개의 자음으로 구성된 단어의 가운데 문자에 경강점을 넣고 '키텔'이라 표기하고 그 의미는 '학살하다'는 식의 강조법을 사용한다. 이 문장은 이 같은 강조법과는 다른 의미의 강조 방식이다.

있는 각종 채소와 각종 푸른 식물이 에덴에서는 각종 나무(모든 나무)인 셈이다.

다음 성구를 참조하면 성서의 이야기들 속에 있는 각종 나무가 무엇을 의미하는지 더욱 확연해진다.

강 좌우 가에는 각종 먹을 실과나무가 자라서 그 잎이 시들지 아니하며 실과가 끊치지 아니하고 달마다 새 실과를 맺으리니 그 물이 성소로 말미암아 나옴이라 그 실과는 먹을 만하고 그 잎사귀는 약재료가 되리라(겔 47:12)

저는 시냇가에 심은 나무가 시절을 좇아 과실을 맺으며 그 잎사귀가 마르지 아니함 같으니 그 행사가 다 형통하리로다(시 1:3)

밭과 그 가운데 모든 것은 즐거워 할지로다 그리할 때에 삼림의 나무들이 여호와 앞에서 즐거이 노래하리니(시 96:12)

지혜는 그 얻은 자에게 생명 나무라 지혜를 가진 자는 복되도다(잠 3:18)

의인의 열매는 생명 나무라 지혜로운 자는 사람을 얻느니라(잠 11:30)

남자들 중에 나의 사랑하는 자는 수풀 가운데 사과나무 같구나 내가 그 그늘에 앉아서 심히 기뻐하였고 그 실과는 내 입에 달았구나(아 2:3)

나의 누이, 나의 신부는 잠근 동산이요 덮은 우물이요 봉한 샘이로구나 네게서 나는 것은 석류나무와 각종 아름다운 과수와 고벨화와 나도초와 나도와 번홍화와 창포와 계수와 각종 유향목과 몰약과 침향과 모든 귀한 향품이요 너는 동산의 샘이요 생

수의 우물이요 레바논에서부터 흐르는 시내로구나(아 4:12~15)

여호와께서 이 일을 행하셨으니 하늘아 노래할지어다 땅의 깊은 곳들아 높이 부를지어다 산들아 삼림과 그 가운데 모든 나무들아 소리 내어 노래할지어다 여호와께서 야곱을 구속하셨으니 이스라엘로 자기를 영화롭게 하실 것임이로다(사 44:23)

들짐승들아 두려워 말지어다 들의 풀이 싹이 나며 나무가 열매를 맺으며 무화과나무와 포도나무가 다 힘을 내는도다(욜 2:22)

동산에 있는 각종 나무는 내면에 있는 정적 속성들이다. 이들 나무로부터 나는 것을 반드시 먹어야 그 아담(하다담) '레네페쉬 하야'가 산다. 즉, 산 혼으로 야웨를 향하여 자신의 자신 됨을 찾아서 나아가는 사람은 자신의 내면에 흐르고 있는 강물이 적신 흙에 뿌리를 내리고 자라는 각종 나무로부터 나는 열매를 먹는다. 포도나무에서 포도를, 무화과나무에서 무화과를, 각종 향나무에서 향품을 먹으며 살도록 하였다. 모름지기 자신의 땅에서 생산하는 것을 양식으로 삼도록 하였다. 그런데 사람들은 자신의 내면에서 나는 각종 양식은 도외시한 채 타인에게서 먹을 양식을 취하려 한다. 상대의 기선을 제압한 후 기운을 빼앗아 취하려 한다. 흡혈귀가 달리 있을까. 그러나 이제껏 그렇게 살아왔던 것이 땅이 새롭게 태어나고 하늘이 다시 열리고 난 이후에는 다시 타인의 밭에서 양식을 취하지 않는다. 에덴의 각종 나무로부터 반드시 먹으라는 것이 에덴의 이야기가 강조하는 바다.

포도나무에서는 포도 열매, 기쁨의 열매가 열릴 것이고 무화과나무에서는 평강의 열매가 맺힐 것이다. 예수께서 니고데모에게 말씀하시길 "네가 무화과나무 아래에 있는 것을 보았다"고 할 때, 모름지기 유대인들이 무화과나무 아래에 있다는 것은 늘 전쟁에 시달리는 그들에게 평화가 찾아왔음을 말해주는 것이기 때문이다. 각 사람이 자기 포도나무 아래와 자기 무화과나무 아래 앉을 것이라 그들을 두렵게 할 자가 없으리니 이는 만군의 여호와의 입이 이같이 말씀하셨음이니라(미 4:4) 이는 미가의 예언이다.

> 밭들을 탐하여 빼앗고 집들을 탐하여 취하니 그들이 사람과 그 집 사람과 그 산업을 학대하도다 선을 미워하고 악을 좋아하여 내 백성의 가죽을 벗기고 그 뼈에서 살을 뜯어 그들의 살을 먹고 가죽을 벗기며 그 뼈를 꺾어 다지기를 냄비와 솥 가운데 담을 고기처럼 하는(미 3:2~3)

"제사장은 삯을 위하여 점을 치는"(미 3:11) 것이 오늘날이라 해서 다를까? 한술 더 뜨고 있다. 이와 같은 백성은 여호와의 진노로 멸망하는 것이 당연하다고 그는 백성에게 부르짖었다. 심판의 예언과 동시에 희망의 노래가 곧 무화과나무 아래에 앉을 것에 대한 예언이다.

이 같은 언표에서 포도나무와 무화과나무에 대한 히브리인들의 간절한 열망을 읽을 수 있다. 언제나 전쟁에 동원되어 죽음의 공포를 곁에 두고 사는 이들에게는 포도나무와 무화과나무 아래에 서 있다는 뜻은 평화가 찾아왔음을 의미한다. 앗수르왕

산헤립이 유다와 예루살렘을 향해 군대를 이끌고 들어왔을 때 민심을 돌리기 위해 하는 말이 있다. 그때도 히스기야의 말을 듣지 말고 자신의 말을 듣게 되면 평화가 찾아올 것이라는 감언이설로 유다인의 마음을 돌리려 할 때도 같은 말을 사용한다. 전쟁의 대외적 명분은 언제나 평화인 것처럼 그것은 예나 지금이나 다름없다.

> "히스기야를 청종치 말라 앗수르 왕이 또 말씀하시기를 너희는 내게 항복하고 내게로 나아오라 그리하면 너희가 각각 자기의 포도와 자기의 무화과를 먹을 것이며 각각 자기의 우물물을 마실 것이요"(사 36:16)

히브리인들에게 포도나무와 무화과나무의 상징은 그런 점에서 매우 특별하다는 말이다. 모든 전쟁은 결국 임금의 약속으로 이뤄지는 게 아니다. 타자를 왕으로 삼는 것을 극복하고 스스로 평화의 왕이 될 때 무화과나무 아래에 마침내 머물 수 있게 된다. 모든 내면의 전쟁이 멈춰야 비로소 평강이 찾아온다. 밖에서 제공하는 평안은 언제나 불완전하다.

에덴동산의 각종 나무는 그만큼 마음의 속성들을 나타내는 중요한 메타포들이다. 이 밖에도 석류나무와 각종 아름다운 과수, 고벨화와 여러 형태의 향신료를 맺는 나무들, 그리고 이 나무들이 맺는 오래 참음의 열매, 자비의 열매, 긍휼의 열매, 믿음의 열매, 절제의 열매 등을 취하여 먹거리로 삼는 것. 마음의 사람은 그 같은 것들을 '반드시 먹을 것이라(you will surely eat)'

는 것이 에덴의 서사에 담겨 있는 '아콜 토켈' 이다.

17. 생명 나무와 선악 나무

선악을 알게 하는 나무의 실과는 먹지 말라 네가 먹는 날에는 정녕 죽으리라 하시
니라(창 2:17)

성서의 에덴 이야기는 마음의 한 가운데에 두 종류의 나무가
있다고 진단한다.

양심에는 선한 양심이 있고 화인 맞은 양심이 있다. 선악을
분별하는 기능을 하는 게 양심의 역할이고 좋음(토브 טוֹב)과
나쁨(라아 רַע)을 구분하는 게 양심이다. 좋음을 선이라 하고 나
쁨을 악이라고 하는 게 과연 맞는 걸까? 그런데도 끊임없이 인
생은 좋음과 나쁨을 선과 악으로 환원하려 한다. 우리말 양심(良
心)은 아름답고 진실한 마음을 일컫는 개념이다. 신약 성서는 조
금 다르다.

헬라인들은 쉬네이데시스(συνείδησις)라고 양심을 표현하는
데, 함께(συν, together) 아는 것(에이도, εἰδο)을 뜻한다. 라틴어
로 conscientia, 문자 그대로 하면 '공동의 지식', 혹은 함께 보

는 것(to see)을 의미한다. 더불어 사는 인생들이 공동으로 인식하는 것을 뜻한다. 누구나 함께 알고 있는 것을 양심이라고 정의한다. 따라서 모르면 양심이 작동하지 않는다. 모르고 행하는 것은 양심의 거리낌을 느끼지 않는다. 함께 아는 것에 반하는 행동을 할 때 부끄러움이 작용한다.

헬라인들과 달리 히브리인들은 '양심'이라는 말을 특별히 구분하여 사용하지는 않는다. 구약성서에는 양심이라는 말이 나오지 않는다. 동물의 장기 중 하나인 '콩팥'을 마음의 깊은 것에 비유해 문맥에 따라 이를 '양심'이라 번역하기도 한다. 그러나 양심이라는 구별된 말은 없다. 콩팥은 몸속의 피를 걸러서 깨끗케 해주는 기능을 한다. 양심은 사회의 혼탁한 기운을 걸러주는 역할을 하는 점에 있어서 그 비유가 경이롭다.

하늘에는 별이 반짝이듯, 우리 마음에도 반짝이는 것이 있는데 양심이라는 지렛대라고 철학자 칸트는 규정한다. 그는 이것을 통해 도덕률의 규칙과 신의 존재를 규명하려 한다. 양심은 선악의 규칙을 생산해내는 준거다. 더불어 살아가야 하는 사회를 구성해가는데 양심이라는 요소가 작동한다. 여기까지는 도덕률에 따른 양심의 세계와 선악 나무의 보편성이다.

동산 중앙에 존재하는 선악을 알게 하는 나무의 씨앗 혹은 뿌리가 곧 '양심'이다. 양심은 만인의 만인에 대한 투쟁을 억제하고 생명으로 나아가게 하는 징검다리 역할을 하지만 인간을 근원적으로 새롭게 하지 못한다. 도리어 절망으로 인도한 후, 그 다음 세계를 열어준다. 이게 양심의 더 큰 역할이다.

인간은 양심적으로 살아야 한다. 너도 알고 나도 알고 있는 삶의 규칙에 어긋나지 않도록 도덕 규칙을 세우고 그 규칙을 따라 살아야 한다는 당위의 법칙이 양심이고 도덕률이다. 도덕률이란 사람이 사는 길과 덕스러움의 규율이다. 이게 처음 사람이 선악의 길에서 살아가는 존재 방식이다. 칸트의 말대로 "네 의지의 격률이 언제나 보편타당하게 행동하라"는 뜻은 네 의지가 무엇을 행하려 할 때 누구나 공감하고 보편 타당하게 행동하라는 의미다. 도덕의 규칙을 말하는 것이다.

어머니는 젖을 먹이고 양육하여 아이가 정상적으로 발육하게 하며 키와 몸이 자라게 한다. 아버지는 사회 구성원으로 도태되지 않도록 정신의 규칙과 방식을 태어난 자녀에게 가르친다. 엄격한 역할 분담이 아닐지라도 대개 부와 모의 역할이 그와 같다. 어머니와 아버지의 삶의 양식(frame)이 은연중 아이에게 전해지고 양심에 작용한다. 그 사회의 관습과 도덕이 새로 태어난 아이에게 전해지고 양심은 그에 반응한다. 양심의 규칙은 내게서 생성되기보다는 사회에서 그 규칙을 부여한다. 전통이 전해주고 공동체의 관습이 전해준다.

따라서 양심은 내 것이 아닌 타인의 것이기도 하다. 사회적 기준과 개인의 기준, 욕망이 다르기에 늘 충돌한다. 양심은 사회적 관습에 반응하기도 하지만, 내면의 직관에 의해 형성되기도 한다. 사회적 통념과 개인의 직관지가 충돌하게 되고 양심이 갈등하게 되는 까닭이라 하겠다. 직관을 통해 분명하고도 자명한 이치에 양심이 반응하는 경우 이를 선한 양심이라 한다. 그러므로 양심은 함께 살아가는 세상의 규칙을 생성해 내는 매우 중요한 지렛대 역할을 하지만, 하여 인간을 순화시키고 젠틀하게 하는 재갈 역할을 하지만, 근원적으로 인간을 새롭게 하지는 못한다. 양심 넘어, 선악의 저편에 더 큰 진실과 삶의 존재 양태가 있다.

선악의 줄타기에 양심이 기능한다면, 생명은 선악을 넘어서는 존재 양태다. 양심은 도덕률을 생성하고 옳고 그름을 분별하며 삶을 선도하려 하지만 궁극적으로 심판의 기능을 하게 한다. 심판은 생명을 살리는 게 아니라 사망으로 안내한다. 따라서 양심은 처음 사람 곧 동물의 형상을 하고 있는 세계의 도덕적 규칙을 생성하지만 결국 사망을 낳게 할 뿐이다. 동물의 형상이란 그 정신과 마음이 약육강식의 세계관에 머물러 있는 존재 상태라 하겠다. 인간은 근원적으로 처음 사람에서 두 번째 사람의 삶의 방식으로 다시 태어나야 한다.

마음의 별은 양심에도 반짝이지만, 생명 나무를 이루는데도 반짝인다. 성서에 등장하는 '루아흐'는 생명 나무의 호흡을 위한 마중물이다. 물론 '루아흐'의 깨달음에 의해 잠시 선악으로 경도되기도 하지만, 결국 생명의 호흡을 안내하는 하늘의 별이다.

매우 좁은 문이다. 생명나무의 실과를 먹어야 한다는 건 비도덕과 비양심의 세계가 아니라 도덕과 양심을 포월하여 존재하는 세계다. 도덕으로 가늠하거나 재단되는 세계가 아니라는 뜻이다. 양심의 너머에 있는 생명의 세계를 향한다는 것이 영성순례의 길이다. 동산 중앙에는 선악을 알게 하는 나무만 있는 것이 아니라 생명의 나무가 있다. 우리의 여행은 끊임없이 생명의 원리에 귀의하는 것이고 좁지만 열면 닫을 자가 없는 열린문을 향하는 여로(旅路)라 하겠다.

정원 한가운데에 생명 나무와 선악을 알게 하는 나무가 있다는 뜻은, 한 걸음 더 깊이 들어가면 단지 양심에 반응하는, 타인이 전해준 지식에 준거한 옳고 그름을 넘어선다. 그것은 엄격히 하아다마(황무지)에 해당되는 규칙일 뿐이다. 선악에 대한 보편적 규칙이기는 하나, 에덴 이야기에서 선악을 알게 하는 지식의 나무는, 양심에 따른 공동의 앎을 넘어선다. 양심에 반응하는 공동의 앎은 선악의 초보 형태요 원리일 뿐이다. 선악을 분별하는 지식은 자기만의 깨달음 곧 영적 지식이고, 출애굽 후 가나안에 도착한 히브리인들, 그들의 이야기로 하면 북방 바빌론에 사로잡혀가는 이야기를 함의한다. (이 책 '흙이니 흙으로 돌아가리라' 편 참조)

모든 종교는 소위 선각자 혹은 종주(宗主)의 깨달음을 기준으로 선악의 도그마를 형성한다. 개인의 영적 순례 여정에도 동일한 구조에 노출된다. 깊은 깨달음을 갖게 되면 자기 깨달음을 스스로 절대화하는 오류를 범한다. 깨달음의 지식을 준거로 그 외에 대해서는 절대로 용납하지 않는다. 악으로 규정한다. 영지주의자들이 빠졌던 오류다. 그것이 뱀의 유혹이다. 여자를 통한 유혹이다. 아내를 통한 유혹이다. 배타의 씨를 잉태한다. 도대체 깨달음이라는 괴물을 중심으로, 분별과 나눔과 배제를 반복한다. 깨달음이 찾아오면 신비하다. 자기만이 선택받은 존재로 오해한다. 두로 왕이 되어 북극성에 올라가 빛나는 빛의 자리에 앉으려 한다. 솔로몬의 부와 귀를 누리려 한다. 지식과 지혜로 남방 여인의 수레에 담긴 금은 보화를 탐한다. 세금을 징수하여 자신을 보호할 방패를 만든다. 육육육은 먼 미래에 있을 이야기가 아니다. 동산 중앙의 선악을 알게 하는 지식 나무에 소위 666의 기원이 깃들어 있다. 반드시 그 유혹에 빠지게 되고 마침내 부끄러움을 알게 한다.

정원 한 가운데 있는 선악을 알게 하는 나무는 벌거벗었으나 부끄러운 줄 모르던 인생으로 하여금, 하늘로부터 쏟아지는 별처럼 아름다운 깨달음이 도리어 인생의 덫이고 무덤인 줄 알게 하는 나무다. 마침내 생명 나무로 귀의하도록 안내하는 이정표라는 말이다. 지식의 껍질을 깨고 나면 거기 마음에서 솟아나는 생명의 샘물이 솟아난다. 에덴의 생명 나무와 선악을 알게 하는 나무는 성서 전체를 관통하는 중심 주제다. 에덴의 생명 나무는 선악을 알게 하는 나무의 열매로 인해 잠시 숨어 버린다. 에덴의 이야기에서 생명 나무는 아벨과 셋을 통해 다시 등장하고 꽃핀다. 에덴의 생명 나무는 선악을 알게 하는 지식의 헛됨이 드러나고 텅빔의 아벨이 태어나면서 조금씩 성취된다. 동산 중앙에 배치된 생명 나무와 선악을 알게 하는 지식의 나무는 인생의 두 실존과 두 계보와 두 세계를 여실히 보여준다. 그런 점에서 인생은 나무로 비유된다.

18. 돕는 배필

여호와 하나님이 가라사대 사람의 독처하는 것이 좋지 못하니 내가 그를 위하여
돕는 배필을 지으리라 하시니라… 아담이 돕는 배필이 없으므로 여호와 하나님이
아담을 깊이 잠들게 하시니 잠들매 그가 그 갈빗대 하나를 취하고 살로 대신 채우
시고 여호와 하나님이 아담에게서 취하신 그 갈빗대로 여자를 만드시고 그를 아담
에게로 이끌어 오시니 아담이 가로되 이는 내 뼈 중의 뼈요 살 중의 살이라 이것을
남자에게서 취하였은즉 여자라 칭하리라 하니라(창 2:18~23)

에덴의 풍요가 흐르고 있는데 왜 독처하는 것이 좋지 못하다
고 할까. 에덴에는 네 개의 강이 흐르고 달마다 맺히는 각종 과
실이 있는데 무엇 때문에 독처하는 것이 좋지 못하다고 할까.
좋은 것도 나눌 사람이 없으면 좋음이 아니라는 뜻일까.

돕는 배필이란 또 무엇을 이름하는 것인가. 무엇을 어떻게 돕
는다는 것인가. 누가 누구를 도울 수 있을까? 인생이 하나님을
도울 수 있는가? 성립 불가능한 명제다. 도리어 인생은 신의 도
움이 필요하다. 도움은 도울 수 있는 이가 도움을 베푸는 거다.
여자가 남자를 도울 수 있다는 뜻은 무엇일까? 남자는 강하고
여자는 약하다는 속설은 여기서 성립하지 않는다. 돕는 배필이
란 따라서 우열의 관계를 나타내는 개념이 아니라는 점이다.

돕는 배필과 결혼을 비유로 에덴의 이야기는 매우 많은 것을 시사한다. 바울은 속사람(in the inner man, inward man)과 겉사람(outer man, outward man)을 나눠 말한다. 로마서 7장은 하나님의 법을 따르려는 속사람과 죄의 법을 좇고 있는 겉사람의 갈등 관계를 적나라하게 묘사한다. 속 사람은 하늘의 기운을 받아 기지개를 켜고 그 안에 강이 흘러나온다. 마음 땅이 기경되어 움직이기 시작하는데, 그러면서도 겉사람과는 늘 겉돈다. 영적 의식이 있다는 것은 하늘의 영으로 숨을 쉬기 시작했다는 말이다. 숨을 쉬기 시작했지만 독처한단다.

독처하는 것이 왜 좋지 못할까. 속에 있는 것이 겉으로 나타나야 함에도 겉사람이 이를 제대로 수용하지 못한다. 겉사람은 여전히 옛습관에 젖어 있다. 돕는(에제르 עֵזֶר 남성명사 단수) 배필이란 무엇일까. 배필을 세우는 과정을 보면 돕는 배필(עֵזֶר כְּנֶגְדּוֹ 에제르 케네그도)이 무엇인지 알 수 있다. 사실 '케네그도(כְּנֶגְדּוֹ)'는 '~앞에, 면전에서'의 의미를 갖고 있고 에제르(עֵזֶר)가 헬퍼(helper)라는 뜻이다.

아담은 어떤 도움이 필요할까? 아담을 돕게 되는 주체는 여자일까? 헬퍼는 여자를 통해 아담에게 도움을 주는 것일까? 여자는 어떤 방식으로 어떻게 돕고 있을까? 표면적으로만 보면 뱀의 말을 듣고 선악을 알게 하는 지식의 나무 열매를 아담에 먹게 하니 돕기는커녕 훼방하는 게 아닌가? 따라서 에덴의 이야기는 대하드라마다. 어느 한 부분만을 읽게 되면 왜곡될 수밖에 없다. 성서 대부분의 헬퍼는 여호와 하나님이 인생을 향해서 도움을 주는 이로 묘사된다.

하나님은 나의 돕는 자시라 주께서 내 생명을 붙드는 자와 함께 하시나이다 주께서 내 원수에게 악으로 갚으시리니 주의 성실하심으로 저희를 멸하소서(시 54:4)

아담을 깊이 잠들게 하시니 그가 그 갈비뼈 하나를 취하시고 (창 2:21)

갈비뼈는 심장과 폐를 보호한다. 심장은 피돌기 공장이고 폐는 호흡기관이다. 갈비뼈는 생명을 유지하고 지탱하는 원천을 보호하는 뼈다. 그렇다면 성경에서 말하는 갈비뼈는 무엇을 상징하는 것일까.

콩을 예로 들어 보자. 콩은 빛을 온몸으로 받는 순간 그 껍질을 더욱 단단하게 자기 속을 감싸고 그 속에 있는 생명을 보호한다. 또한 생명을 보호하는 동시에 껍질 안에 있는 생명의 요소들을 우주와 분리시키고 소외시킨다. 이 예에서 콩의 껍질이 바로 갈비뼈고, 갈비뼈는 곧 에고를 의미한다. 에고는 하나님의 은혜의 빛이 비취면 비칠수록 더욱 견고해져 그 속을 감싼다. 콩이 빛을 차단하며 자신 안에 생명의 씨를 숨기고 보호하듯 갈비뼈는 에고인 동시에 생명의 기운과 씨를 보호하는 신비의 보호막 역할을 한다.

껍질은, 즉 모든 에고는 보존되어야 할 때와 와해 되어야 할 때가 따로 있다. 즉 껍질은 어느 시간 동안 보호를 위해 그 속을 만유로부터 분리하지만, 그 상태로만 있을 것이 아니라 언젠가는 껍질이 와해 되어 보존된 씨눈과 배젖이 비로소 땅과 만나고 하늘을 만나게 해야 한다. 생명을 두껍게 보호하고 있던 껍질이 와해 되지 않으면 그는 영원히 하나의 생명은 소유하고 있으나 전체와 합일되지 않는다. 산 존재로 있을 뿐 전체와 합일되지 않는다. 와해 되지 않으면 영원히 분리된다. 와해 될 때 땅과 만나고 하늘과 만난다. 땅은 나의 처소요, 하늘은 나의 지붕이며 지향해야 할 곳이 된다.

'나'는 참으로 신비한 존재다. 에고도 역시 마찬가지다. 그것은 폐기처분만을 주장할 이기심의 존재로만 있는 것이 아니다. 한때는 이기심이 자신의 육체와 생명을 보호한다. 자아는 육체를 튼실히 보호하면서 거기 영성의 싹을 감춰놓고 생명의 씨눈을 박아 놓는다. 신비하지 않을 수 없다. 그러나 여전히 전 생애를 자아가 주장한다면 아무리 깊숙한 곳에 씨눈을 박아 놓았다고 해도, 씨눈은 햇볕 한 번 제대로 보지 못하고 껍질에 갇힌 채, 에고에 갇힌 채 스러져간다. '나'는 '나'를 보호한다. 에고의 '나'가 '나다운 나'를 잉태하고 출산한다. 나의 에고가 나의 본질을 감춰놓고 때를 기다린다. 갈비뼈는 사람을 사람으로 살게 하는 폐를 보호하고 피돌기를 주관하는 심장을 보호한다. 때가 되면 자아의 갈비뼈를 뽑아 여자를 향하여 세운다. 에고의 단단한 껍질을 와해시켜 여자를 향해 세운다. 이때 비로소 여자와 하나를 이뤄 나다운 나를 새로 탄생시킨다. 그러나 서사(敍事)는 계속된다. 여자가 아담에게 뱀이 먹으라고 하는 선악의 열매를 먹게 한다. 사연을 거쳐 가인을 낳고 또 아벨을 낳는 이야기가 진행된다.

1) 뼈에서 나온 뼈 살에서 나온 살

에스겔 37장에 마른 뼈와 살, 생기에 대한 이야기가 나온다. 마른 뼈는 바빌론에 포로로 잡혀간 이스라엘 백성들을 비유한다. 바빌론은 어떤 나라인가. 바빌론에 포로로 잡혀간 것은 인생이 마음의 터전인 가나안을 빼앗기고 선악(영지)의 지식을 추구하는 것에 사로잡혔다는 말이다. 지식과 지혜를 지상 가치로 여기는 바빌론. 흔히 사람사는 세상에서 시시비비를 가리고 옳고 그름을 따지는 방식은 흔한 말로 포장마차 막거리 한잔으로 해소되는 갈등이다. 그러나 에덴의 선악의 지식나무는 영적 지식이다. 이를 근거로 나누는 선악은 배타적일 수밖에 없다. 하여 영지주의고 이스라엘로 하면 북방 민족 바빌론 포로로 잡혀가는 이야기와 상응한다는 점이다. 북극성에 올라 좌정하는 두로 왕의 모습이기도 하다.

그것은 곧 마른 뼈다. 지식을 추구하고 율법에 머무는 것은 뼈다귀만 앙상한 에고임을 알 수 있다. 그것은 살도 없고 생기가 없는 그냥 마른 뼈다. 영지주의(그노티시즘)란 영적 지식, 영적 깨달음에 목매는 현상이다. 영적 지식과 깨달음에 사로잡히면 그 지식의 포로가 되고 만다. 영적 지식을 무기로 지배력을 확보하려는 미혹에 빠지게 되고 마침내 앙상한 뼈다귀만 남는 것을 경험하게 된다. 살이 없고 근육이 없다.

그노티즘은 마른 뼈다귀에 불과 하지만 인생은 바빌론의 포로로 잡혀가고서야 고토인 가나안을 다시 그리워하게 된다. 영적 지식을 기준으로 선과 악을 나누고 분리한다. 두로 왕의 형상을 하고 북극에 좌정하는 모습에 사로잡힌다. 북방의 포로가 되는 자화상이다.

속사람이 에덴동산 안으로 이끌려 들어간다. 마음의 땅, 꽃이 피는 곳으로 들어갔다. 속사람은 하나님의 씨알이다. 하나님의 얼이고 하나님이다. 그것은 곧 남자요, 아담이다. 겉사람은 마태복음 13장의 비유대로 씨가 뿌려져야 할 밭이며, 우리의 에고이고 곧 여자다.

그렇다면 무엇으로 어떻게 돕는 자가 될 것인가. 이는 에고는 어떤 역할을 하는가에 대한 질문이다. 어떤 사람이든 의식 곧 정신의 세계에는 생명에 앞서 오는 것이 이기적 자아다. 에고는 어떤 역할을 하기에 '본질의 나'에 앞서 오는 것일까. 이는 무엇이 생명을 보호하고 있는가에 대한 질문이다. 생명을 보호하는 것은 껍질이다. 우리의 겉사람과 육체가 아니면 그 속에 생명이 머물 수가 없다. 그러므로 에고가 생명을 보호는 역할을 하며 생명에 앞서 있는 것이다.

여기서 생명이란 육체의 생명을 말하는 것이 아니다. 우리 의식의 세계에 펼쳐지는 생명의 속성을 일컫는다. 다시 말해 의식은 생명으로 존재하기도 하고 사망으로 존재하기도 한다. 의식 활동은 생명으로 활동할 수도 있고 사망으로 활동할 수 있다. 의식이 단지 활성화되고 있다는 것만으로 생명이라 할 수 없다는 뜻이다. 즉, 모든 것을 선악으로 나눠놓고 바라보는 의식 활동은 사망의 의식 활동이다. 의식이 생명으로 존재한다는 것은 모든 것을 선악으로 보는 것이 아니라, 생명으로 바라보며 의식 활동을 하게 된다는 점이다. 단지 의식 활동이 이뤄지기 때문에 생명이라고 할 수는 없다. 모든 의식 활동은 사망으로 작용하기도 하고 선악을 넘어서서 생명으로 그 의식 활동이 진행될 수도 있다. 즉 존재_자아(εἶναι-ego)[15]로 살게 하는 의식 활동을 일컬어 존재케 하는 의식 활동이니 생명이라 하는 것이다.

속사람이란 마음에서 새롭게 빚어진 존재를 말한다. 속사람이 본래의 '나'다. 겉을 구성하고 있는 또 다른 나는 속사람과 결합해서 한 몸을 이루어야 한다. 우리는 속사람의 씨알을 받아 겉사람의 살이 채워지고 하늘의 기운으로 겉사람의 모습도 바뀌어야 한다. 겉사람이 새로 태어나는 것이다. 즉 겉사람과 속사람은 둘이 아닌 하나로 합일이 되어야 한다. 뫼비우스의 띠는 그 겉과 속이 다르지 않다. 겉인가 하면 속이고 속인가 하면 겉이다.

성경은 '내' 이야기를 끊임없이 하고 있다. 밖의 원리는 내 안의 내적 원리의 연장일 뿐이다. 따라서 밖을 알기 전에 먼저 내적 원리를 알아야 한다. 밖은 안의 투영이기 때문이다. 우주의 원리가 내 안에 내재하고 있다. 내 안의 우주를 알기 전에 저 밖의 우주를 알기는 더더욱 어렵다. 우리는 밖의 우주가 눈앞에 보이기 때문에 저 밖의 우주에 현혹되어 내 안의 우주를 보지 못한다. 옛사람들은 동녘의 떠오르는 태양을 보며 시온을 노래하고, 하늘의 별을 보며 의식 활동의 반짝이는 지혜를 노래한다. 자연을 통해 도리어 사람의 됨됨이의 길을 찾아간다.

그러므로 남자와 여자란 곧 나의 속사람과 겉사람을 일컫는

---

15) 존재_자아(εἶναι-ego)란 어느 문헌에도 없다. 이 책에서 본서 저자가 처음 사용하는 개념이다. 타자_자아(others_ego) 역시 마찬가지다. 의식의 세계가 자기 존재를 망실한 채 타자로 인해 형성된 의식을 자신으로 인식하는 것을 '타자_자아' 라했다. 반대로 자기 존재 인식이 시작되고 의식이 자립하며 형성된 자기 존재를 존재_자아(εἶναι-ego)라고 구분하여 글을 썼다.

개념이다. 겉과 속은 둘이 아닌 하나로 거듭나야 한다. 이것이 곧 결혼이고, "부모를 떠나 한 몸을 이룰지라"는 교회의 비밀이다.

2) 남자에게서 취하였은즉 여자라 하리라

생명의 씨는 어디로 흘러드는가. 마음의 깊은 곳, 에덴의 강 근원에서 흘러나와 겉사람(머리, 가슴, 배, 다리)에게 흘러 들어가야 한다. 동서남북 사방으로 흘러가는 것이고, 남방의 애굽 강에까지 흘러들어 죽은 애굽의 하수를 살려내는 것 그것이 결혼의 비밀이다. 그러므로 겉사람이란 지성과 감성과 욕망과 의지라고도 할 수 있다. 의식의 표층까지 심연의 하늘 빛으로 물드는 것이다.

성리학으로 말하면 사단(四端)에서 나오는 인의예지(仁義禮智) 곧 사단(四端)이 지시하는 측은지심(仁)과 수오지심(義)과 사양지심(禮)과 시비지심(智)이 희노애락애오욕의 칠정(七情)에 흘러들어 원만히 다스리는 다스림이요 이(理)와 기(氣)가 혼융(混融)되어 서로 나뉘지 않고 하나로 활동하는 무위(無爲)의 도라 하겠다. 반야의 지혜가 오온 곧 색수상행식에 흘러들어 더 이상 둘이 아닌 지경이라 하겠다. 이전의 모든 색수상행식은 공(空)으로 드러나야 한다. 이름하여 색즉시공(色卽是空)이다. 그 바탕에서 색즉시공이 공즉시색(空卽是色)으로 화하는 것이 성서의 결혼 비밀이다.

여기서 먼저 찾아오는 색의 세계는 비록 후에 공으로 드러날지라도 색(色)이 앞서 오게 된다는 말이다. 색이 없고서야 어찌 공이 드러날까? 그런 점에서 색은 곧 공의 바탕이 되는 것이고 색과 공은 짝을 이룬다. 먼저는 색과 공이 짝을 이루고 후에는 공과 색이 짝을 이룬다. 이때 색은 공에게 헬퍼요 공은 색에게 헬퍼가 된다. 인의예지는 희노애락애오욕의 말(馬)에 타지 않고서는 그 자신을 드러낼 수가 없다. 제아무리 아름다운 향기도 꽃을 통하지 않고 향기를 내보일 수 없다.

겉사람(안이비설신의)은 선악과를 따먹는 명수다. 겉사람은 선악과를 따먹게 되어있다는 것을 보여주는 것이 에덴 이야기 속에 담겨 있는 인간 이해다. 그것은 마침내 속사람까지 해치게 한다는 게 에덴 이야기다. 비록 기쁨의 동산 에덴에 머물지라도 산 존재는 살리는 존재가 될 수 없다는 것을 담고 있다. 에덴 이야기는 산 존재와 살리는 존재를 명확히 나눠서 말한다.

다시 말하면 속사람으로 겉사람이 통합되어 한 몸을 이루어야 하는 삶의 과제가 인생 앞에 놓여 있는데 도리어 소용돌이를 겪게 된다. 역으로 속사람이 겉사람에게 점령당하는 과정을 에덴 이야기는 그리고 있다. 하와가 뱀의 소리를 듣게 되고 아담은 아내(겉사람)의 말(욕망)에 굴복하여 선악을 알게 하는 나무의 열매를 먹는 이야기가 서술된다. 그것으로 에덴 이야기가 마치는 게 아니다. 산 존재라 하더라도, 에덴의 동산 안에 머물지라도 거기서 별수 없이 선악의 열매를 통해 아담이 다시 죽을 수밖에 없는 이야기를 통해 인간의 실존 그림이 그려지고 있는 것이다. 여기서 죽음이란 육체의 죽음이 아니라 정신의 죽음이다. 선악에 경도됨이 정신의 죽음이다.

아담 아파르(흙사람, 먼지 존재)로 빚어진 아담(산 존재, 첫째 부활)이 아파르와의 동일성을 잊은 채 선악으로 밝은 눈을 갖게 되는 순간 두 번째 사망을 경험한다. 가나안에 입성해서 자기 이름의 땅을 분배받아 비로소 첫 번째 부활과 산 존재가 되어서 자기 삶을 시작한 이스라엘이 다시 한번 바벨론의 포로를 경험케 되는 게 두 번째 사망이다. 인생이 그러하다. 직립보행이 시작되고, 그 의식이 타자 종속에서 벗어나 스스로 호흡하는 것을 시작으로 독립적 의식이 싹트게 되었지만, 한 번은 제 꾀에 스스로 넘어지게 되는 이야기라고 할 수 있겠다. 여기서 제 꾀란 스스로 얻은 영적 지식과 깨달음이 선과 악의 기준으로 작동하게 되고 타인을 심판하고 자긍심에 취해 비틀거리게 되는 것을 일컫는다. 에덴의 선악 이야기는 뼈다귀만 앙상한 채 바빌론에 포로로 잡혀간 인생을 상징한다.

겉과 속이 속과 겉이 서로 순환하며 주인의 자리를 번갈아 차지하는 것이다. 시이소 게임 하듯 한다. 남편과 아내가 아내와 남편이 서로 주도권을 주고받으며 결혼의 비밀을 터득해 가는 과정이다. 마지막 아담이란 살리는 사람의 아들을 통해 스룹바벨 성전을 다시 건축하게 되는 것, 둘째 부활에 동참하는 이야기가 에덴 이야기에 고스란히 담겨 있다. 성경은 여러 이야기와 여러 모양으로, 반복하여 긴 순례의 여정을 그리고 있다. 결혼의 비밀도 결국 이 순례의 여정인 셈이다.

3) 부모를 떠나

남자가 부모를 떠나 그 아내와 연합하여 한 몸을 이룰지라(창 2:24)

예수와 제자들 사이에서 이 결혼의 비밀은 어떻게 전개되고 있을까? 베드로의 드라마는 아주 좋은 예가 되겠다.

예수는 남자요 베드로는 여자인 셈이다. 육체의 성으로는 둘 다 남성이지만, 정신의 젠더(gender)로는 예수가 남성성이고 베드로는 여성성이다. 요한복음 16장에 떠나려는 예수를 보며 근심하고 있는 제자들을 예수는 해산하는 여인으로 비유하고 있다. 바울도 자신을 해산하는 여인으로 비유하고 있다. "그리스도의 형상을 이루기까지의 고통"을 해산으로 표현한다.

예수께서 그 묻고자 함을 아시고 가라사대 내 말이 조금 있으면 나를 보지 못하겠고 또 조금 있으면 나를 보리라 하므로 서로 문의하느냐 내가 진실로 진실로 너희에게 이르노니 너희는 곡하고 애통하겠으나 세상은 기뻐하리라 너희는 근심하겠으나 너희 근심이 도리어 기쁨이 되리라 여자가 해산하게 되면 그때가 이르렀으므로 근심하나 아이를 낳으면 세상에 사람 난 기쁨을 인하여 그 고통을 다시 기억지 아니하느니라 지금은 너희가 근심하나 내가 다시 너희를 보리니 너희 마음이 기쁠 것이요 너희 기쁨을 빼앗을 자가 없느니라 그 날에는 너희가 아무 것도 내게 묻지 아니하리라 내가 진실로 진실로 너희에게 이르노니 너희가 무엇이든지 아버지께 구하는 것을 내 이름으로 주시리라(요 16:19~22)

제자들은 '각자의 자아(에고)'를 가지고 예수에게로 온다. 에고를 갖고 예수를 좇는다. 그들 에고는 물론 세상의 에고보다

어쩌면 좀 더 차별화된 고상한 에고일지는 모른다. 적어도 사람들이 무엇이라 하던지 스스로에게는 예수를 좇는다는 종교적 대의가 있는 에고이기 때문이다. 스스로는 목숨을 주고도 바꾸지 않는 대의명분이다.

예수를 좇는 모습을 보라. 그들 속에 무엇이 흘러 들어가는가. 예수를 통해서 흘러 들어가는 것은 주옥같은 산상수훈이고 권세 있는 새 교훈이고 전에 볼 수 없었던 진귀한 일들이고 광야의 오병이어의 표적이고 다락방 강화와 같은 놀라운 설교가 아닌가. 하늘의 기운이 예수의 입에서 나오는 말씀을 타고 끊임없이 그들 속으로 흘러 들어간다.

그러나 때가 되니 베드로의 자아(에고)가 극단적으로 표출된다. 예수를 따라다니며 예수의 말씀을 듣는다. 그의 의식이 새로운 양식을 먹는다. 그러면서 그 정신이 살아난다. 그러나 비록 산 존재(산 혼)는 되었으나 아직 살리는 존재는 아니다. 예수와 동고동락한다. 예수의 입에서 흘러나오는 권세 있는 새 교훈을 들으며 따랐다. 듣기가 어렵다고 사람들이 도망하는 중에도 "영생의 말씀이 계신데 우리가 뉘게로 가겠느냐"고 호언하며 예수를 떠나지 않는다. 그들은 산 존재였다. 의식이 예수로 일깨워지고 또 일깨워진다.

그런데 가만히 살펴보라. 베드로와 제자들에게서 선악과는 과연 무엇일까. 제자들에겐 예수가 곧 선악을 알게 하는 지식의 나무인 셈이다. 예수만이 선이고 삶의 명분이고 구원의 길이었다. 예수만이 그들의 왕이고 삶의 의미고 몸을 불살라서라도 내줄 수 있는 헌신과 충성의 유일한 근거였다. 예수 외에는 악이니 예수의 제자들에게는 예수가 선악의 나무로 등장하는 것이다. 예수는 베드로에게 선악과가 된다.

그러므로 선악과와 생명과는 같은 것이다. 다만 그를 바라보는 사람들에 의해 둘로 나뉠 따름이다. 따라서 동산 중앙에 두 나무가 있다는 표현은 그것을 어떻게 바라보느냐 하는 사람의 눈에 달려 있다. 지식으로 바라보면 선악을 알게 하는 나무의 실과로 보이고 마음의 눈으로 보게 되면 거기 있는 것은 지식의 나무가 아니라 생명의 나무요 과실로 나타난다.

예수의 권세 있는 교훈과 그를 통해서 흘러나오는 위엄, 권위는 제자들이 그를 따르게 하는 강력한 요인이었다. 예수를 믿기만 하면 새로운 세상이 도래할 것이라는 믿음은 사실 제자들, 그를 따르는 이들의 욕심의 투영이다. 노상에서의 토론이 온통 그 문제가 아닌가. 제자들이 노상에서 "누가 더 크냐? 논쟁한 것은 생명의 원리에서 나온 것이 아니다. 지식의 나무에서 그 같은 것이 나온다. 마음에서 나오는 것이 아니라 머리에서 나오는 것이다. 예수를 따라다니며 그들은 자신들의 지식의 세계만 넓혔다는 얘기고, 끊임없이 욕망의 계산기를 두드렸다는 증거다. 누가 더 큰 자인지 서로 먼저 인증을 받으려고 다투고 있다. 생명의 세계에는 그 같은 것이 없다.

제자들은 처음 갈릴리 바다에서 그물을 던지며 형성된 자아를 버리고 예수를 따르면서 또 다른 에고가 형성되었다. 그러므로 자아(ego)는 여전히 자아일 따름이다. 겹겹으로 싸여 있어서 처음의 자아를 버린 것이 자아를 넘어선 것으로 오해하고 있었을 따름이다. 그들은 예수를 좇으면서 예수의 정신을 따르는 대신 예수를 통해 자신들의 새로운 자아를 형성하기에 급급하다.

　그들의 또 다른 자아가 예수를 금수와 버러지 형상으로 바꾸고 있는 셈이다. 즉, 세상 임금 곧 가이사의 자리에 가이사 대신 예수를 앉히고 있을 뿐이다. 그것이 곧 죄요, 선악을 알게 하는 지식의 나무 열매를 먹는 행위다. 그러나 이 또한 한 몸을 이루기 위한 과정이다. 여기에 여자의 방황이 있고 인생의 혼돈이 있다. 베드로의 오해가 있고 오늘 우리들의 혼란이 있는 것이다.

　그러나 예수는 한 몸을 이루기 위해, 여자(제자들)와 하나가 되기 위해 왕의 자리를 떠난다. 본래 남자의 씨알을 살려내기 위해 잘못 형성된 그 남자(율법)를, 선악을 알게 하는 나무를 거세한다. 제자들의 마음에 형성된 가이사의 자리에 서 있는 예수를 십자가에 못 박는다. 광야의 장대에 뱀을 높이 매달아 버린다.

　누구든지 광야에 매달린 뱀을 보는 순간 살아나는 원리를 예로 들어보자. 나의 욕심이 곧 뱀이자 십자가에 달린 예수고, 죽어야 할 죄악이다. 그러나 그것을 인생들은 여전히 보지 못한다. 십자가에는 기독교의 교리로 화려하게 채색된 예수, 그대들의 교리적 구세주만 달려 있다. 그대(그대의 자아)와는 아무런 상관이 없이 황금 예수가 황금 십자가에 그대들의 임금이라는 표식으로만 달려 있다. 이 얼마나 희극이란 말이냐. 지독한 에고(others_ego)의 죽음을 선포하는 십자가의 도가 종교화되어 구원받았다는 관념 속 구원을 위한 황금 십자가로 변모했고, 배타적인 정신세계의 필수 인테리어 장식품이 되고 말았다. 참으로 통탄할 일이 아닌가. 자신의 죄를 매달아 높은 장대에 세운 것은 보지 않고 인류의 죄를 짊어지신 예수라는 교리만 달랑 남아 있다. 그 같은 교리를 믿는 것이 믿음이라 교회는 가르친다.

아담은 의도하는 자(멜론토스 μέλλοντος, 롬 5:14절 참조)의 표상이다. 여기서 의도란 도덕경의 유위(有爲)와 상응한다. 율법 아래에 있는 이는 끊임없이 무엇인가를 의도한다. 욕망을 좇아 끊임없이 욕망의 실현을 의도하고, 율법의 실천을 통해 자아 실현을 의도 한다. 율법은 남편이고 남자다. 이의 실현을 통해 자아를 구현하려는 이는 여성이요 아내다. 겉사람은 끊임없이 이를 의도한다. 처음 사람 아담은 선악을 알게 하는 나무의 열매를 먹으면서 율법을 남편으로 삼고 자신도 율법적 남편이 된다. 율법의 남편이 죽지 않으면 두 번째 아담이 오지 않는다. 첫 아담이 죽지 않으면 마지막 아담이 오지 않는다. 누구든지 마지막 아담 안에서 모두가 살아나기 때문이다.

세상 임금 아담(예수)이 죽고 나서야 새로운 아담(그리스도)이 죽은 자로부터 부활한다. 예수 아담으로 인해 베드로는 죽은 자가 된다. 오로지 예수만이 선이고 기쁨이고 구원자고 우리를 인도하는 임금이라는 생각에 사로잡혀 있는 베드로는 바로 그가 신봉하는 예수로 인해 눈이 감겨 있다는 뜻이다. 예수에 눈멀고 예수의 식민지 백성이 되었다는 말이다. 예수는 자신에게 눈멀어 있는 베드로의 눈을 뜨게 하려고, 즉 베드로의 정신을 깨우기 위해 베드로의 예수를 십자가에 못 박는다. 베드로의 예수란 베드로가 신봉하고 믿고 있는 예수를 십자가에 못 박는다는 의미다. 그렇게 해서 예수는 베드로에게서 다시 태어난다. 두 번째 예수며 그리스도다. 이때의 베드로가 여자다. 베드로는 예수가 그리스도라는 이름으로 다시 태어날 자궁이고 처소고 성전이다.

그러므로 여기서 예수는 베드로를 돕는 헬퍼다. 동시에 베드로 또한 예수의 돕는 배필이다. 첫 사람 아담을 죽도록 돕는 배필이며, 마침내 두 번째 아담의 정신을 배태하고 출산시키므로 돕는 배필이다. 하늘의 얼을 받아서 싹을 내고 꽃을 피워내는 존재이기에 돕는 배필이다. 예수의 정신은 그의 제자들에게서 비로소 세워진다. 산고를 겪게 되지만 마침내 그의 제자들에게서 예수의 정신은 부활한다. 아담은 돕는 배필을 향하여 처음 자아(에고)의 뼈를 세운다. 에덴 이야기에서는 그런 여러 가지 여정이 있고 나서야 셋을 낳지 않는가.

더욱 중요한 것은 여기서 예수는 베드로에게 남편이자, 다른 한편 부모라는 점이다. 예수가 남편일 때는 여자요, 부모일 때는 남자를 향하게 된다. 부모로부터 떠날 때 베드로는 비로소 남자가 된다. 의식은 자립하게 되고 '씨알의 사람'이 된다. 따라서 여자가 남자가 되는 비결도 부모를 떠나면서부터다.

시몬 베드로가 제자들에게 "여자들은 생명을 받을 자격이 없으니까, 마리아가 우리를 떠나가게 만들자." 라고 말했다. 예수가 "마리아가 남자가 되도록 나 자신이 마리아를 인도할 것이다. 그러면 마리아도 너희 남자들을 닮은 살아 있는 영혼이 될 수 있을 것이다. 자기 자신을 남자로 만드는 여자는 모두 하늘의 왕국에 들어갈 것이기 때문이다." 라고 말했다. (도마복음 114)

19. 아담의 이름짓기

여호와 하나님이 흙으로 각종 들짐승과 공중의 각종 새를 지으시고 아담이 어떻게
이름을 짓나 보시려고 그것들을 그에게로 이끌어 이르시니 아담이 각 생물을 일컫
는 바가 곧 그 이름이래(창 2:19)

아담이 부여하는 이름은 무엇일까. 식물도감이나 동물도감에
나오는 종 분류 이름일까? 그것을 단지 물리적 대상에 대한 이
야기로 보아야 할까? 성서에 등장하는 물리적 대상은 은유일 뿐
이다. 의식의 세계, 마음의 세계의 여러 속성들에 대한 것이다.
그렇게 볼 수 있는 근거는 수없이 많다.

인간 정신의 형상이 동물인 세계에서 이야기하는 겸손이라는
덕목은 억지 겸손이며 지어 만든 겸손이다. 뇌물이자 위선이다.
또한 페르소나, 곧 가면을 직조하는 섬유 재료일 뿐이다. 본질적
으로 겸손할 수 없는 세계에서 겸손하다고 여겨지는 사람은 존
경의 대상이고 칭찬받을 만한 사람이다. 하여 사람들은 겸손한
사람을 천사처럼 여긴다. 그리고 사람들은 앞다투어 겸손한 사

람이 되고자 하며, 겸손하지 못한 행위에 대해 자책하고 부끄러워한다. 이것은 겸손의 천사를 숭배하는 셈이다. 결국 그렇게 하는 겸손은 겸손이 아니다. 그것은 한순간에 무너지는 겸손이다. 아킬레스건을 건드리면 겸손은 온데간데없이 일순간 분노로 돌변하는 겸손이다.

그러나 겸손이 겸손이 아니라는 사실이 드러나기까지는 겸손이 무엇인지 알 수 없다. 따라서 겸손을 지어 만든다. 그러고 보면 겸손이 아닌 걸 겸손이라 이름 붙이고 겸손에 이르고자 무던히 애를 쓴다.

조영남이 노래한다. 겸손은 힘들다고. 역설적이게도 겸손에 이르기 힘들다는 사실의 고백이 겸손에 이르게 한다. 나는 태생적으로 겸손할 수 없는 존재라는 사실의 존재 인식에서부터 겸손이 시작되기 때문이다. 겸손이 힘들다는 존재 인식이 찾아오면 적어도 억지로 겸손을 떨지 않게 된다. 겸손할 수 없는 존재임을 인정하고 받아들이고 나면 적어도 겸손으로 마음을 위장하거나 상대를 기만하고 자신을 속이지는 않을 것이기 때문이다.

겸손이란 "나는 티끌과 먼지와 같은 사람이라는" 존재 인식에서부터 비로소 시작된다. 그리고 거기서부터 마음에서 나오는 나무와 동물들의 이름을 제대로 지을 수 있다. 겸손이 아닌 것을 겸손이라 이름 짓던 동물의 세계를 결별하고 사람(아담)의 눈으로 겸손을 이름 짓는다는 것은 겸손을 심판하고 겸손을 다시 세우는 일이다. 그러므로 겸손은 존재론적인 것이다.

그대는 무엇을 인내라 이름 지어 부르시는가? 참을 수 없는 것을 참아내는 것, 그것을 인내라 하시는가? 화가 나는 데 끝까지 참아내는 것, 참을 인(忍)자 세 번이면 살인도 면한다는 의미의 인내를 인내라 이름할 것인가. 그것은 그 정신의 형상이 동물의 세계에서 통용되는 '인내'다. 이러한 것은 그 정신이 동물의 형상을 지니고 있는 인생들에게 유익하거나 혹은 무익할 뿐인 인내다. 다시 말해 야웨 하나님과는 아무런 상관이 없는 인내라는 말이다.

성서는 그 같은 인내를 인내라 하지 않는다. 에덴의 아담이 이름 짓는 인내는 그 같은 것을 일컫지 않는다는 말이다. 성서의 인내는 욥의 인내를 통해서 그 이름의 참뜻을 알 수 있다. 욥의 인내는 대책 없이 꾹 참는 것이 아니다. 분노를 억누르는 것이 인내일 수는 없다. 그러한 인내는 도리어 화를 부르고 만다. 인내의 결국이 가슴의 응어리(옹이)를 만들어내는 것이라면 차라리 인내하지 말아야 한다.

욥의 인내란 신에 대해 끝까지 묻고 따지고 또 묻는 것, 지금 내게 전개된 이 상황에 대해서 의문을 품고 그 의문이 풀릴 때까지 신에게 묻고 또 묻는 것이다. 그것이 욥기서에 나타난 욥의 '인내'다. 그래서일까? 그래서 마침내 지성소의 빛에 다다르고 지성소의 빛에 의해 드러나는 신의 음성을 듣게 되는 것, 그것이 인내다. 생명 나무의 여러 열매가 맺히고 또 맺히는 것을 잠잠히 바라며 기다리는 것이 인내의 덕목이다.

자기 자신의 자신 됨의 길을 멈추지 않고, 나는 누구인가에 대해 알 수 없는 상태에서 마침내 지성소의 빛에 의해 자신이 누구인가에 대한 빛에 노출되는 것, 거기에 이르는 길을 일컬어 인내라 한다. 그러므로 인내는 존재와 관련한 실존론적 개념인 것을 알 수 있다. 존재의 빛에 대한 열망과 소망이 멈추지 않는 것을 바로 인내라 한다.

이것은 지어 만든 인내가 아니다. 인내하기 위한 인내가 아니다. 영혼의 열망이 만들어낸 인내고 마음 땅이 마침내 빚어낸 인내다. 따라서 거기에서의 겸손은 겸손한 적이 없지만 겸손이고, 인내한 적 없이 치열한 시간을 보냈으나 인내라 한다. 하여 그 같은 겸손과 인내는 존재론적 겸손이고 존재론적 인내라 하겠다. 즉, 지어 만든 억지 겸손이거나 억지 인내가 아니라 겸손과 인내가 존재론적으로 존재하는 인내요 겸손이라는 말이다.

동물의 세계에서 통용되는 마음의 덕목들은 모두 지어 만든 것들이다. 지어 만든 나무, 지어 만든 사랑, 지어 만든 소망, 지어 만든 인내, 지어 만든 겸손, 지어 만든 충성 등등. 이들 모두는 억지 인내고, 억지 믿음이고, 억지 충성이고, 억지 소망이고, 억지 사랑이다. 노자는 이를 유위(有爲)라 일컬었고, 그것은 동시에 허위(虛僞)인 셈이다. 성서는 이를 육체의 몸짓이라 하며, '영의 생각'에 상대되는 '육신의 생각'이라고 한다.

아담(사람)은 기쁨의 정원 에덴에서 모든 나무와 동물에 대해 새로 이름 짓는다. 에덴에는 달마다 맺히는 과실들뿐만 아니라 땅으로부터 나오는 들짐승이 있었는가 하면 하늘에 나는 각종 새가 있었다. 여기 나무와 동물들은 저 밖에 있는 대상들 이야기가 아니다. 이들 모두는 우리 내면의 여러 속성을 나타내주는 각종 비유다. 예컨대 공중의 새는 에덴의 각종 지혜를 일컫는다. 그러므로 아담의 이름짓기는 내면의 세계, 마음의 세계에서 펼쳐지고 이루어지는 만물들에 대한 이름짓기다. 에덴 정원의 세계에 펼쳐지는 수많은 현상을 일컫는 말들이다.

따라서 이전에 타자로부터 배운 언어로부터 마침내 자유로워지는 것이다. 스스로 세운 언어가 누군가에게는 들려지지 않는 새로운 방언이다. 겸손을 버리고 새로 겸손을 세우는 것, 인내를 버리고 인내를 새로 세우는 것을 일컬어 새로운 언어, 새로운 나라의 방언이라고 할 수 있겠다. 언어가 다르니 소통이 달라진다. 누군가에겐 겸손이 천사숭배와 같이 당위이지만, 새로 겸손을 세운 이들에게는 그것이 당위가 아니라 존재다. 율법에서 난 겸손은 무거운 짐이고 사망의 멍에요 도달할 수 없는 덕목이다.

이 같은 것들이 에덴의 이야기에서는 "아담이 어떻게 이름 짓나 보시고"라는 말에 함축되어 있다.

아담이 이것은 온유다. 이것이 기쁨이다. 이것은 긍휼이다. 이것은 슬픔이다. 이것은 지혜다. 이것은 어리석음이다. 이렇게 내면의 여러 속성을 이름 짓는다고 하자. 그것은 곧 우리 내면의 세계에서 있는 각종 생물이다. 바로 그같이 이름 짓는 것은 흔히 에고를 중심으로 이름 짓는 것과는 전혀 다른 것이다. 에고를 중심으로, 즉 육체를 따라 지어진 겸손은 겸손이 아니다. 육체를 따라 이루어지는 긍휼은 긍휼이 아니다. 잠시의 동정심이거나 에고의 우월감이 다른 이름인 긍휼과 겸손으로 덧입혀 나왔을 따름이다. 그렇게 짓는 이름은 아담(사람)이 짓는 이름이 아니다. 동물적 속성, 약육강식의 논리만 알고 있는 이들이 짓는 이름이다. 그들이 이름 짓는 정의, 그들이 이름 짓는 지혜는 모두 인간의 에고를 중심으로 규정할 뿐이다.

아담은 이름이 입혀지는 대상에 대하여 명확히 알고 있었다. 이는 그만큼의 영성이 있다는 말과 같다. 각각의 정체성을 제대로 아는 것이다. 그에 비해 우리는 우리가 일컫는 바가 무엇인지 알지 못하고 이름을 부르고 있다. 온유가 무엇인지 알지 못하고 그냥 온유를 사용한다. 겸손을 단지 교만의 상대어로 사용하고 있을 따름이다. 따라서 혼란스럽다. 무엇이 겸손인지 알지 못하기 때문에 오늘도 종교인들은 겸손을 천사 숭배하듯 한다. 겸양의 미덕을 겸손이라 이름 붙여 놓는다. 거기 온통 혼돈이 깃들어 있다.

그런데도 아담의 이야기는 계속된다. 인생의 의식의 세계에서, 아담의 이야기에서 전개될 다음의 이야기들이 있다. 다음에 등장하게 되는 이야기가 선과 악을 알게 하는 지식의 나무 이야기다. 이것이 의미하는 바가 무엇일까? 선과 악이란 단지 동물의 세계, 약육강식의 세계에서 나누는 옳고 그름, 시시비비와는 다르다는 점이다. 약육강식의 세계에서 나누는 시시비비는 단지 자기 욕망의 충족을 기준으로 이익이 침해당했을 때 나누는 다툼일 뿐이다. 절대 선이나 절대 악의 다툼이 아니다.

아담의 영성이 그렇게 특출하여 동물들에게 이름을 지어준다고 해서 그가 선악을 아는 지식의 나무를 넘어설 수 있다는 뜻은 아니다. 비록 하늘의 영으로 숨결이 불어 넣어진 자, 하늘의 얼로 숨 쉬는 자라 하더라도 넘어야 할 산이 기다리고 있다. 그는 여전히 에덴을 기경하고 에덴을 지켜야 한다. 인생은 비록 진토와 같음을 고백하고 자신의 자신다움을 향해 눈뜨고 야웨의 비가 내리는 것을 향해 서 있다 하더라도 그 같은 자기 인식의 존재와 동시에 아직 여전히 동물의 속성이 지배하는 강퍅한 마음의 자리를 여전히 갖고 있다. 다시 말해 아직도 동산은 하아다마(황무지)의 기경되지 않은 더 많은 영역이 있다. 기경되지 않은 황무지를 개간해서 그곳에도 야웨의 비가 내리게 해 각종 나무가 자라고 열매 맺어야 한다. 이는 누구나 떠안고 있는 모든 인생의 과제요 풀어야 할 숙제다. 이들 나무로부터 맺히는 과일을 먹거리로 삼아야 할 남겨진 삶이 있다.

에덴의 이야기는 사람이란 무엇인가에 대한 옛사람들의 서사적 설화가 전승되어 기록으로 남겨진 이야기다. 인간의 두 가지 정체성을 에덴 이야기에 담고 있다. 처음 사람은 늘 선악을 아는 지식의 나무에 의해서 백전백패할 수밖에 없다는 것과 마지막 아담에 의해 새로 낳게 되는 인생의 큰 거듭남과 여정, 그 장쾌한 패러다임을 보여주는 책이 성서 아닌가. 그것은 영적인 순례자들이라면 누구나 걷게 되는 것일 따름이지, 어찌 그 아담이 그랬기 때문에 그것이 원인이 되어 지금 인간이 그렇다는 것으로 해석한다는 말인가?

비유컨대 만일 누군가 모태에 있는 태아의 발달단계와 여정을 생물학적으로 상세히 기록한다 하자. 처음에는 수정의 과정이 있을 테고 이어서 세포분열과 여러 기관이 생성되고 마침내 세상 밖으로 출산하는 데 문제없을 만큼 자라는 과정을 관찰하고, 이를 에덴동산의 아담 이야기처럼 풀어서 성경과 같은 책에 기록하였다고 하자. 물론 이를 기록할 때에는 이야기식으로 기록할 수도 있고 선문답식으로 기록할 수도 있고 생리학적으로 기록할 수도 있을 것이다. 정자와 난자의 만남을 스토리 식으로 얼마든지 표현해낼 수 있지 않은가.

　에덴동산에서 남자와 여자가 만나는 아름다운 생명의 이야기를 통해 수정의 신비를 나타냈을 때, 그 같은 것을 처음으로 기록했고 탁월한 통찰력이라고 해서 그것을 읽는 이가 에덴에서 정자와 난자가 만났기 때문에 오늘도 모든 인간은 그렇게 만난다고 말한다면 이 얼마나 우스꽝스러운 이야기겠는가. 그 같은 수정 이야기가 오늘 수정과정의 원인이 아니다. 모든 생명현상의 보편성에 대한 기술(記述)일 따름이다. 그러므로 그 같은 점에서 본다면 신학에서 말하는 원죄론과 칭의론은 명백한 오류다.

20. 갈빗대로

아담이 모든 육축과 공중의 새와 들의 모든 짐승에게 이름을 주니라 아담이 돕는
배필이 없으므로 여호와 하나님이 아담을 깊이 잠들게 하시니 잠들매 그가 그 갈
빗대 하나를 취하고 살로 대신 채우시고 여호와 하나님이 아담에게서 취하신 그
갈빗대로 여자를 만드시고 그를 아담에게로 이끌어 오시니 아담이 가로되 이는 내
뼈 중의 뼈요 살 중의 살이라 이것을 남자에게서 취하였은즉 여자라 칭하리라 하
니라(창 2:20~23)

갈빗대로 여자를 만들었다는 기록은 원문 성서에 없다. 번역
과 독해의 오류다. 오독의 오랜 성경 읽기 역사는 청산되어야
한다. 육체가 남녀의 생물학적 결합으로 생명을 이어가듯 영의
세계는 갈빗대를 취하여 여자를 향해 세우는 것을 통해 생명의
계보를 이어간다. 갈빗대 신화는 벗어나야 한다. 흙이 아담을 만
드는 재료가 아니었듯 갈빗대는 여자를 만드는 재료가 아니다.
갈빗대는 도리어 여자를 향해 세우므로 여자와 하나가 되는 원
리다.

여자는 아담의 갈비뼈가 아니다. 성경을 왜곡하는 또 하나의
사례가 갈빗대로 여자를 만들었다는 신화다. 성경을 신화적으로

읽고 신화 속에 가둬놓는 것이다. 물론 에덴 이야기는 신화적 서술방식이지만 우리는 신화에서 로고스를 읽어내지 않으면 우리의 의식은 미신에 갇혀 있게 된다. 에덴 이야기에는 갈빗대로 여자를 만들었다는 구절이 없다. 사람들이 그렇게 해석하고 그렇게 번역하고 있을 뿐이다. 해석자들이 에덴 이야기를 도리어 더 깊은 신화 속으로 내모는 것이다. 로고스를 신화 속에 가둬놓는 것이다. 신화의 옷을 벗기고 로고스가 우리의 앞에 존재로 그 모습을 드러나게 해야 한다.

> 여호와 하나님이 아담에게서 취하신 그 갈빗대로 여자를 만드시고 그를 아담에게로 이끌어 오시니 (창 2:22)[16]

이 부분의 원문 표현을 몇 군데 살펴보면

문장의 주어는 '야웨 하나님', 동사는 '바나(בָּנָה)', 곧 '만드시고'가 아닌 '세우다(build)'의 뜻을 지닌 '바나'다. '바라'도 아니고 '아사'도 아니고 '야차르'도 아닌 '바나'로, 성경에서 주로 '쌓다' 혹은 '세우다'는 뜻을 지닌다. 문장의 목적어는 '갈빗대' 곧 '하체라(the rib)'다.

'갈빗대로'는 '에트 하체라(אֶת־הַצֵּלָע)'인데 목적격이다. 여자를 만든 재료인 것처럼 번역하면서 '여자'를 목적어로 해석한 것이 결정적인 오역이다. 대격부호(목적격표시) '에트'까지

---

16) 창 2:22

וַיִּבֶן יְהֹוָה אֱלֹהִים
אֶת־הַצֵּלָע אֲשֶׁר־לָקַח מִן־הָאָדָם לְאִשָּׁה וַיְבִאֶהָ אֶל־הָאָדָם ׀

바이벤 예호바 엘로힘 에트 하체라 아쉐르 라카 민하아담 레이샤 바예비예하 엘하아담

동원해 갈빗대(하체라)가 목적격임을 분명히 하고 있으므로 '갈빗대로'가 아니라 '그 갈빗대를'이 맞다. 갈빗대를 설명하는 관계절을 이어서 번역하고 해석 해보자

갈빗대를 왜 세우셨을까? 그것은 여자를 위해서다. '레' 전치사와 '이샤' 곧 '레이샤(לָאִשָּׁה)'는 여자(이샤)를 위하여(לְ)로 번역하고 해석해야 한다. 따라서 이는 이렇게 번역되어야 한다.

야웨 하나님이 여자를 위하여 아담에게서 취하신 갈빗대를 세우시고 그리고 그 여자를 아담에게로 인도하셨다.

히브리어 문장의 에트(אֵת)~ 레(לְ)~ 용법이다. ~을 위하여 ~을 ~하다는 용법의 문장이다.(여자를 위하여 갈빗대를 세우셨다)

갈빗대로 여자를 만들었다는 번역과 이해는 비록 의도하지는 않았다 하더라도 성서의 진리를 신화가 되게 하는 번역이 되고 말았다. 창세기 2장 22절은 그 뜻이 남자와 여자의 참된 관계성을 말하는 것이다. 남자와 여자 사이에는 '갈비뼈'가 세워져야 비로소 온전한 관계가 이루어짐을 의미한다. 물론 여기서 갈비뼈는 비유다.

에고는 마치 심장과 폐를 보호하는 갈비뼈와 같이 자신을 지키려는 자아인 셈이다. 그것의 출발은 타자다. 부모로부터 전해진 생존전략을 중심으로 형성된다. 이는 자신을 보호하지만 동시에 자아의 감옥에 자신을 가둔다. 이때 존재_자아(εἶναι-ego)는 타자_자아(others-ego)로 인해 보호되는듯하나 동시에 타자

자아로 인해 감옥에 갇혀 있게 된다. 따라서 갈비뼈를 세운다는 것은 그 같은 타자_자아의 휘장을 찢는다는 의미다. 휘장은 육체다. 여기서 육체란 그 정신이 육체의 원리를 따라 형성되었다는 뜻이다. 즉, 육체의 생존을 중심으로 형성된 이기적 자아를 일컬어 육체라 하고 휘장이라 한다. 휘장은 지성소를 은폐하고 감춘다. 이는 지성소를 보호하는 역할을 하기도 하지만 동시에 은폐시키고 만다. 성서에서 휘장으로 비유되는 갈비뼈를 걷어 십자가에 세우는 것, 이것을 통해 안과 밖은 서로 소통된다. 따라서 오늘의 언어로 환원하면 타자의 영향을 받아 형성된 육체를 중심으로 형성된 '자아_의식'이 갈비뼈인 셈이다.

여기서 지성소는 하나님이며 남자며 존재다. 존재_자아(εἶναι-ego)다. 여기서 성소는 여자요 우리의 겉사람이다. 하여 갈비뼈를 여자를 향해 세운다는 것은 십자가에 달린 예수를 상징한다. 예수는 제자들의 욕심과 욕망으로 형성된 세상 임금이고 제자들의 타자_자아(others_ego)다. 제자들 자신을 보지 못하게 하는 타자_자아인 셈이다. 예수를 자신과 동일시 함으로 정작 본래 자아는 그 뒤에 숨어버리고 은폐되고 만다. 이때 육체 예수는 제자들의 본래 자아를 보지 못하게 하는 은폐물이고 휘장인 셈이다. 예수는 바로 자신을 제물로 십자가에 매달므로 제자들 속에 형성된 휘장을 걷어낸다. 예수의 십자가는 거기서 제자들의 갈비뼈가 뽑히는 것을 방불한다. 제자들의 눈이 새로 열리게 하는 예수의 두 번째 안수가 되는 것이고 제자들의 속과 겉이 소통할 수 있는 길을 열어간다는 점이다. 온전한 소통을 위해서 갈비뼈가 남자에게서 뽑혀 여자를 향해 세워져야 한다는 말이다. 예수가 매개되어 있지만, 타자, 절대타자가 매개되어 있지만, 이는 모두 베드로의 내면에서 일어나는 하나의 대하드라마다. 모노드라마에 등장하는 수많은 배역인 셈이다. 에덴이야기에서는 이를 신화적 이야기 방식으로 그려내고 있다는점이다. 하여 다양한 배역이 등장하는 것이다.

뼈 중의 뼈요 살 중의 살이라는 말은 아담이 하와를 바라보며 여자의 아름다움을 노래한 것으로 이해하려 하나, 그것은 자신의 가슴에서 뽑혀 세워진 뼈를 바라보며 하는 노래다. 갈비뼈가 뽑힐 때, 살점이 뜯겨 나오는 것은 당연하다. 이것은 뼈에서 나온 뼈 살에서 나온 살이로다. 타자_자아로 형성된 자아가 뽑혀 나가는 뼈요 살이라는 말이다. 이것이 뽑혀 나가며 속에서 흘러나오는 생명의 기운으로 다시 덧입혀지는 것이 결혼의 비밀이라 하겠다.

이는 마치 '내 살은 참된 양식이요, 내 피는 참된 음료로다' (요 6:55)는 표현을 방불한다. 신약에서는 창으로 옆구리를 찌르니 피와 물이 나오더라고 증언하고 있으니 신부를 맞이하기 위해 신랑의 옆구리가 터지는 장면이다. 여기서 신부를 맞이한다는 말은 제자들을 새롭게 영접한다는 말이다. 역으로 제자들의 의식에 예수를 통해 형성된 세상 임금, 육체 예수를 소거하게 하고 예수의 정신인 기름 부음, 그리스도를 영접하여 '파루시아'를 경험케 하는 것이다. 갈비뼈를 뽑아 여자를 향하여 세우는 에덴 이야기, 신약의 버전이다. 예수와 제자들 사이에 형성된 의식의 진화과정이다. 제자들과 예수의 이야기 속에서 전개되는 에덴 이야기의 베드로 버전이라 할 수 있겠다.

여자를 위해 갈비뼈를 세우고 이를 양식과 음료로 삼는 장면이다. 누구든 여자를 맞이하려면 여자를 위하여 살과 피를 준비하고 세워야(단을 쌓듯이) 한다. 정신의 진화는 도식화할 수 있는 건 아니지만 헤겔이 말하듯 정반합의 변증법적 관계를 통해 절대정신, 신적 의식의 더 높은 단계로 진화한다.

처음의 정신은 타자 자아라는 형태의 에고를 중심으로 의식이 형성된다. 황무지(아다마)로 비유되는 에고는 마음의 갈등과 모순에 가득 차 있다. 처음 정신은 아다마가 정(正)이라 할 수 있겠다. 황무지가 진토가 되는 것은 처음 정신의 반(反)이다. 여기서 정신에는 신적 의식이 싹튼다. 이때 신적 의식은 에덴 이야기에서 비로소 아담 아파르로 등장하고 남편으로 표현된다. 아담 아파르는 에덴동산에 머물게 된다. 기쁨의 동산 에덴의 동산지기인 아담에게는 과제가 있다. 아직도 황무지로 있었던 옛 자아 곧 겉사람과의 본질적 화해의 공간이 남아 있는 것이다. 사실은 아다마도 나요, 아담 아파르도 나이기 때문이다. 남편과 아내 이야기는 에덴의 하아다마와의 화해를 향한 이야기기도 하다. 신적 의식 혹은 아담 아파르는 겨우 동산의 한 모퉁이에 불과하다. 기경(起耕)해야 할 하아다마(황무지)가 남아 있고 아담 아파르는 하아다마와 합일의 과정이 남아 있다. 하아다마는 여기서 아담 아파르에 대하여 겉사람이고 아내가 된다. 그곳에서 비롯되었지만(민 하아다마), 그곳은 '아담 아파르'에게 남겨진 과제요, 동산지기가 갈고 씨 뿌려 경작해야 할 경작지다.

여기서 갈등과 모순은 찾아오게 되고 고통은 계속된다. 정신의 새로운 요구를 맞이하게 된다. 본래 정신은 숨어 있고 은폐되어 있다. 그리고 그때 비로소 야웨 하나님은 그에게 여자를 데리고 오신다. 이것이 둘이 하나 되게 하기 위한 결혼의 원리며 소통의 원리다. 그러나 번역하는 이들이나 신학자들이 흙을 사람을 만드는 재료로 오해하듯 갈빗대 역시 여자를 만드는 재료로 오해한다. 에덴 이야기에서 갈빗대는 여자를 만드는 재료가 아니다. 도리어 남자와 여자 사이에 가로막힌 담을 허는 휘장이고 여자를 향해 세워야 할 제단이고 제물이다.

갈빗대는 세우는 것이고 쌓는 것이다. 그것은 골방을 통하여 생성되고 취하게 된다. 그렇게 취한 갈빗대는 여자와 한 몸을 이루고 거기서 뼈를 이루고 살을 채운다. 생명의 세계는 그렇게 연쇄 고리의 계보를 이어간다.

이는 예수와 제자들 사이의 온전한 관계, 제대로의 소통의 길이 열리기 위해 십자가가 있어야 했던 것과 같다. 베드로와 예수가 언제 합일되는가. 닭이 울 때 베드로의 속사람이 얼마나 부끄러웠을까. 속사람은 겉사람을 통해 나타나고 살아지고 꽃피우는 것이다. 우리는 내면의 아름다움과 꽃망울의 터짐을 영원한 신기루처럼 잡히지 않는 곳, 저 앞에 놓아두고 있다. 그리고는 선악을 알게 하는 것에 몰두해 있다. 선악의 세계를 떠나 다시 고토로 향하자. 바빌론에서 돌아가야 할 곳은 다시 가나안이다.

우리의 혼인, 우리의 합일, 우리의 짝은 무엇이며 그를 이루는 것이 무엇일까. 짝은 겉사람과 속사람이다. 이 둘이 짝을 이루는 것이며 이 둘이 하나에 다다르는 것. 뫼비우스의 띠가 이루어지는 것, 그것이 합일의 비밀이며 성서에서 말하는 구원에

한 걸음 다가섬이다.

사랑은 겉에서 찾으려 해도 곤란하고 속에서만 있다고 해도 곤란하다. 사랑은 겉과 속에서 함께 하나가 되어 성취되어 간다. 사랑 안에서만 아들을 낳을 수 있다. 아들을 낳아야 살리는 자의 반열에 들어갈 수 있다.

하나가 되고 합일이 되기 전에는 겉사람의 속성, 정과 욕심의 속성으로 사람들에게 나아가려 한다. 자기 안에서 합일되지 않고 제 욕심만 취하면서 복음을 전한다고 한다. 살리는 자가 될 수 없다. 하늘의 형상을 입고 나가야 사람들에게서 제 욕심을 취하지 않는다.

예수는 자기를 부인했다. 제자들 관점에서 보면 유다나 베드로가 예수를 배신한 것이 아니다. 누가 배신이며 변절인가. 유다의 기대를 저버린 것은 누구인가. 베드로의 희망을 간단히 짓밟은 이가 누구인가. 그것은 곧 예수였다. 그렇다. 예수는 인간의 모든 희망을 짓밟는다. 인간의 희망을 짓밟고 새로운 인간의 길을 열어 놓는다. 이를 일컬어 하늘이라고 한다. 그러므로 하늘은 인간의 희망을 꺾어버리고 나타난 허망이다. 예수의 배신은 구원의 길을 열고자 하는 배신이나 아무도 그를 이해하는 자가 없다. 신은 언제나 인간을 배신한다. 인간은 늘 희망고문을 하며 신을 찾곤 한다. 따라서 이제는 저 신을 향한 발걸음을 멈춰서야 한다. 예수의 안내를 다시 받아야 한다. 지성소에 머무는 신의 얼굴을 다시 만나야 한다. 허망에서 다시 피는 꽃 이야기가 왕국의 노래다.

에덴의 풍요, 기쁨의 정원 안에 누리는 아름다움이 피어나는 것, 그러는 순간 거기에서 또 한 번의 큰 구렁이 있다는 것. 에덴의 이야기에 담겨 있다. 그리고 새롭고 산길(living way)을 통해 하늘과 땅은, 남편과 아내는 대동을 이룬다. 통합을 이룬다. 거기서 화해와 평화를 낳게 되는데 이를 아들이라 하고 한 몸을 이룬다고 한다.

21. 알-켄(כֵּן עַל־)의 용법과 부모를 떠나

이러므로 남자가 부모를 떠나 그 아내와 연합하여 둘이 한 몸을 이룰지로다(창 2:24)

이러므로(כֵּן עַל־ 알-켄) 남자가 부모를 떠나 그 아내와 연합하여 둘이 한 몸을 이룰지로다(창 2:24)

위 문장은 난해하다. 독자들이 별생각 없이 의례적으로 읽어서일까. 문장이 이상하다고 여기는 사람들이 별로 없다. 이 문장은 무엇인가 이상하다. 에덴의 이야기를 창조 설화 혹은 단지 신화로 읽는 이들에 의하면 아담은 신이 창조한 최초의 사람이다. 그들의 논리대로라면 아담에게 부모는 있을 수 없다. 즉, 생물학적 최초의 사람이기에 생물학적 부모가 성립할 수 없다는 말이며, 따라서 부모를 떠나라는 말은 성립 불가능한 모순문장이라는 점이다.

그런데도 기독교인들은 크게 문제 삼지 않고 이 문장을 읽어간다. 과연 문제없는 것일까? 혹자는 아담 이전에 사람이 있었느냐는 논쟁으로 이 문제에 접근하려 한다. 이 또한 에덴의 이야기를 제대로 귀 기울여 읽는 태도가 아니다. 이 문장의 시작은 '이러므로'다. 영어로는 Therefore, For this reason이다. 남자가 부모를 떠나는 까닭과 이유가 앞의 이야기에 담겨 있을까? 히브리어로는 '알-켄'. 이 문장을 제대로 읽어내기 위해 히브리어 알-켄의 관용적 용법을 먼저 살펴본다.

성서의 용례를 통해 본 알-켄(עַל-כֵּן 알-켄)의 용법

여호와께서 거기서 그들을 온 지면에 흩으신 고로 그들이 성 쌓기를 그쳤더라 그러므로(알-켄) 이름을 바벨이라 하니 이는 여호와께서 거기서 온 땅의 언어를 혼잡케 하셨음이라 여호와께서 거기서 그들을 온 지면에 흩으셨더라(창 11:8~9)

그리로 속히 도망하라 네가 거기 이르기까지는 내가 아무 일도 행할 수 없노라 하였더라 그러므로(알-켄) 그 성 이름을 소알이라 불렀더라(창 19:22)

두 사람이 거기서 서로 맹세하였으므로(알-켄) 그곳을 브엘세바라 이름 하였더라(창 21:31)

야곱에게 이르되 내가 곤비하니 그 붉은 것을 나로 먹게 하라 한지라 그러므로(알-켄) 에서의 별명은 에돔이더라(창 25:30)

그가 그 이름을 세바라 한지라 그러므로(알-켄) 그 성읍 이름이 오늘까지 브엘세바더라(창 26:33)

그가 또 잉태하여 아들을 낳고 가로되 내가 이제는 여호와를 찬송하리로다 하고 이로 인하여(알-켄) 그가 그 이름을 유다라

하였고 그의 생산이 멈추었더라(창 29:35)

라헬이 가로되 하나님이 내 억울함을 푸시려고 내 소리를 들으사 내게 아들을 주셨다 하고

이로 인하여(알-켄) 그 이름을 단이라 하였으며(창 30:6)

라반의 말에 오늘날 이 무더기가 너와 나 사이에 증거가 된다 하였으므로(알-켄) 그 이름을 갈르엣이라 칭하였으며(창 31:48)

마라에 이르렀더니 그곳 물이 써서 마시지 못하겠으므로(알-켄) 그 이름을 마라라하였더라(출 15:23)

너는 애굽에서 종이 되었던 일과 네 하나님 여호와께서 너를 거기서 속량하신 것을 기억하라 이러므로(알-켄) 내가 네게 이 일을 행하라 명하노라(신 24:18)

내가 왕의 이름을 만세에 기억케 하리니 그러므로(알-켄) 만민이 왕을 영영히 찬송하리로다(시 45:17)

알(עַל 알) 은 전치사고 켄(כֵּן 켄)은 부사지만, 두 단어가 함께 마켑(연결부호-)으로 결합되면서 문장에서는 접속사의 역할을 한다. 알-켄 용법이라고 할 수 있겠다. 'Therefroe,' 'For this reason,' '그러므로,' '이러므로,' '이로 인하여'의 뜻이 된다. 앞의 문장이나 어떤 내용이 이유, 원인이 되어 그 결과로 생기는 것을 다음 문장으로 연결한다. 앞의 문장이나 내용을 뒤로 이어주면서 그것을 꾸며주는 부사 역할을 한다고 하겠다.

야곱에게 이르되 내가 곤비하니 그 붉은 것을 나로 먹게 하라 한지라 그러므로(알-켄) 에서의 별명은 에돔이더라(창 25:30)

위 구절에서 에돔은 붉다는 뜻이고, 에서가 붉은 것을 나로 먹게 하라 했기 때문에 그러므로(알-켄) 에서의 별명이 에돔이라 했다.

이것이 알-켄의 용법이다. 앞의 어떤 행위의 결과가, 이어지는 다음 문장의 결론을 가져오는 것이다. 그렇다면 창세기 2장 24절 문장에서 '이러므로(알-켄)'를 어떻게 읽어낼 것인가 하는 점이다.

이러므로(알-켄) 남자가 부모를 떠나 그 아내와 연합하여 둘이 한 몸을 이룰지로다 (창 2:24)

이러므로 라니? 도대체 앞의 어떤 문장이 남자가 부모를 떠나는 행위의 원인이 되는 걸까. 아담에게 생물학적 부모가 있었고 그를 떠나라는 이야기일까? 만일 그렇게 생각한다면 그러한 상상은 성서를 단지 육체의 이야기로만 읽어내려는 발상에서 비롯된 것이라 하겠다. 에덴의 이야기는 상징과 비유로 가득하다. 옛사람의 지혜가 가득한 지혜문학이며 비유문학의 백미다. 알-켄 곧 '이러므로'는 창세기 2장 4절부터 23절까지를 한 문장으로 압축하기 위해 사용하고 있다는 것을 이해해야 한다.

아브람이 본토 친척 아비집을 떠났고 데라는 갈대아 우르를 떠났듯 아담도 떠나는 곳이 있었다. 여기서 아담은 아파르(흙가루) 아담이다. 아담 아파르는 하아다마에서 떠나온 존재(민하아다마)다. '민'은 전치사 from이고, '하'는 정관사며, '아다마'는 earth 혹은 ground다. 안개만 올라오던 그 땅으로부터 떠나서 아담 아파르가 된다는 것이 에덴 이야기에 나오는 떠남이다. 그러므로 아담에게는 하아다마가 본토 친척 아비 집이고 부모인 셈이다.

하아다마(창 2:5~6)는 아담 아파르의 처음 하늘이자 처음 땅이었으며, 처음 아버지고 처음 어머니였다. 그리고 새로 맞이한 에덴은 아담의 새로운 하늘이고 새로운 땅이다. 아담 아파르는 하아다마를 떠나 새로운 아버지와 새로운 어머니를 맞이하니 양자의 영이며, 동산 각종 나무의 실과를 먹고 각종 나무와 짐승에게 이름을 지을 수 있으니 돕는 배필이 필요하고, 갈비뼈를 뽑아 여자를 향하여 세울 수 있으니 마침내 아내를 맞이한다.

이렇게 아담이 하아다마를 떠나 아담 아파르가 되고 네 강이 흐르고 각종 나무와 중앙에 생명 나무와 선악을 알게 하는 나무의 실과가 있는 에덴의 동산지기가 되어 돕는 배필 아내를 맞이하는 내용이 2장 4절부터 23절까지 이야기다. 이것이 하늘과 땅의 계보 이야기다(창 2:4).

알-켄, "이러므로 남자가 부모를 떠나"는 2장 4절에서 19절까지라면, "그 아내와 연합하여 그들이 한 몸이 되었도다"는 2장 20절에서 23절이다. 창세기 2장 24절의 "둘이 한 몸을 이룰지로다"에서 '이룰지로다'는 명령형으로 번역되었지만, 히브리어 원문은 명령형이 아니고 미완료시상도 아니며 완료시상이다. 즉, 그들은 한 몸이 되었다는 의미의 문장이다. 하여 24절에서 히브리어 알-켄의 용법이 비로소 이해될 수 있다.

창세기 2장 24절은 창세기 2장의 대서사를 한 문장으로 나타내주는 문장이다. 단지 결혼주례에서 인용하는 너도 알고 나

도 알고 누구나 아는 일반의 상식을 일컬어 이 비밀이 크다고
바울이 주석했을까.

그러므로(For this reason) 사람이 부모를 떠나 그의 아내와
합하여 그 둘이 한 육체가 될지니 이 비밀이 크도다 나는 그리
스도와 교회에 대하여 말하노라 (엡 5:31~32)

22. 벌거벗었으나

아담과 그 아내 두 사람이 벌거벗었으나 부끄러워 아니하니라(창 2:25)

두 사람이 벌거벗었으나 부끄러워 아니하다는 에덴 이야기. 적신으로 태어나서 적신으로 있었으나 부끄러워 아니했다는 말일까? 아니면 다른 무엇을 염두에 두고 읽어야 할까?

이들이 벌거벗었다는 얘기는 이전에 무엇인가 입고 있었다는 말을 전제한다. 무엇을 입고 있었을까? 에덴의 이야기에서 부모를 떠난다는 것은 "하 아담 아파르 민 하아다마"(2:7)에 담겨 있다. 아담과 그 아내가 무엇인가 입고 있었다면 그것의 실체는 '하아다마' 다. 하아다마는 아파르 아담이 떠나온 갈대아 우르고, 아파르 아담이 떠나온 부모고, 아파르 아담이 떠나온 세계고, 아파르 아담의 전토며, 친척이고, 아비 집이며, 그가 입고 있었던 의복(옷)이다.

하아다마의 세계는 그 정신의 상태가 동물에 비유할 수 있으니, 하늘에서는 비가 내리지 않고 들에는 초목이 없고 밭에는 채소가 나지 않고 땅에서는 안개만 올라오고 있는 동물의 세계라 하겠다. 그 정신이 육체의 소욕만을 반영하고 있으니 이를 일러 육체의 사람이라 표현할 수 있다. 정신이 거듭난다는 뜻은, 바로 이 같은 자리(하아다마)를 떠나는 것이다.

벌거벗었으나 부끄럽지 않다는 뜻을 새겨보자. 신약에도 벌거벗었으나 전혀 부끄러움을 모르는 이야기가 등장한다. 바로 거라사 광인 이야기다.

갈릴리 맞은편 거라사인의 땅에 이르러 육지에 내리시매 그 도시 사람으로서 귀신들린 자 하나가 예수를 만나니 이 사람은 오래 옷을 입지 아니하며 집에 거하지도 아니하고 무덤 사이에 거하는 자라 예수를 보고 부르짖으며 그 앞에 엎드리어 큰 소리로 불러 가로되 지극히 높으신 하나님의 아들 예수여 나와 당신과 무슨 상관이 있나이까 당신께 구하노니 나를 괴롭게 마옵소서 하니(눅 8:26~)

에덴의 벌거벗음과 광인의 벌거벗음은 물론 전혀 다른 이야기로 읽을 수 있겠다. 좀 더 깊이 들여다보면 에덴의 이야기나 거사라 광인의 이야기나 옷을 중심으로 살펴보면 다를 게 없다. 부끄러움을 모르고 무덤가에 머무는 것이나 부끄러움을 모르더니 결국 뱀과 대화를 하는 것이나 그 구조가 다르지 않다. 예수께서 군대 귀신을 쫓아낸 것처럼, 에덴 이야기에서는 뱀의 씨를 쫓아내는 대하 드라마가 전개된다. 마침내 부끄러움을 알게 되고 거라사 광인은 옷을 입게 된다. 마침내 부끄러움을 알게 된

아담과 하와는 무화과 나뭇잎을 입지만, 결국 서늘한 바람에 옷은 벗겨지고 만다. 가죽옷으로 다시 옷 입는다.

따지고 보면 어쨌든 처음 벌거벗었을 때를 생각해보자. 물론 처음에는 시원함과 통쾌함이 있다. 그것에 '구원'이라는 말을 부여해도 괜찮을 정도다. 하아다마로부터 건져냄을 받은 것이요, 하아다마로 걸치고 있는 옷을 벗었으니 이 얼마나 홀가분하랴. 비로소 처음으로 마음의 땅을 경작할 사람이 되었고, 강이 흐르는 에덴을 지키고 다스리는 권세가 부여되었기 때문이다. 에덴의 벌거벗음에 관한 이야기는 성서 전체에 그대로 반영되어 나타난다. 옛사람을 벗어버리고 새 사람을 입으라는 것. 그리스도로 옷 입으라는 이야기나 의의 겉옷을 입으라는 권고 등. 벗어야 할 것과 입어야 할 것이 분명하게 대비된다.

벗어야 할 것을 벗고 나면, 홀가분하고 통쾌하다. 부끄러워할 일도 아니다. 다만, 벗는다는 것은 새로움으로 입으라는 걸 전제하는 것이지, 부끄러운 일이 아니라고 해서 벗고 있으라는 말은 아니다. 아니, 어느 정도 시간이 흐르고 나면 벗고 있음이 어느덧 부끄러움으로 다가올 때가 찾아온다. 벗은 것이 부끄러움이 아니라, 새로움으로 옷 입지 않고 있음이 부끄러움으로 다가온다.

천로역정, 하늘길을 걸어가노라면 옛것을 벗어던지게 되는 과정이 찾아온다. 다만, 벗고 있다 보면, 새것으로 옷을 입지 않고 있다 보면 유혹이 찾아온다는 게 에덴 이야기의 핵심이다. 이것은 인생이 걷게 되는 실존이다. 새로움으로 옷 입기 위한 과정이기도 하다. 에덴의 이야기는 인간의 실존 현상을 이야기 형식으로 진술하는 옛사람의 지혜다. 비록 벌거벗었으나 부끄러워하지 않는다는 것, 그것은 아직 과정일 뿐 이야기는 계속되어야 한다. 아니 인간의 이야기는 그렇게 계속된다. 벗고 있고 부끄러워하지 않는다는 건 에덴의 주인공이 아직 어린아이임을 말해주고 있을 따름이다. 벌거벗었으나 부끄러워하지 않는다는 걸 인간의 원형적 순수로 해석하는 것은 에덴 이야기의 주제와는 상관없는 얘기다. 주제에서 벗어난 해석이라는 점이다. 따라서 새로운 옷을 입기 전에 나타나는 인간의 서사가 뱀의 이야기로 상징화되어 이야기는 계속된다.

그러고 보면 아파르 아담이 떠나온 '하아다마'는 그의 부모며 옛사람이고 또한 의복이며, 아파르 아담이 새로 맞이하는 아내기도 하다. 아파르 아담이 속사람이라면 하아다마는 그가 떠나온 곳이며 동시에 새로 마주하게 되는 겉사람이기도 하기 때문이다.

그렇다면, 옷 입는다는 게 무엇일까? 그리스도로 옷 입는다든지, 새 사람으로 옷 입는다든지, 의의 옷으로 옷 입는다는 것의 구체적인 삶이 무엇일까? 이 이야기를 풀어가는 게 창세기 2~3장 읽기의 핵심이기도 하다. 물론 새로 옷 입기 전에 겪게되는 진통이 뱀의 이야기고 선악과 이야기다. 뱀의 이야기는 창세기 3장에서 시작된다. 그 이야기의 기반은 벌거벗음을 지속하고 있었다는 점 때문이기도 하다. 선택의 여지 없이 겪게 되는 인간의 실존이다.

신약성서를 빌려 설명해보자. 예수와 제자들의 관계에서 아담과 그의 아내 그리고 벌거벗음의 이야기를 알아보자.

하아다마를 떠나온 아담과 그 아내는 하아다마라는 세계관을 벗어버린 것이다. 벌거벗었다는 말은 하아다마의 자리를 떠나왔다는 말과 다름없다. 하아다마를 떠나왔지만, 그곳으로부터 분리되었지만, 동시에 아직은 내면화된 하아다마를 모두 버린 것은 아니다. 예수와 열두 제자의 여정을 살펴보면 이 점을 확연하게 알 수 있다. 베드로는 그의 삶의 터전이던 갈릴리와 그물을 버리고 예수를 따랐다. 그의 삶의 터전을 떠나왔다. 그가 관계하던 세계, 부모와 형제, 친구와 직업 그리고 거기 연관된 그 모든 세계를 떠나왔다.

그런데도 예수를 따르면서 여전히 누가 크냐의 경쟁을 관두지 못하고 있었다. 충성과 헌신의 경쟁구조를 버리지 못하고 있다. 비록 갈릴리를 떠나왔고 예수를 향한 뜨거운 사랑의 고백을 하고 있지만, 그것으로는 부족하다. 충성을 고백하는 동안은 벌거벗었으나 부끄러운 줄 모르는 때다. 언제 부끄러움을 알았을까? 닭이 울고서야, 예수가 십자가에 못 박히고서야 비로소 그는 부끄러움을 알았고 "당신을 위해 목숨을 바치겠습니다."는 충성의 고백이 얼마나 허튼 고백이었는지 비로소 알게 된다. 부끄러움을 알고서야, 그 모든 것의 헛됨이 드러나고 그것에 목숨을 걸지 않는다. 비로소 그리스도로 옷 입는다는 뜻이 무엇인지 알게 된다.

예수는 베드로를 향해 갈비뼈를 세운다. 베드로는 갈릴리호 숫가에서 누구나와 같이 물고기를 잡는 어부였고, 여전히 야웨의 비가 내리지 않는 하아다마에 속한 하아다마일 뿐이었다. "나를 따르라. 내가 너로 사람을 낚는 어부가 되게 하리라"는 부르심을 받은 베드로는 하아다마(갈릴리)를 떠나오지만, 여전히 내면화된 하아다마의 속성을 지니고 예수를 따른다. 따라서 어떤 부분은 분명 아담 아파르가 되어 예수를 따르게 되지만, 동시에 여전히 들짐승 뱀의 속성을 지닌 채 예수를 따르게 되는 것이다.

아담과 하와의 관계가 그러하다. 아담 아파르와 그가 떠나온 하아다마와의 관계가 그러하다. 벗었으나 동시에 입고 있고 입고 있으나 동시에 벗고 있다. 벗었으나 부끄러움을 모르는 까닭이 거기에 있다. 선악을 알게 하는 지식 나무의 열매는 결국 부끄러움을 알게 하는 장치가 되기도 한다. 영지주의는 영적 지식이 주는 기쁨과 동시에 그것의 강퍅함을 알게 하는 약방문이다. 영적 지식을 준거로 선악을 분별하면서 마침내 부끄러움을 알게 하고 다시 고토(가나안, 아파르)를 향하게 하는 비법(秘法)이기도 하다.

> 그러므로 교만이 저희 목걸이요 강포가 저희의 입는 옷이며 살찜으로 저희 눈이 솟아나며 저희 소득은 마음의 소원보다 지나며 저희는 능욕하며 악하게 압제하여 말하며 거만히 말하며 저희 입은 하늘에 두고 저희 혀는 땅에 두루 다니도다(시 73:6~9)
>
> 그 짠 것으로는 옷을 이룰 수 없을 것이요 그 행위로는 자기를 가릴 수 없을 것이며 그 행위는 죄악의 행위라 그 손에는 강포한 행습이 있으며(사 59:6)
>
> 시온이여 깰지어다 깰지어다 네 힘을 입을지어다 거룩한 성 예

루살렘이여 네 아름다운 옷을 입을지어다 이제부터 할례받지 않은 자와 부정한 자가 다시는 네게로 들어옴이 없을 것임이니라(사 52:1)

내가 여호와로 인하여 크게 기뻐하며 내 영혼이 나의 하나님으로 인하여 즐거워하리니 이는 그가 구원의 옷으로 내게 입히시며 의의 겉옷으로 내게 더하심이 신랑이 사모를 쓰며 신부가 자기 보물로 단장함 같게 하셨음이라(사 61:10)

여호수아가 더러운 옷을 입고 천사 앞에 섰는지라 여호와께서 자기 앞에 선 자들에게 명하사 그 더러운 옷을 벗기라 하시고 또 여호수아에게 이르시되 내가 네 죄과를 제하여 버렸으니 네게 아름다운 옷을 입히리라 하시기로(슥 3:3~4)

거짓 선지자들을 삼가라 양의 옷을 입고 너희에게 나아오나 속에는 노략질하는 이리라(마 7:15)

또 그가 피 뿌린 옷을 입었는데 그 이름은 하나님의 말씀이라 칭하더라(계 19:13)

너희가 서로 거짓말을 말라 옛사람과 그 행위를 벗어버리고 새 사람을 입었으니 이는 자기를 창조하신 자의 형상을 좇아 지식에까지 새롭게 하심을 받는 자니라(골 3:9~10)

정신이 새롭게 태어난다는 것은, 새로운 세계의 열림이다. 이를 영성이라고도 하고 성서는 하늘과 땅의 새롭게 태어남이라고 에덴 이야기에 담고 있다. 신약성서는 옛사람을 벗어버리고 새 사람을 입으라고 권고한다. 하아담 아파르(흙사람)는 하아다마(척박한 땅)로부터 새롭게 태어난 땅의 모습이다. 비로소 하늘의 숨결로 숨쉬기 시작했고, 나의 본질적 됨됨이에 눈 돌리기 시작했고, 마음의 세계가 열리기 시작했다. 야웨의 비가 내리지 않고 안개만 가득하던 땅이 새로운 땅으로 거듭난다는 이야기다.

이는 사람의 마음을 땅으로 비유하고, 땅은 새로운 땅으로 거듭난다는 옛사람들의 이야기 방식이다. 갈비뼈를 뽑아 여자를 향하여 세우고 여자를 아내로 맞이한다. 여기서 여자는 하아다마니, 아파르 아담은 안개만 가득하던 땅(하아다마)을 향하여 갈비뼈를 세우게 된다. 그가 떠나온 땅이니 부모요 형제며 전토다. 다시 그를 향하여 서 있게되니, 하아다마는 갈비뼈를 세워 새로 기경(흙갈이)해야 할 땅이고 여자며 아내인 셈이다. 하아다마로부터 새롭게 태어난 하아담 아파르는 하아다마를 다시 아내로 맞이하게 되는 묘법이다. 다시 말하면 속사람은 겉사람을 아내로 맞이하는 새로운 삶의 과제가 찾아온다.

그러나 아직은 구습의 옛사람을 벗어버렸으나 벌거벗은 채로 있다. 부끄러움도 알지 못한다. 진리에 대해서는 어린아이라는 이야기다. 새사람을 입어야 하는 과제가 놓여 있다. 비록 네샤마의 숨을 쉬고 있다 하더라도 그 의식은 어린아이로 있는 것이다. 어떻게 새 사람을 입어야 할까? 새 사람을 덧입는다는 건, 기름 부음에 충실해지는 것이다. 그러나 아직은 거기에 미치지 못한다. 어린아이로 머물고 있을 뿐이다. 들짐승의 뱀도 하아다마의 산물이다. 아내에 종속된, 그러나 아내를 지배하는 간교한 속성이 뱀이다. 뱀은 엘로힘을 앞세우고 나타난다. 선악의 정점에 있는 '신'의 이름을 동원해, 신의 경륜과 선악을 빙자해 지배력을 확장하려 한다. 뱀은 저 외부의 특별한 존재가 아니라, 우리 자신의 속성이다. 여러 속성 중 뱀으로 비유되는 속성을 우리 모두 갖고 있다.

　새 사람으로 덧입히기 전, 뱀의 속삭임에 귀를 기울이는 미혹의 이야기가 계속되고 있다. 하여 벌거벗었으나 부끄러워하지 않는다는 얘기는 인간의 원형적 '순수'를 말하려는 게 아니라, 새 사람으로 덧입지 않은 어린아이임을 말하려는 게 이 이야기의 의도다. 에덴의 이야기는 이렇게 시작되고 진행된다. 무엇이라 기록되어 있는지, 그리고 그것을 어떻게 읽어야 할 것인지, 이야기를 읽는 자의 몫이다.

창세기·3장

하나님과 같이 되어 선악을 알 줄을 하나님이 아심이니라. 이 말속에는 하나님은 선악의 신이라는 전제가 담겨 있다. 즉, 그렇게 규정하고 있는 신에 대한 뱀의 신관이 여실히 드러나고 있다. 이것은 신에 대한 뱀의 규정, 뱀의 신론(神論)이다. 이러한 뱀의 신론에 온 인류, 성서를 읽는 수많은 사람이 현혹되어 있다. 한 걸음도 뱀이 규정한 신론에서 벗어나지 못하고 있다. 뱀이 규정한 신은 결국 뱀이다. 따라서 엘로힘으로 옷 입고 아름다운 치장을 하고 나타난다 해도 붙어 있는 이름과 상관없이 뱀신이다. 옛뱀이요, 용이라는 말이다.

23. 뱀과 밈메누

여호와 하나님의 지으신 들짐승 중에 뱀이 가장 간교하더라 뱀이 여자에게 물어
가로되 하나님이 참으로 너희더러 동산 모든 나무의 실과를 먹지 말라 하시더냐
여자가 뱀에게 말하되 동산 나무의 실과를 우리가 먹을 수 있으나 동산 중앙에 있
는 나무의 실과는 하나님의 말씀에 너희는 먹지도 말고 만지지도 말라 너희가 죽
을까 하노라 하셨느니라 뱀이 여자에게 이르되 너희가 결코 죽지 아니하리라 너희
가 그것을 먹는 날에는 너희 눈이 밝아 하나님과 같이 되어 선악을 알 줄을 하나님
이 아심이니라 여자가 그 나무를 본즉 먹음직도 하고 보암직도 하고 지혜롭게 할
만큼 탐스럽기도 한 나무인지라 여자가 그 실과를 따먹고 자기와 함께 한 남편에
게도 주매 그도 먹은지라(창 3:1~6)

성서가 인류에 미친 영향을 새삼스럽게 말할 필요가 있을까?
서구사상이 물밀듯 밀려왔고 우리에게 미친 영향은 작다 할 수
없다. 교회에 다니는 사람이 아니어도 사람들의 사고의 근저에
이미 성서 속 사상이 자리 잡고 있다. 이렇게 영향력이 큰 만큼
성서에 대한 왜곡은 왜곡하는 그들만의 문제가 아니라 우리의
사유와 삶에 부정적 영향을 끼치게 된다.

창세기 2~3장에는 일곱 차례 '밈메누(מִמֶּנּוּ)'라는 전치사가
등장한다. '밈메누'는 '민(min)'이라는 전치사에 인칭대명사 접
미형 어미가 결합된 단어다. 민은 '~로 부터'라는 뜻을 갖는 전
치사다. 히브리어 전치사는 인칭대명사 접미어와 결합하면서 형

태변화를 일으킨다. 그런데 민(from)이라는 전치사는 1인칭 공성복수(our)와 결합할 때에도 '밈메누'가 되고 3인칭 남성 단수 (his)와 결합할 때에도 '밈메누'가 된다. 창세기 2장 17절에 '밈메누'가 2회 등장하고, 3장(3, 5, 11, 17, 22절)에는 5회 등장한다. 문법적으로만 보면 '밈메누'는 '우리로부터' 혹은 '그로부터, 그것으로부터'라고 번역해도 둘 다 문제 될 게 없다. 다만, 문맥에서 그것이 1인칭 공성 복수로 쓰였는지 혹은 3인칭 남성 단수로 쓰였는지를 파악해야 한다.

아래 창세기 2장과 3장에 나오는 밈메누의 사례다.

선악을 알게 하는 나무의 실과는 그것으로부터(מִמֶּנּוּ, of it 한글 성서들은 번역하지 않고 있다. 아래의 사례들에도 번역하지 않고 있다.) 먹지 말라 네가 그것으로부터(מִמֶּנּוּ, of it 한글 성서들은 번역하지 않고 있다) 먹는 날에는 정녕 죽으리라 하시니라(2:17 - 밈메누 2회 등장)

동산 중앙에 있는 나무의 실과는 하나님의 말씀에 그것으로부터(מִמֶּנּוּ, of it 한글 성서들은 번역하지 않고 있다) 너희는 먹지도 말고 만지지도 말라 너희가 죽을까 하노라 하셨느니라 (3:3)

너희가 그것을(מִמֶּנּוּ, of it) 먹는 날에는 너희 눈이 밝아 하나님과 같이 되어 선악을 알 줄을 하나님이 아심이니라(3:5)

가라사대 누가 너의 벗었음을 네게 고하였느냐 내가 너더러 그것으로부터(מִמֶּנּוּ, of it 한글 성서들은 번역하지 않고 있다) 먹

지말라 명한 그 나무 실과를 네가 먹었느냐(3:11)

아담에게 이르시되 네가 네 아내의 말을 듣고 내가 너더러 그 것으로부터(מִמֶּנּוּ, of it 한글 성서들은 번역하지 않고 있다) 먹지 말라 한 나무 실과를 먹었은즉 땅은 너로 인하여 저주를 받고 너는 종신토록 수고하여야 그 소산을 먹으리라(3:17)

여호와 하나님이 가라사대 보라 이 사람이 선악을 아는 일에 우리 중(מִמֶּנּוּ, of us) 하나같이 되었으니 그가 그 손을 들어 생명나무 실과도 먹고 영생할까 하노라 하시고(3:22)

창세기 2~3장에서 문제가 되는 것은 3장 22절의 경우다. 위의 6개의 구절은 모두 'of it(그것 중에서)'으로 번역하고 있다. 민(מִן)을 of로 번역하고 있다. 그런데 3장 22절만 '우리 중'이라 한 것을 볼 수 있다. 그렇다면 선악을 아는 일에 '우리 중 하나'로 번역한 것이 과연 타당한 것인가 하는 문제가 제기된다.

나머지 여섯 번의 사례에서 보듯 문맥에서 지시하는 것은 '밈메누'는 '그것(나무)으로부터'로 보는 것이 타당하다. 22절에서도 당연히 그렇게 보아야 한다. 다시 말해 선악을 아는 일에 우리 중 하나와 같이 되었다는 것이 아니라, 선악을 아는 일에 그것으로부터 하나가 되었다는 것으로 보아야 한다는 말이다. 선악을 아는 일에 선악을 아는 나무로부터 하나가 되었다는 말이다. 즉, 선악 나무로부터 선악을 아는 일에 하나가 되었다는 의미이며, 조금 의역을 하면 선악의 나무 중 하나가 되었다는 뜻이다. 선악을 먹었으니 선악과 하나되는 게 당연한 거 아닌가. 정신은 그가 먹는 양식에 의해 그 정신의 존재가 결정된다.

이렇게 번역과 해석의 실수로부터 파생되는 영향은 치명적이다. 뱀의 신관이 거기서 등장한다. 즉 하나님은 선악의 하나님이라는 신관이 등장하고, 이에 동조하여 번역하는 사람들 역시 하나님은 선악의 하나님이라는 신관을 설정해놓고 성서를 읽는다. 선악을 아는 일에 '우리 중 하나'라고 번역함으로써 치명적인 곡해가 이루어지게 된 것이다. 이로 인해 각종 이설 신학이 난무하게 된다. 하나님에 대한 추측성 신학이 무수히 생성된다. 예컨대 성삼위 중 성자가 선악을 안다거나 하는 식이다. 얼토당토 않은 이론들을 생성하고 전개한다. 이 얼마나 터무니 없다는 말이냐. 뱀은 하나님이 선악의 하나님이라고 이미 규정하고 있었다.

너희가 그것을 먹는 날에는 너희 눈이 밝아 하나님과 같이 되어 선악을 알 줄을 하나님이 아심이니라(창 3:5)

하나님과 같이 되어 선악을 알 줄을 하나님이 아심이니라. 이 말속에는 하나님은 선악의 신이라는 전제가 담겨 있다. 즉, 그렇게 규정하고 있는 신에 대한 뱀의 신관이 여실히 드러나고 있다. 이것은 신에 대한 뱀의 규정, 뱀의 신론(神論)이다. 이러한 뱀의 신론에 온 인류, 성서를 읽는 수많은 사람이 현혹되어 있다. 한 걸음도 뱀이 규정한 신론에서 벗어나지 못하고 있다. 뱀이 규정한 신은 결국 뱀이다. 따라서 엘로힘으로 옷 입고 아름다운 치장을 하고 나타난다 해도 붙어 있는 이름과 상관없이 뱀신이다. 옛뱀이요, 용이라는 말이다.

예수는 유대 교리의 전통에 목매고 있는 당시 종교지도자들인 서기관과 바리새인들을 일컬어 '독사의 자식들아!'고 함으로 뱀이 상징하는 바가 무엇인지를 분명히 한다. 교조주의는 뱀의 속성이다. 교리는 뱀의 이빨이다. 교조주의는 단순하게 하나님이 선한 것에는 상을 주시고, 악한 것에는 벌을 주신다는 것에 뿌리를 두고 신개념을 확장해간다. '선'이라고 하는 것도 저마다 다르다. 종교마다 자기의 교리에 충실한 것을 '선'이라고 하고 그에 반하는 것을 '악'으로 규정하기 때문이다. 기독교는 예수를 믿는 것만이 '선'이고 그에 반하는 것은 지옥을 예약한 자로 규정한다.

> 여호와 하나님이 가라사대 보라 이 사람이 선악을 아는 일에 **우리 중 하나**같이 되었으니 그가 그 손을 들어 생명 나무 실과도 따먹고 영생할까 하노라 하시고(창 3:22)

창세기 2~3장에서 6번의 사례는 창세기 3장 22절이 잘못 번역되고 있음을 여실히 보여주고 있다. 70인 역에서부터 번역의 오류를 일으키고 있으니 오역의 역사는 깊다. 여섯 번의 사례에 대해서는 그로부터(ἀπ' αὐτοῦ)로 번역하지만, 3장 22절에 이르러 70인 역은 '에크스 헤몬'(우리 중, ἐξ ἡμῶν)으로 번역하고 이어서 나오는 모든 역서들은 70인 역을 따르고 있다. 하여 왜곡이 거듭되고 뱀의 신학이 난무한다. 물론 단순한 문법으로만 말한다면 '우리 중 하나'로 번역한다 해도 형식적으로 틀린 것은 아닐 테지만, 이곳은 문맥을 섬세히 살펴보아야 할 부분이다. 이것은 도리어 다음과 같이 번역되어야 한다.

> 여호와 하나님이 가라사대 보라 이 사람이 선악을 아는 일에 그
> 것(선악을 알게 하는 나무) 중 하나와 같이 되었으니 그가 그 손을
> 들어 생명 나무 실과도 따먹고 영생할까 하노라 하시고(창 3:22)

성서는 사람을 나무로 비유한 경우가 허다하다. 그중에 선악
을 알게 하는 지식의 나무 열매를 먹었으니 당연히 자기가 가
진(따먹은) 지식에 견주어 선악을 판별할 테고, 자신이 생각하는
것에 따라 옳고 그름을 좇아 살게 된다. 선악의 열매를 맺게 되
는 선악의 나무 중 하나가 되는 것은 당연한 인생의 귀결이다.
선악의 지식을 먹으면 선악의 나무가 되고 생명의 열매를 먹으
면 생명의 나무가 된다. 그 정신과 의식 활동에 대해 말하는 거
다. 성서는 이 같은 인생의 존재적 한계를 드러내는 책이다. 그
러나 동시에 이를 극복하려는 메시지를 담고 있는 책이기도 하
다.

신의 이름을 망령되이 부른다는 것은 신의 이름을 헛되이 부
른다는 말과 다름없으며, 뱀의 신관에 선 채, 즉 선악을 아는 하
나님으로 부르는 동안 그것은 신의 이름을 헛되이 부르는 것일
따름이다. 엘로힘이라는 명찰을 달아놓고 뱀의 하나님을 부르고
있으니 옛뱀이고 하늘의 용인 셈이다. 하나님을 헛되이 부르고
있는 것이다. 십계명은 '하나님을 망령되이 부르지 말라'고 한
다.

24. 여자의 후손

여호와 하나님이 뱀에게 이르시되 네가 이렇게 하였으니 네가 모든 육축과 들의 모든 짐승보다 더욱 저주를 받아 배로 다니고 종신토록 흙을 먹을지니라 내가 너로 여자와 원수가 되게 하고 너의 후손도 여자의 후손과 원수가 되게 하리니 여자의 후손은 네 머리를 상하게 할 것이요 너는 그의 발꿈치를 상하게 할 것이니라 하시고(창 3:14~15)

단은 길의 뱀이요 첩경의 독사리로다 말굽을 물어서 그 탄 자로 뒤로 떨어지게 하리로다(창 49:17)

나의 신뢰하는바 내 떡을 먹던 나의 가까운 친구도 나를 대적하여 그 발꿈치를 들었나이다(시 41:9)

내가 너희를 다 가리켜 말하는 것이 아니라 내가 나의 택한 자들이 누구인지 앎이라 그러나 내 떡을 먹는 자가 내게 발꿈치를 들었다 한 성경을 응하게 하려는 것이니라 (요 13:18)

여자의 후손은 뱀의 머리를 어떻게 상하게 할까? 베드로의 머리는 세상 임금 예수였다. 예수는 뱀의 머리인 베드로의 예수를 십자가에 내어주므로 베어 버린다. 뱀의 머리가 잘려나가고 그곳에 그리스도를 이식(移植)한다. 남편을 내어주고 새로운 남편을 맞이하게 한다.(로마서 7장 참조) 장대에 올린 구리 뱀으로 인해 뱀에 물린 독이 풀린다. 단의 길이 뱀이라고 한다. 단은 심판을 의미한다. 선악의 지식은 늘 심판자의 자리, 판관의 자리에 머물게 한다. 단은 야곱의 다섯째 아들이다. 판관은 여자의 후손 발꿈치를 물곤 한다. 말에서 떨어뜨리려 한다.

에덴의 이야기에서 뱀의 씨(후손)는 말할 것도 없이 창세기 4장에 등장하는 가인이다. 아담의 맏아들 가인만을 생각하지만, 가만히 생각해보라. 가인이 뱀의 씨(제라)가 맞는가. 여자의 씨(후손)는 아벨이고 셋이다. 가인은 여자의 후손 발꿈치를 상하게 하는가. 아벨을 살인한다. 아벨은 여자의 씨(후손)다. 정말인가. 에덴의 이야기는 디테일에도 주목해야 한다.

> 아담이 그 아내 하와와 동침하매 하와가 잉태하여 가인을 낳고 이르되 내가 여호와로 말미암아 득남하였다 하니라 (창 4:1)

여기 아담이 그 아내 하와와 동침하였고, 하와가 잉태하여 가인을 낳았다고 서술한다. 하와는 창세기 3장에서 이미 뱀의 씨를 받았다. 뱀의 말을 들었다는 말이다. 뱀의 말을 듣고 선악을 알게 하는 나무의 실과를 먹었다는 뜻은 뱀의 씨를 받았다는 말과 같지 않은가. 뱀은 여자와 대화를 하며 뱀의 신학으로 여자에게 그의 씨를 뿌렸다. 아담도 같이 뱀이 준 열매를 먹는다.

아담도 뱀의 씨를 받는다. 아담도 함께 먹는다. 따라서 아담에게도 뱀의 씨가 있는 것이다. 아담의 씨주머니 그 정신의 정낭엔 이미 뱀의 씨를 갖고 있다. 여자는 뱀의 씨를 잉태할 뱀의 자궁을 갖고 있었다. 뱀의 씨를 가진 아담과 하와가 동침하니 뱀의 씨 가인을 낳은 것이다.

창세기 4장 2절은 아담과 하와가 동침했다는 말이 없다. 그런데도 불구하고 아벨을 낳았다. 하여 아벨은 여자의 씨다.

> 그가 또 가인의 아우 아벨을 낳았는데 아벨은 양 치는 자이었고 가인은 농사하는 자이었더라(창 4:2)

신약성서의 동정녀 탄생 신화가 에덴 이야기에도 담겨 있다는 말이다. 에덴 이야기는 모든 다른 이야기의 원형이다. 아벨은 여자의 후손이다. '헛됨의 인식(아벨)'은 씨를 받아서(동침) 낳는 게 아니다. 동정녀 탄생 신화는 육체의 이야기로는 터무니없고 믿을 수 없는 얘기나 정신의 세계에서는 허구일 수 없다. 정신의 세계에서는 결코 터무니없는 게 아니라는 말이다. 동정녀 탄생 설화는 남자를 알지 못하나 아들을 낳는다는 메타포다. 이때 남자를 알지 못한다는 뜻은 비록 남편 다섯이 있었더라도, 지금의 남편도 남편이 아니라는 의미일 뿐 육체의 순결 이데올로기가 아니다. 즉, 남편이 있지만, 혹은 정혼자가 있더라도 동침하지 않았다는 말이다. 여기서 '생명을 주는 자'의 의미로 산자의 어미 하와(אֵם כָּל־חַי)의 이름이 부여된다.

여자의 후손은 뱀의 후손에게 괴롭힘을 당한다. 마침내 살해당한다. 동정녀 마리아 탄생의 주인공 예수도 역시 뱀의 후손들에게 끊임없이 괴롭힘을 당한다. 그의 일생이 서기관과 바리새인들과의 대립이었고, 예수는 그들을 향해 자주 독사의 새끼들이라고 쌍욕을 한다. 그러나 그것은 쌍욕이 아니라 근거 있는 욕이다. 에덴의 비유법이고 히브리인들의 무의식을 지배하는 그들 전통에 기반을 두고 있다.

아벨이 가인에 의해 살해당한 것처럼, 예수도 서기관과 바리새인, 대제사장과 유대 민중에 의해 십자가에서 살해당한다. 가까운 거리 제자들의 우유부단도 한몫한다. 물론 빌라도의 법정에서 진행되는 일이다. 죽음은 세상의 시스템을 빌려 집행된다. 뱀은 여자의 후손을 죽이지만, 그것은 베드로의 우상을 죽인 것일 뿐 실은 발꿈치를 상하게 한 것이다. 왜냐하면, 아벨은 죽었으나 죽지 않았다. 아벨은 비록 죽었으나 셋으로 부활한다. 셋은 결국 사람다운 사람의 모습, 하나님의 형상과 모양으로 되살아난 신약의 '그리스도'다. 새롭게 태어난 아담이다. 그러므로 뱀은 여자의 후손과 늘 원수로 표현되지만, 결국 원수가 없이는 이 일이 하나도 진행될 수 없다. 뱀은 발꿈치를 물어야 하고 여자의 후손은 뱀의 머리를 베어야 하는 거다.

에덴 이야기에서 아벨은 동정녀 탄생을 징조 하지만, 셋은 아담과 하와가 동침하여 낳은 아들이다. 그러니까 처음의 동침은 뱀의 씨를 낳는 동침이고, 두 번째는 사내를 통하지 않고 아이를 낳으니 아벨이고, 세 번째는 뱀의 씨를 잉태하는 동침이 아니라, 하늘의 씨로 다시 낳는 동침이다.

이때는 뱀의 씨가 아니다. 뱀의 씨는 이미 가인으로 드러났다. 가인으로 인해 아벨이 죽임을 당한다. 아담과 하와에게 뱀의 씨는 가인을 낳고 가인의 계보를 통해 이어가는 것으로 그려진다. 다시 동침하였을 때에 비로소 셋을 낳게 되니, 생명의 계보가 이어져 간다. 여기 아담과 하와가 다시 동침한다는 것은 여자의 후손 아벨이 죽은 후 다시 셋을 낳기 위한 동침이듯, 예수가 십자가 달려 죽은 후, 베드로에게 다시 나타나서 만나게 되는 예수 이야기와 그림이 같다.

이때의 예수는 세상 임금으로 나타난 예수가 아니다. 죽은 후 부활한, 예수의 정신이 베드로에게 나타난 것이다. 예수의 정신 곧 기름 부음이 베드로에게 나타나게 되고 그리스도는 비로소 베드로와 하나가 되고(동침에 비유된다), 한 몸을 이루게 된다. 남이 네게 띠 띄우고 가게 된다. 기름 부음과 한 몸을 이루면서 마침내 새로운 베드로로 다시 태어난다. 셋이고, 비로소 '사람의 아들(הָבֵּן הָאָדָם 하벤 하아담)'이다. 두 번째 다시 태어난다. 아벨 대신에 다른 씨다. '제라 아헤르(זֶרַע אַחֵר)'는 남겨둔 씨며, 다른 씨(another seed)다. 헬라어로는 에테론 스페르마 (ἕτερον σπέρμα)다. 생명의 계보가 이렇게 이어진다는 말이다. 아벨의 죽음은 베임 당한 상수리나무며 다른 씨는 그루터기에서 솟아난 새로운 나뭇잎이다.

따라서 하벤 하아담(그 사람의 그 아들)은 가인도 아니고 아벨도 아니다. 오직 셋을 일러 '그 사람의 그 아들'이라 한다. 여기서 그 사람이란 황무지에서 벗어나 아담 아파르로 다시 태어난 '아담'이다. 하여 '하아담'이라 칭한다. 그 아들은 사연을 거쳐 다시 태어난 '셋'이어서 정관사가 붙어 있는 그 아들이다.

셋은 아담의 새로운 정체성이고 결국 하나님의 모양과 형상으로 창조된 아담을 일러 '그 사람의 그 아들' 이라고 한다.

예수 그리스도는 스스로 '인자(ὁ υἱὸς τοῦ ἀνθρώπου)' 라 칭했다. 인자 예수는 구약에서 '셋' 이고 모리아 산에서 제물이 되었다가 다시 살아난 '이삭' 이다. 그 사람의 그 아들은 예수에게 한정된 게 아니다. 그는 징조요 상징이다. 새 언약은 모두 '그 사람의 그 아들' 에 있다. 우리는 모두 '그 사람의 그 아들' 을 향해 있고 그가 우리 각자의 됨됨이고 구원이다. '여자의 후손' 이라는 개념은 성서의 독특한 기호다. 이 얼마나 놀라운가. 따라서 이천년 전 예수에게 여자의 후손을 한정해 놓으면 계시는 닫히고 만다. 새로운 우상만 덩그러니 남게 되고 성서가 우리에게 전해주고 싶은 것은 사라지고 만다.

> 아담이 다시 아내와 동침하매 그가 아들을 낳아 그 이름을 셋이라 하였으니 이는 하나님이 내게 가인의 죽인 아벨 대신에 다른 씨를 주셨다 함이며(창 4:25)

그의 근본된 토지(אֶת־הָאֲדָמָה אֲשֶׁר לֻקַּח מִשָּׁם)

> 여호와 하나님이 에덴동산에서 그 사람을 내어 보내어 그의 근본된 토지를 갈게 하시니라(창 3:23)

그의 근본된 토지란, 루카 미삼(לֻקַּח מִשָּׁם)을 그렇게 번역했다. 미삼(מִשָּׁם)은 전치사 미(מ)와 부사 '거기'를 의미하는 샴

(םֶשׁ)에서 비롯된다. 즉, '그곳으로부터'요, 라카(לָקַח)는 취하다는 의미인데, 본문은 수동태다. 다음과 같은 뜻이다.

라카(לָקַח) '취하다'(매우 다양하게 적용됨) :- 받아들이다, 데리고 오다, 사다, 취하다, 빼낸, 가져오다, 얻다, 접다, ×많은, 썩이다, 두다, 받다(받는 일), 지정해 두다, 잡다, 보내다, 취하다(빼앗다, 탈취하는 것), 사용하다, 얻다. 결혼하다, 아내를 취하다, 잡아채다, 소유하다, 지도하다.

하아다마로부터 나와서 아담 아파르가 되어 비로소 사람이 된 후 그는 본래 자기 자신을 향하여 서 있게 되고, 그럴 때 하아다마는 경작하고 다스릴 대상이 된다는 점이다. 그런데, 다시 선악에 경도되어 하아다마로 돌아가게 된다. 하아다마로 돌아가서 그 땅을 경작하는 것은 에덴의 경작과 다르다. 땀을 흘려야 하는 수고요, 거기서의 경작은 결과물이 가시와 엉겅퀴이기 때문이다. 3장 19절 앞부분의 성취다.

네가 얼굴에 땀이 흘러야 식물을 먹고 필경은 흙(하아다마)으로 돌아가리니 그 속에서 네가 취함을 입었음이라 (창 3:19f)

따라서 여기 근본된 토지란, 근본이라기보다는 비롯된 곳, 떠나왔던 아비 집 하아다마로 다시 돌아가게 됨을 의미한다. 로쉬 (רֹאשׁ 머리, 근원)나 아르케(ἀρχῆ)가 아니라는 말이다.

25. 가시와 엉겅퀴

아담에게 이르시되 네가 네 아내의 말을 듣고 내가 너더러 먹지 말라 한 나무 실과를 먹었은즉 땅은 너로 인하여 저주를 받고 너는 종신토록 수고하여야 그 소산을 먹으리라 땅이 네게 가시덤불과 엉겅퀴를 낼 것이라 너의 먹을 것은 밭의 채소인즉 (창 3:17~18)

가시와 엉겅퀴!
인간이 선악의 지식 나무 열매를 먹고 나서
선악의 나무 중 하나가 되었다.
그리고 맺게 되는 열매!
가시와 엉겅퀴다.

가시란 자기를 합리화하기 위한 자기 논리를 일컫는다.
지식의 열매를 먹고 나면 인간은 자신이 알고 있는
지식을 기반으로
선 혹은 악을 구분하고 나눈다.
자기 지식을 기초로 자기 논리의 세계를 구축해간다.
합리의 세계며 논리의 세계요 깨달음의 세계다.

이것은 타자를 끊임없이 찌르는 가시로 작용한다.
단지 나와 견해를 달리하는 타인을 향해서만
가시로 작용하는 것이 아니다.
자연과 신에 대해서조차 찌르는 가시 역할을 한다.
자연은 파괴되고 신은 난도질당한다.

그대의 논리는
그대 외의 모든 이들을 향해 정죄하고 찌르는
가시 역할을 하는 데 조금도 주저함이 없다.
타인을 위한다고 하는 애씀조차 가시 역할을 하고 있다.
논리는 확실함을 기초해서 형성된다.

인간의 삶은 더 큰 가시를 키워 찔리기보다는
찌르고자 하는 힘의 배양을 목적하게 되었다.
논리의 우위를 확보함으로 자신을 중심으로
질서를 지우려는 약육강식의 몸부림일 뿐이다.
하여 힘의 질서 체계로 돌아간다.
여자는 잉태하는 고통을 더하게 되고
수고해야 자식을 낳는다.
여자는 남편을 사모하고 남편은 여자를 다스리게 된다.
힘을 중심으로 지배질서가 형성된다는 말이다.

또 여자에게 이르시되 내가 네게 잉태하는 고통을 크게 더하리
니 네가 수고하고 자식을 낳을 것이며 너는 남편을 사모하고

남편은 너를 다스릴 것이니라 하시고(창 3:16)

엉겅퀴란 논리의 세계에서 우위를 확보하도록
충동질하며 끊임없이 지식을 탐닉하는 욕심을 상징한다.

인생은 여기서부터 질곡의 나락에 떨어진다.
찌르는 가시와 욕심의 주린 배를 움켜쥐며
살 수밖에 없는 짐승보다 못한 이성을 가진 동물이 되었다.
여기가 바빌론이고 영지주의 지점이다.
북방의 노예 이야기다.
누가 누구를 지배하는가.
지식이 마음의 세계를 지배한다.
교만과 오만이 자신의 가슴(땅)을 점령한다.
백향목을 불사르고 사막으로 만든다.

그렇다면 이성 없는 짐승이
이성을 갖는 짐승보다 낫다는 말인가.

그렇지 않다.
이성은 가시를 만드는데 사용되는 것이
그 본래 용도가 아니다.
이성은 로고스를 담아내고 존재의 집을 지어 가는데
그 존재의미가 있다.
로고스를 담아낼 것인가.

욕심을 충족시키는 가시를 개발하는데 사용할 것인가.

기드온이 가로되 그러면 여호와께서 세바와 살문나를 내 손에 붙이신 후에 내가 들가시와 찔레로 너희 살을 찢으리라 하고 (삿 8:7)

그러나 사악한 자는 다 내어 버리울 가시나무 같으니 이는 손으로 잡을 수 없음이로다(삼하 23:6)

저희가 벌과 같이 나를 에워쌌으나 가시덤불의 불같이 소멸되었나니 내가 여호와의 이름으로 저희를 끊으리로다(시 118:12)

민족들은 불에 굽는 횟돌 같겠고 베어서 불에 사르는 가시나무 같으리로다(사 33:12)

나 여호와가 유다와 예루살렘 사람에게 이같이 이르노라 너희 묵은 땅을 갈고 가시덤불 속에 파종하지 말라(렘 4:3)

무리가 밀을 심어도 가시를 거두며 수고하여도 소득이 없은즉 그 소산으로 인하여 스스로 수치를 당하리니 이는 여호와의 분노를 인함이니라(렘 12:13)

이스라엘 족속에게는 그 사면에서 그들을 멸시하는 자 중에 찌르는 가시와 아프게 하는 가시가 다시는 없으리니 그들이 나를 주 여호와인 줄 알리라(겔 28:24)

이스라엘의 죄 된 아웬의 산당은 패괴되어 가시와 찔레가 그 단 위에 날 것이니 그때에 저희가 산더러 우리를 가리우라 할 것이요 작은 산더러 우리 위에 무너지라 하리라(호 10:8)

레바논의 백향목이 불에 다 타버리는 경우는 어느 때일까?

숲에는 가시나무도 있다. 나뭇잎이 세찬 바람에 날려 나무의 가시에 부딪히고 찢기면서 마찰력에 의해 불이 붙는다. 가시나무가 불을 일으키고 마는 것이다. 순식간에 수백 년 묵은 레바논의 백향목 숲까지 태워 버리고 만다.

가시덤불은 단지 찌르기만 하는 게 아니다. 불을 일으키고 숲을 소멸시키고 사막화하는 주범이다. 황무지로, 사막으로 만들어 버리고 마는 것이다. 그곳(하아담)에서 취함을 입었고 아담 아파르가 되어 '비로소 사람'이 되었으나 선악에 경도되면서 선악의 나무가 되고 다시 그곳으로 돌아가 버리는 원리다. 강퍅한 땅으로 귀속되고 만다. 이번에는 처음보다 형편이 더하다. 일곱 귀신이 들어온 것과 같다. 하여 거기는 애굽이 아니고 바빌론이다.

여기에서 그치지 않는다. 창세기 3장 19절은 다시 하아다마로 돌아가는 것으로 예언이 그치지 않는다. 하아다마로 돌아가면 거기는 땀을 흘려 수고해야 하고, 가시와 엉겅퀴를 낼 수밖에 없게 되지만, 들짐승이 들끓는 그곳에서(מִן־הָאֲדָמָה 민 하아다마) 탈아다마 했던 아담이 아니던가. 하여 하아다마에 귀속되었지만, 다시 아파르(עָפָר)로 돌아가게 된다는 점이다. 여기서 두 번째 아담으로 돌아가게 된다는 창세기 3장 19절의 예언을 주목해야 한다. 처음 사망과 두 번째 사망의 이야기가 에덴의 미토스에도 명약관화(明若觀火)하게 담겨 있다. 첫 번째 부활과 두 번째 부활에 대해서도 이미 에덴의 이야기가 품고 있다.

26. 흙이니 흙으로 돌아가리라

땅이 네게 가시덤불과 엉겅퀴를 낼 것이라 너의 먹을 것은 밭의 채소인즉 네가 얼굴에 땀이 흘러야 식물을 먹고 필경은 흙으로 돌아 가리니 그 속에서 네가 취함을 입었음이라 너는 흙이니 흙으로 돌아갈 것이니라 하시니라 (창 3:18~19)

　　"흙이니 흙으로 돌아가리라." 이 성구는 장례식에서 무덤에 시신을 안장할 때 인생의 허무를 표현하는 주례사로 자주 등장하곤 한다. 장례식 주례 문구에 인용하기 위한 구절일까.

　　원시 복음의 원형이라 할 수 있는 에덴의 이야기는 창세기 2장 4절부터 시작된다. 에덴의 이야기는 창조 설화와 더불어 이야기 방식으로 서술된 복음서다. 성서엔 수많은 이야기가 등장한다. 이들 이야기는 에덴의 이야기가 담고 있는 인간에 대한 이해와 거기서 전하고자 하는 천로역정(天路歷程)을 크게 벗어나지 않는다. 비록 신화적 서술방식을 띠고 있으나 이 짧고 간결한 이야기는 수많은 메시지를 담고 있는 최초, 최고의 복음서라 해도 무방하다.

"흙이니 흙으로 돌아가리라."는 구절을 제대로 이해하기 위해 우리는 앞서 나온 '아담 더스트(the man of the dust)'를 상기할 필요가 있다. 조금 반복되더라도 한번 더 일별해 보자.

에덴 이야기는 하늘과 땅으로 비유된 인간 내면의 변화를 계보로 표현한다. 하늘이 새로 태어나고 땅이 새로 태어나는 이야기다.

에덴의 이야기는 천지의 낳고 낳음(계보)이라(창 2:4)는 선언으로 시작한다. 에덴 이야기에서는 그 마음의 형상이 약육강식의 형태를 벗어나지 못하는 상태를 아다마(땅, Ground)로 비유한다. 비록 사람은 사람이로되 마음의 형상은 동물의 형상을 하고 있으니 사람이 아니라 짐승이라는 것이다. 여기서 짐승이란 그 마음의 형상이 짐승이라는 의미며, 정글의 법칙에 종속되어 있는 마음의 형상을 일컫는다. 이때 사람의 마음은 야웨 하나님이 땅에 비를 내리지 않는 상태요, 경작할 사람이 없으므로 들에는 초목이 아직 없고 밭에는 채소가 나지 아니하며 안개만 땅에서 올라와 지면을 적시는 상태라 비유한다(창 2:5~6). 단지 생존을 위한 본능을 중심으로 마음이 작용하는 상태라 하겠다. 야웨 하나님, 곧 "나는 나다"인 인식의 눈이 작동하지 않은 원시 상태의 마음이다. 사람은 본래 처음 부득불 그렇게 초기화된다.

창세기 2장 7절의 주어는 야웨 하나님이다. 야웨 하나님이 아다마로부터 흙 사람을 창조(הָאָדָם עָפָר מִן־הָאֲדָמָה 하아담 아파르 민 하아다마)한다. 여기서 아파르란 우리말로 티끌과 먼지와 같이 잘게 부수어진 분토를 의미한다. 굳은 땅을 쟁기질하고 돌멩이를 골라내어 기경한 고운 밭의 흙가루와 같다. 마태복음 13장 마음 땅의 비유에 등장하는 옥토와 같은 땅을 일컬어 '아파르'라 하고 이를 일러 비로소 아담(הָאָדָם 사람)이라 칭한다. 아담은 아다마로부터 나온 흙의 가루(עָפָר 아파르)다.

아다마가 그 마음이 짐승의 형상을 하고 있다면, 아담 아파르는 그 마음의 형상이 비로소 사람의 형상을 하게 되었다는 의미다. "나는 티끌과 같습니다"라는 아브라함이나 시편 기자들의 고백처럼 그렇게 낮아진 마음을 일컫는다. 자신은 티끌처럼 아무것도 아니라는 존재 인식이 찾아오는 때를 일컬어 비로소 '사람'이라 칭하고 '아담 아파르'라 한다. 그 코에 생기를 불어넣으니 사람이 생령이 되었다는 이야기는 육의 사람이 영의 사람(רוּחַ 루아흐)이 되었다는 의미다. 그 마음이 짐승의 형상을 하고 있던, 하여 오로지 생존본능에 충실해 약육강식의 상층부를 지향하고 있던 존재에게 생기(니스마트 하임 נִשְׁמַת חַיִּים)의 바람이 부니 야웨를 향해(레 לְ) 서 있는 레네페쉬 하야(חַיָּה לְנֶפֶשׁ)가 되었다는 의미다. 새나 동물도 '네페쉬 하야'다. 산 혼이다. 성서는 본능에 충실한 생물을 일컬어 네페쉬 하야라 한다. 다만 동물적 본능에 충실한 마음의 상태가 야웨, 곧 자기의 자신 됨을 지향해 서 있는 존재의 이행이 시작되었다는 의미로 레네페쉬 하야라 한다.

이미 앞의 글들에서 여러 차례 설명하였다. 이를 성서는 거듭 태어남이라고 한다. 다시 태어남이란, 마음의 상태가 짐승의 형상에서 사람의 형상으로 존재의 변화가 되었다는 의미다. 여기서 구원(σώζω 소조, 구원하다)이라는 성서의 독특한 명칭이 등장한다. 무명(無明)이란 빛이 없음을 뜻한다. 사람의 사람됨에 눈뜨지 못하고 오로지 동물의 형상에 충실하게 되는 경우라 하겠다. 그 정신이 짐승의 형상이다. 여기서 구원은 단회적으로 사용될 수 없고 명사기보다는 동사적 성격이 강하다고 하겠다.

> 또 너희가 내 이름을 인하여 모든 사람에게 미움을 받을 것이나 나중까지 견디는 자는 구원을 얻으리라($\sigma\omega\theta\eta\sigma\epsilon\tau\alpha\iota$, will be saved) 이 동네에서 너희를 핍박하거든 저 동네로 피하라 내가 진실로 너희에게 이르노니 이스라엘의 모든 동네를 다 다니지 못하여서 인자가 오리라(마 10:22)

마음이 짐승의 형상에서 사람의 형상으로 거듭 태어났다면, 이제는 사람의 됨됨이의 꼴을 갖춰가고 사람의 삶을 살아내야 하듯, 구원이란 사람의 삶을 사람답게 살아가는 것에 있다. 이를 일컬어 구원을 이루어간다고 성서는 말한다. 아울러 사람의 아들을 낳을 때 사람은 또한 사람의 계보를 이어갈 수 있다. 창세기 2장은 '아담 아파르'라는 새로운 사람의 형상을 에덴의 동산으로 비유한다. 에덴동산이란 동쪽에 세워진 동산이다. 동쪽은 지리적으로는 해가 뜨는 곳 메소포타미아 문명의 동쪽으로 생각하기 쉽지만, 유대인들의 동쪽은 언제나 시온산을 의미한다. 따라서 지리적 동쪽은 아다마가 지향하는 동쪽이요, 아담 아파르가 지향하는 동쪽은 언제 어디서나 성전이 있는 예루살렘이 그들의 동쪽이다. 야웨 하나님을 향하여(ל) 서 있는 존재니, 마음 깊은 곳 지성소의 빛을 향해 서 있는 마음의 땅을 일컬어 에덴동산이라 비유하는 것이다.

아담은 에덴동산을 경작하고 지키는 동산지기가 되었다. 그 땅은 아다마와 달리 각종 열매 맺는 나무들이 있고 동산 중앙에도 두 나무가 있는 동산이다. 동산지기가 된 아담 아파르는 아내를 맞이하게 되고 아내를 향해 갈비뼈를 세울 수 있는 사람이 되었지만, 벌거벗었으나 부끄러워하지 않고 있었다.

성서는 사람의 형상을 지닌 아담 아파르가 되었다 해도 사람이 사람다움으로 자라가야 하듯, 그리스도로 옷 입고, 야웨 하나님의 의로 옷 입고, 사람다움으로 옷 입어야 한다는 것을 강조한다. 애굽에서 벗어난 것이 비록 기쁘고 행복하다 해도 광야에서 애굽의 습성을 모두 벗어버려야 가나안으로 입성할 수 있다는 것이 출애굽 이야기가 전해주는 바다. 광야는 애굽의 옷을 벗는 장소요, 벌거숭이가 되는 고난의 장소기도 하다. 출애굽 이야기의 애굽은 아다마와 짝을 이루고, 광야를 거쳐 가나안 땅으로의 입성하는 것은 아파르가 되어가는 과정과 같다. 따라서 출애굽 이야기는 에덴 이야기의 새로운 버전인 셈이다.

이렇듯 이스라엘은 에덴 이야기와 그대로 평행이론이 적용된다. 에덴에서 아담과 여자가 벌거벗은 채 있으면서 부끄러워 아니하고 있을 때 동산의 뱀이 선악의 지식으로 유혹해 미혹에 빠트린 것과 같이, 왕의 제도를 도입하여 야웨 하나님의 역할이 축소되고 보이는 왕이 다스리게 되었을 때 이스라엘은 남유다와 북이스라엘로 나뉘고 마침내는 바빌론 포로 신세가 되고 만다. 동산에서 야웨 하나님을 선악의 하나님으로 변모시키고 영적 지식의 노예가 된 것처럼 이스라엘 땅에 영지주의가 판을 치고 깨달음을 중심으로 왕을 세우고 보이지 않는 하나님보다 보이는 왕으로 인해 안도하게 된다. 왕을 세우면 잠시 즐거우나 곧 깊은 곤고가 찾아온다. 바빌론이 포로가 되고서야 부끄러움을 알게 된다. 에덴의 이야기에서는 선악을 알게 하는 지식의 나무 열매를 먹고 나서야 벌거벗은 것이 부끄러움이라는 것을 알게 된다. 부끄러움이 드러나자 급히 무화과 나뭇잎으로 옷을 만들어 입는다. 따라서 선악의 나무는 부끄러움을 알게 해주는 나무라는 말이다. 영적 지식의 자긍심은 교만하게 한다. 그것이 오래되면 마침내 부끄러움이 찾아온다. 인생은 누구나 이 같은 질곡을 겪게 된다. 부끄러움이 찾아오고서야 비로소 그 자리에서 내려온다. 더 이상 지식으로 인한 북극성의 자리에 연연하지 않는다. 비움의 도는 그렇게 찾아 온다.

광야에서 애굽의 모든 속성을 벗어던진 후에 가나안에 입성했다 해도, 새로운 옷을 입어야 했음에도 불구하고 가나안에서의 삶은 잠시고, 북방 바빌론의 지식으로 옷 입었다. 지성소의 야웨로부터 흐르는 기름 부음 곧 그리스도로 옷 입어야 함에도 기름 부음은 외면한 채(벌거벗은 채) 선악을 알게 하는 지식의 나무를 양식으로 삼고 무화과 나뭇잎으로 옷을 입었다. 인생이 그러하다.

예루살렘 성전이 바빌론의 칼 아래 짓밟히고 바빌론의 포로로 잡혀간 이스라엘 백성들은 그발 강가에서 에스겔의 예언을 만나게 된다. 창세기 3장 19절은 마치 에스겔의 예언을 방불한다.

전에는 내가 그들로 사로잡혀 열국에 이르게 하였거니와 후에는 내가 그들을 모아 고토로 돌아오게 하고 그 한 사람도 이방에 남기지 아니하리니 그들이 나를 여호와 자기들의 하나님인 줄 알리라(겔 39:28)

네가 땀이 흘러야 식물을 먹고 필경은 흙으로(אֶל־הָאֲדָמָה) 돌아가리니 그 속에서 네가 취함을 입었음이라. 너는 흙이니 흙으로 돌아갈 것이니라 하시니라(창 3:19)

이는 이렇게 다시 번역해 볼 수 있겠다.

네가 흙(אֶל־הָאֲדָמָה 아다마)으로 돌아가는 동안 얼굴에 땀을 흘려야 양식을 먹을 수 있다. 네가 그곳에서 취함을 입었기 때문이다(כִי, 키). 그러나(כִי, 키) 너는 흙(עָפָר, 아파르)이다. 그러므로 흙(עָפָר, 아파르)으로 돌아갈 것이다.

창 3:19절 번역 성경만 보면 3회 등장하는 '흙'이 같은 '흙'인 줄 알게 된다. 아니다. 처음 흙은 하아다마(הָאֲדָמָה, 아다마)요 다음 두 번은 아파르(עָפָר)다. 황무지 곧 거기가 애굽이든, 바빌론이든 아다마에 머물게 되면 수고의 땀을 흘려야 양식을 먹게 된다는 점이다. 그렇지만 비록 다시 아다마의 덫(바빌론)에 잠시 빠졌다 하더라도 너는 아파르였기 때문에 아파르로 돌아가게 된다는 점을 예언하고 있다. 에덴 이야기의 놀라운 점은 그가 취함을 입었던 바로 그 자리, 하아다마로 돌아간다는 것이고, 그러나 그것은 잠시일 뿐이다. 여기 하아다마는 히브리인의 출애굽후 이야기에서는 바빌론이라는 점이다. 바빌론은 하아다마요, 마치 일곱귀신 이야기처럼 처음보다 더 악한 상태에 빠지는 것과 같다. 더욱 강퍅하게 된다. 그게 바빌론 포로로 잡혀간 이야기의 메타포요, 여전히 에덴 이야기에 이미 담고 있다. 하아다마를 떠나서 에덴에 잠시 머물게 되지만, 다시 하아다마로 돌아가게 되는 이야기다. 그러나 예언은 거기서 멈추지 않는다. 하아다마로 돌아가는 예언뿐만 아니라, 아파르니 아파르로 돌아가리라는 두번의 예언이 창세기 3장 19절에는 담겨 있다.

* 19절 히브리어 문장에는 '키'라는 접속사가 3회 등장한다. 참고로 키의 용법은 다음과 같다.

כִּי(키): 히브리어 키는 (함축적으로) 매우 광범위하게 접속사 또는 부사로 사용됨【아래와 같이】; 자주 첨가된 다른 불변사에 의해 크게 변형된다:- 그리고, +과 같이(이기 때문에, …이므로), 확실한【확실히】, +그러나, 분명히, 의심없이, +그밖에, 조차도, +제외하고, 이는, 얼마나,

창세기 3장 19절은 천로역정의 긴 여정 중 만나게 되는 위대한 예언이요 위로다. 기나긴 바빌론 포로 생활 중에 듣게 되는 에스겔의 예언이며 마른 뼈다귀에 새살이 붙게 된다는 에스겔 골짜기의 예언이기도 하다.

그러므로 에덴 이야기에서 "아파르(흙)가 되리라"는 예언은 순례의 고단한 길에 들어선 사람들에게 한 줄기 빛이다. 아파르는 성서의 알파요 오메가다. 토기장이가 토기를 빚기 위해서는 아파르가 있어야 한다. 아파르는 누구든 각자의 자기 됨이 시작

되는 비밀이다. 비로소 야웨의 손길이 미칠 수 있는 것이 아파르에 숨겨 있다. 아파르는 성서 전체의 키워드다. 뱀의 먹이가 아파르인 것도 이와 무관치 않다. 뱀은 아파르를 먹이로 삼는다.

여호와 하나님이 뱀에게 이르시되 네가 이렇게 하였으니 네가 모든 육축과 들의 모든 짐승보다 더욱 저주를 받아 배로 다니고 종신토록 흙을 먹을지니라(창 3:14)

뱀이 아파르를 먹이로 삼게 되니 아담과 하와가 선악 나무가 되어버린다. 영지주의에 사로잡히면 이는 마치 뱀의 먹이가 된 것과 다름없다. 스스로 영적 지식을 탐닉하다가 지식에 사로잡히게 되는 것이고 영지(靈知)에 경도되면, 그를 준거로 늘 심판자가 되고 배타적이 되고 만다. 영적 지식을 도그마로 삼고 독단에 빠지게 된다. 땀을 흘리지않으면 식물을 먹을 수 없게 된다.

따라서 창세기 3장 19절의 아다마는 애굽 땅을 의미하는 것이 아니라 바빌론 땅을 비유한다. 비록 노예가 되고 포로가 된다는 점에서 애굽과 바빌론은 비슷한 유형을 띠지만, 그 형상은 전혀 다른 모습이다. 에덴 이야기에서 애굽은 2장 5~6절에 등장하는 안개만 올라오는 땅 하아다마(황무지)에 머물고 있는 상태라 하겠다. 창세기 2장 5~6절을 출애굽 이야기의 구조에 대응시켜본다면 애굽에 상응한다는 말이다. 애굽에 비해 바빌론의 하아다마는 선악의 지식을 양식으로 삼고 있어서 더 강퍅한 상태라 하겠다. 성서의 많은 이야기에 등장하는 바빌론은 이스라엘을 중심으로 보면 북방 민족이고 고대 문명의 지혜와 지식의 상징으로 등장한다. 에덴 이야기에서 선악의 지식이란 북방 민족 바빌론에 포로로 잡혀가는 이야기와 구조적 유사성을 띠고 있다는 말이다. 자기 지식의 자긍심에 도취되는 게 곧 뱀의 유혹에 빠지는 것이고 결국 선악의 강퍅함에 서서 배타(排他)적이 되고 만다.

　에덴 이야기 속에는 출애굽 이야기와 바빌론 포로 이야기, 그리고 출바빌론 이야기, 포로 귀환의 이야기뿐만 아니라 스룹 바벨 성전의 이야기까지 함축되어 있다는 점이다. 성서의 수많은 이야기는 따라서 에덴 이야기의 변주에 불과하다는 점을 더욱 분명히 알 수 있다. 신약의 이야기조차도 에덴 이야기의 새로운 버전들인 셈이다. 그런 점에서 모든 이야기의 원형 곧 아르키타입이 에덴 이야기고 또한 창조 이야기라는 점을 다시 되새기게 된다. 에덴 이야기는 성서 모든 이야기의 밑그림이고 바탕이며 원형이다. 그 외 모든 이야기는 에덴 이야기의 변주고 그 시대마다 새로운 버전(version)일 뿐이다. 사복음서는 물론이고 요한계시록도 크게 다르지 않다는 게 나의 의견이다.

27. 그룹

이같이 하나님이 그 사람을 쫓아내시고 에덴동산 동편에 그룹들과 두루 도는 화염검을 두어 생명나무의 길을 지키게 하시니라(창 3:24)

하케루빔(הַכְּרֻבִים τὰ χερουβιμ)을 그룹으로 음역했다. 케루빔은 케룹의 복수형이다. 그룹은 법궤를 덮고 있는 천사의 이름이기도 하다. 법궤는 지성소에 있는 것이고 따라서 에덴의 동편에 그룹이 있다는 진술과 일치한다. 동편은 지성소의 방향을 일컫는 말이다. 그룹의 어원은 히브리어 전치사 '케(כְ)'와 마음(inner man, mind, will, heart)을 일컫는 '렙(לֵב καρδία αὐτοῦ)'에서 유래했을 것으로 추론한다.

물론 그 유래를 언급하는 문헌은 찾아볼 수 없으니 전적으로 사적인 견해다. 성서에 등장하는 상징물로 지성소의 깊은 곳에 법궤가 있다. 법궤에는 세 개의 귀물이 있는데, 감추인 만나와 아론의 싹난 지팡이, 그리고 증거판이다.

성서에 등장하는 그룹이란 휘장 넘어 법궤 속에 있는 세 귀물(貴物), 생명의 생생함이 드러나기 전에 먼저 마주치는 상징물이다. 법궤를 덮고 있는 뚜껑 위에 조각된 두 천사의 이름이 케룹이다. 이를 성서는 속죄소라고 부른다. 그렇다면, 여기서 케룹의 상징은 무엇을 일컫는 것일까? 창세기 3장 후반부에서 언급하는 두루 도는 화염검과 그룹은 에덴 이야기에서 어떻게 해석하고 이해할 수 있을까? 에덴의 동편에 두루 도는 화염검과 케룹이 해명이 되어야 이 신화적 서술 속에서 우리는 로고스를 제대로 읽어 낼 수 있으리라.

선악을 알게 하는 지식의 열매에 경도되면 결코 생명 나무의 길로는 나아갈 수 없다. 성서의 방식으로 하면 성소와 지성소 사이에는 가로막힌 담이 있다. 결코 넘어설 수 없는 가로막이 있다. 휘장이다. 이 휘장을 거쳐 대제사장이 일 년에 한 번 들어갈 수 있게 했다. 히브리서에 의하면 육체의 예법은 모두 휘장에 속한다. 예수의 육체를 일컬어 휘장이라고도 서술한다.

그 길은 우리를 위하여 휘장 가운데로 열어 놓으신 새롭고 산 길이요 휘장은 곧 저의 육체니라(히 10:20)

여기서 예수의 육체 또한 상징이고 비유며 징조(sign)다. 제자들의 관점에서 예수의 육체란 예수를 육체의 법을 따라 이해하려는 가치체계의 세계를 일컫는다. 영적 지식이 육체의 자랑이 되어 자신과 동일시하면서 그에 반하는 것을 용납지 못하는 것은 대표적인 경우다. 예수의 육체란 예수를 세상 임금으로 삼으면서 그에게 투사하여 구현하려는 그 모든 욕망의 총화를 일컬어 육체라 하는 것이다. 육체의 욕망이 작동하는 시스템(OS)은 선악을 기반으로 작동하기 때문에 결코 생명의 법칙 영역에 나아갈 수 없도록 막아놨다는 뜻이기도 하다. MS도스에서 운영되는 프로그램은 결코 윈도우 운영체계에서 작동될 수 없는 이치와 같다.

정신은 두 가지 운영체계 위에서 작동된다. 옳음과 그름을 나누고 시시비비와 선악을 나누는 것에 반응하고 그에 상응해서 의식이 작동하고 정신세계를 구성하는 방식이다.

여기서는 오로지 육체의 예법이 중시되고 삶의 궁극도 도무지 옳은 삶을 지향한다. 여기서 옳음은 저마다 달라서 결국 옳음과 선을 경쟁하며 아비규환을 이룬다. 나의 옳음으로 너의 옳음을 심판하고 악이라 규정하고 결국 그를 죽여야 내가 살게 되는 까닭에 약육강식 동물의 세계와 다름없다. 자기 깨달음, 영적 지식을 준거로 상대를 배제하고 살해한다. 사망으로 이끈다.

그 의식과 정신세계가 생명의 빛으로 나아갈 수 없다. 하여 이러한 삶의 방식이 생명의 길로 나아가는 장애물이고 에덴으로 들어갈 수 없게 하는 불 칼 곧 화염검이다. 화염검이란 결국 육체요 선악의 가치체계다. 예수의 육체란 그를 육체로 좇던 제자들에 의하면 선의 정점이고 구세주요 세상 임금이다. 세상 임금이 죽어야 선악의 비늘이 벗겨진다. 자신의 내면에 구성된 선의 정점인 가치체계가 하나님으로 상징되든 부처님으로 상징되든 예수로 상징되든, 그게 무엇이든 바로 그 가치체계가 곧 휘장이고 화염검이고 육체의 법칙에 따라 형성된 자기 정신이니 곧 선과 악으로 내면화된 자기 자신인 셈이다. 에덴의 생명 나무로 나아갈 수 없게 하는 최대의 걸림돌이다.

그룹(케루빔)이란 휘장을 걷어내고 지성소에 들어갔더라도 다시 마주치게 되는 법궤의 뚜껑에 조각된 두 천사다. 선악의 세계를 벗어나야 비로소 인생은 죄라는 게 없다는 걸 알게 된다. 그룹을 마주하며 죄를 기억할 수 없게 된다. 왜냐면 선악의 세계가 아니기에 거기에는 옳음도 그름도 없기 때문이다. 하여 이곳을 구약성서는 속죄소라 부르는 것이다.

그렇다면 처음의 물음인 그룹이란 무엇일까? 여기서 그룹은 '케렙(마음과 같은)'에서 유래했을 것이라는 추론이 비로소 성립한다. 단지 가설만이 아니라 어느 정도 타당한 추론이 성립된다는 걸 알 수 있다. 곧 아비와 같은 마음(케렙)을 일컬어 두 천사로 상징했다는 것이다. 그룹이란 아비의 마음과 자녀의 마음이 하나로 만나고 거기서 형성되는 지혜와 총명의 신성성을 일컫는다는 말이다. 이를 하나님의 마음이라 할 수 있고, 하여 케렙은 '하나님의 마음과 같은'을 의미한다. 성서에서 말하는 새 언약인 아비의 마음과 자녀의 마음이 같아질 때 비로소 그룹 천사를 만나게 되는 것이다. 성소의 휘장을 걷어내고 지성소에 입성한다는 것은 하나님의 마음에 다가서는 사건이기 때문이다. 거기서 두 천사는 하나님의 마음과 아들의 마음이고 하나로 만나면서 새 언약이 성취되는 곳이어서 속죄소가 된다.

거기서 그룹이 생명나무를 지키고 있는 까닭이 성립한다. 하나님의 마음과 아들의 마음이 도래하기 전에는 결코 생명나무에 접근할 수 없다는 것이기도 하지 않은가.

다른 한편 케렙(그룹)은 새로운 의식의 싹인 호크마(지혜)와 비나(명철)기도 하고, 케세드(자비)와 게부라(권세)기도 하다. 이를 히브리인들은 야웨로, 혹은 야웨 엘로힘으로 부르니 천사인 동시에 엘로힘이다. 하여 그룹은 하나님의 마음(케루빔, ~와 같은 마음들)을 갖게 될 때를 상징하는 것이다. 법궤의 뚜껑은 하나님의 마음을 통해서 열린다. 생명의 나무에는 하나님의 마음으로 나아갈 수 있다는 뜻이다. 얼 사람에게 열리는 세계가 생명의 세계다. 선악의 운영시스템에서 돌아가는 각종 어플리케이션은 그곳에서 작동되지 않는다. 아무리 더블 클릭해도 앱이 열리지 않는다. 생명의 원리로 그 정신세계가 작동하고 운영된다.

창세기 · 4장

나는 처음 자아를 타자_자아(others ego)라 명명한다. 타자_자아는 부모와 전통으로부터 전해지고 나의 육체의 본능이 수용하고 복제해서 형성된 자아다. 에덴 이야기에서는 가인으로 형상화된다. 따라서 가인은 모든 인생의 처음 자아라는 말이다. 의식은 결코 그렇게 형성된 처음 자아, 타자_자아로 머물 수만은 없다는 점이다. 그러므로 불안은 타자_자아의 정체성에 머무는 동안 겪게 되는 본질적 몸살이다. '자기 부재'에서 비롯되는 존재적 '불안' 이다. 그러므로 더 큰 힘으로부터 받게 되는 억압으로부터 늘 불안이 찾아온다. 불안은 가위눌림이요, 존재_자아 부재에 대한 자명종이다. 인생이 겪게 되는 존재적 불안은 곧 자신이 타자_자아의 정체성에 머물고 있기에 겪게 되는 홍역이다.

28. 아담과 하와, 가인과 아벨

아담이 그 아내 하와와 동침하매 하와가 잉태하여 가인을 낳고 이르되 내가 여호
와로 말미암아 득남하였다 하니라 그가 또 가인의 아우 아벨을 낳았는데 아벨은
양 치는 자이었고 가인은 농사하는 자이었더라 세월이 지난 후에 가인은 땅의 소
산으로 제물을 삼아 여호와께 드렸고 아벨은 자기도 양의 첫 새끼와 그 기름으로
드렸더니 여호와께서 아벨과 그 제물은 열납하셨으나 가인과 그 제물은 열납하지
아니하신지라 가인이 심히 분하여 안색이 변하니 여호와께서 가인에게 이르시되
네가 분하여 함은 어찜이며 안색이 변함은 어찜이뇨(창 4:1~6)

창세기 4장에 가인과 아벨이 등장한다. 가인은 인류 최초의
살인자라는 불명예를 안고 등장하는 인물이다. 인류 최초의 살
인자라고 불리는 것은 사실 적절치 않다. 에덴의 이야기 구성에
서 아벨을 죽이는 자로 등장하는 것일 따름이다. 이 이야기에서
가인과 아벨의 상징성과 이야기 구조를 조금 세밀하게 들여다
보자.

가인(קין)은 어원적으로 '얻은' 혹은 '소유'를 의미하고 대장
장이, 匠人, 전문가 혹은 기술자를 뜻한다. 에덴 이야기에서 아담
과 하와 그리고 가인과 아벨의 상징성을 어떻게 이해할 것인가?
다분히 심리적 해석이라고 질타와 비판이 있을 것이지만, 현대

심리학에서 언급하는 언어들을 빌려다 써본다면 다음과 같이 해볼 수 있겠다.

아담과 하와는 인간의 두 요소다. 물론 생물학적으로 남성과 여성으로 이야기는 전개된다. 생물학적인 성의 구분이 있지만, 생물학적 성과 상관없이 인생은 누구나 남성성과 여성성을 동시에 지니고 산다. 남성에게도 남성성은 물론이고 여성성을 갖고 있고 생물학적 여성에게도 여성성은 물론 남성성을 지니고 산다. 남성호르몬인 테스토스테론이 여성에게도 분비되고 여성호르몬 에스트론이 남성에게도 존재한다.

고대인들은 특히 히브리인들과 희랍인들은 의식 활동의 결과물인 개념들, 명사조차도 남성과 여성을 구분하고 있다. 하여 남성명사, 중성명사, 여성명사의 어형변화가 각각 다르다. 한글의 명사에는 성의 구분이 없지만, 성서의 이야기 생산자들에게는 그 같은 구별이 아주 오래전부터 전해져 왔고 동시에 그들의 의식과 무의식을 지배하고 있다고 보면 된다. 지금도 다수의 유럽과 그 주변 민족들 언어는 그 같은 영향 아래 있어서 사소한 개념들조차도 여성과 남성과 중성을 구분하는 언어적 습관을 지니고 있음을 알 수 있다.

근, 현대에서는 정신분석학과 심리학의 발달로 수많은 새로운 용어들이 세분되어 생겨났다. 칼 융의 심리학 용어를 빌려보면 인생의 남성적 아니마(남성 속에 있는 무의식적 여성성)와 여성적 아니무스(여성 속에 있는 무의식적 남성성)의 결합으로 태어나는 두 존재 양태가 있다. 아담과 하와는 사람(아담) 속 두 존재 양태다. 에덴 이야기의 등장인물 속에서 이 같은 현대의 개념들을 읽어내는 것이 터무니없는 것일까?

　고대인들도 여전히 인간이고 더 깊은 영성의 지혜를 이야기 속에 담고 있다. 비록 덩어리로 이야기해도 풀어보면 같은 것이 그 깊은 곳에 담겨 있고 숨겨 있다. 현대인들이 무엇이라 풀어 내든 그것은 오늘날 사람들의 문제고 옛사람들은 그들의 방식으로 이야기에 담고 있다. 모든 이야기의 원형에 담겨 있는 인간에 대한 이해 속에 현대인들을 통해서 드러나고 새롭게 개념화된 것들이 수없이 많다. 원형적인 이야기 속에 그 같은 흔적들이 함장되어 있다는 것은 사실 너무도 자명하다. 따라서 오늘의 언어로 옛이야기를 읽어보면 그 생동감이 훨씬 더 깊어진다.

　자신의 의식 내부에서 아니마와 아니무스의 역동적 활동으로 태어나는 처음 사람의 존재 양태는 반드시 가인의 형태로 나타난다. 반복해 말하면 인생은 육체의 성(性) 구분이 있듯, 의식과 마음의 세계에도 남성성과 여성성을 갖고 있다는 점이다. 남성성은 대체로 진취적인 의식이고 여성성은 수용적인 의식이라 하겠다. 남성성은 끊임없이 사냥하고 포획하고 무엇인가를 얻고 소유하므로 생존을 유지하려는 특성이다. 의식의 여성성은 끊임없이 수용하고 받아들이며 새로움을 잉태해서 생산해내는 특성이라 하겠다. 의식은 그렇게 역동적으로 생명 현상을 드러낸다. 대표적으로 호크마, 지혜가 남성이요 아버지라면 비나 총명 곧 이해력은 여성이요 어머니다.

　가인이란 소유로 자기 존재를 인식하려는 특성을 일컫는다. 창세기 1장이 엘로힘 문서라 하고, 창세기 2~3장은 야웨 엘로힘 문서며, 그에 반해 창세기 4장은 야웨 문서다. 이는 다시 말하자면, 창세기 4장에 가서야 비로소 엘로힘 하나님이 뒤로 물러나고 오로지 야웨로만 등장하고 있다는 뜻이다. 주어가 야웨 엘로힘에서 엘로힘은 떨어져 나가고 야웨가 단독으로 등장하기 시작한다. 물론 구약 성서의 많은 이야기 가운데에는 이 개념들이 곳곳에서 서로 다르게 배치되고 있지만, 창세기 4장에는 단독으로 야웨가 이야기 혹은 문장의 주어로 등장한다는 점이다. 야웨의 등장은 '나'라고 하는 자의식의 발현이 가장 고조되고 있음을 의미한다. 즉, 야웨는 '그는 그다'와 함께 '나는 나다'로 이행될 때 나타나는 그 신성성이다. "예흐예 아쉘 예흐예, 나는 나다(출 3:14)"의 실현이 에덴 이야기의 서사에서는 마침내 창세기 4장에 나타나고 있다는 점이다. 자아분열과 갈등을 그리고 있다. 그리고 이때 두 존재의 자의식이 등장한다. 가인과 아벨이며 셋으로 정체성이 마침내 확립된다.

에덴 문학에서는 처음 사람이 가인의 존재 양식이고, 두 번째가 아벨의 존재 양식이다. 즉, 자기 자신에 대해 갖게 되는 두 개의 자아의식이라는 말이다. 하벨(הֶבֶל)은 어원학적으로 '텅 빔'이라는 뜻이다. 솔로몬의 전도서 1장 2절에서 헛되고 헛되다(הֲבֵל הֲבָלִים ; Vanity of vanities)는 고백을 할 때도 같은 단어를 사용한다. 단수 하벨과 복수 하벨림을 연속해 사용하므로 헛됨을 극히 강조하는 어법이다. 따라서 아담의 둘째 아들 아벨이란 아담의 두 번째 정체성인 헛됨과 공(空)을 의미한다. 솔로몬의 그 모든 영화가 인간이 처음 지향하는 가인이라면 그 모든 영화의 헛됨을 발견하고 티끌과 같고 재와 같음을 다시 재발견하는 것이 아벨이라는 점이다. 창세기 3장에서 이미 다시 예언한 바 있다.

"너는 흙이니 흙으로 돌아가리라"는 예언이 아담에게서는 창세기 4장과 5장에서 성취된다.

아담이 가인을 낳고 또 아벨을 낳는다. 두 번째 정체성이 혼재되고 투쟁과 전쟁의 시기를 거쳐 다시 셋을 낳고 있다. 여기서 뱀의 유혹을 통해 큰 자를 지향하는 길로 접어들었던 아담이 다시 작은 자의 정체성인 아벨을 거쳐 셋을 낳게 되는 것, 이것이 아파르(흙)였던 아담이 다시 아파르(흙)로 돌아가는 순례의 여정이다. 에덴 이야기는 따라서 고전 중의 고전이요 문학 중의 문학이다. 너는 흙이니 흙으로 돌아가리라는 예언을 단지 장례식장 주례사로 읽는 이들은 성서 문학의 진면목을 간과하고 있는 거다.

에덴 이야기에서 이 두 자아의식 곧 가인과 아벨이라는 정체성이 비로소 창세기 4장에 가서야 뚜렷하고 선명하게 싹 튼다고 보면 된다. 처음 사람이 가인이라는 뜻은, 자신에 대한 인식이 오로지 소유(재물, 지식, 명예, 기타 인간이 탐닉하는 무엇이든)를 통해 강력한 자아의 상을 갖게 되는 현상이라 하겠다. 사람이 오랫동안 자신을 가인의 이미지로 인식하며 살았더라도 가인으로 만족하지 않는 순간이 찾아온다. 가인의 형상으로 구축된 자아 인식에 대해 회의하게 되고 가인을 다른 시선으로 보게 되는 눈이 찾아오는 것이다. 이 모든 게 헛되다는 인식의 바탕 위에서 새로운 자아가 태어난다. 이 존재가 바로 아벨이다. 하여 아벨은 '헛됨, 텅빔, 공(空)'이라는 의미를 그 이름에 담고 있다. 아벨은 남자의 정낭에서 공급되는 씨가 없이 동정녀를 통해서만 태어난다. 사라의 경우가 그러하고, 예수의 탄생이 역시 그러하다. 그것은 거룩한 바람으로 잉태하는 것이다.

대개의 인생은 어느덧 이 두 개의 자아의식이 혼재되어 '이런 존재가 나다'라는 다툼과 갈등의 시기를 거치게 된다. 하여 창세기 4장은 '야웨'문서로 기록되고 있다. 본래 야웨란 모세에게 "나는 나다"로 계시되지 않았는가.

그러나 그런데도 창세기 4장은 우선은 가인의 득세를 말하고 있다. 인생은 덧없다거나 소유를 주장해본들 그것이 나의 본질이 될 수 있겠는가와 같은 의식이 찾아왔음에도 불구하고 동시에 소유에 목을 매고, 더 큰 이익을 추구하며, 선(善)을 실현하여 자신을 키워가려는 본능적 자아, 선악의 세계에 더 큰 지배를 받게 된다는 이야기를 담고 있다. 오로지 큰 자가 세상을 지배하게 마련이니 너도나도 큰 자의 상(像)을 자기 정체성으로 삼는 때가 있다는 의미다.

하여 아벨은 가인에 의해 죽임을 당한다. 인생이 흙(아파르)이라는 의식이 한켠에 찾아왔다 하더라도 아직은 갈 길이 멀다는 이야기기도 하다.

가인의 제사 양식은 가인의 존재가 펼치는 삶의 양태를 반영한다. 가인의 제사는 끊임없이 무언가를 위해 살게 되는 존재 양식이다. "네가 선을 행하면 어찌 낯을 들지 못하겠느냐"는 "네가 좋은 것을 행하면 어찌 낯을 들지 못하겠느냐"로 고쳐 번역해야 한다. 사역동사로 쓰였다. 따라서 "하로 임 테이티브"를 "네가 선을 행하면"이 아니라 "네가 좋은 것을 하게 하면"으로 번역하는 것이 적절하다.

야타브(יָטַב)는 (사역동사) '좋게 만들다', 문자적으로(건전한, 아름다운), 또는 상징적으로('행복한', '성공적인', 올바른) :- 받아들이다, 수정하다, 올바르게 사용하다, 유익을 끼치다, 더 잘되다(잘되게 하다) 등의 뜻이 있다.

누군가에게 보이기 위해 행하는 것은 좋아서 하는 것이 아니다. 그런데 가인의 삶이 그러했다. 처음 사람의 삶의 방식은 대개 그렇게 나타난다는 것이 이야기에 담겨 있다. 반면 아벨의 제사 양식이 의미하는 것은, 가인의 제사와 반대로 생각하면 된다.

가인은 좋은 것을 한게 아니다. 그저 무엇인가를 위해서 했다. 신을 위해서 하고 자신을 위해서 했다. 타인을 위해서 했다. 아벨은 그와는 반대로 그냥 좋아서 하는 삶이다. 겉사람을 제물 삼아 속사람을 살찌게 하는 제사 양식은 양을 잡아서 제사를 드리는 것으로 비유된다. 겉사람의 소욕을 잡아서 제물로 삼고 속사람이 제사장이 되는 것. 바로 그 같은 삶의 방식을 제물로 드리고 좋아서 하는 삶으로 전환한다. 그게 무엇이든 좋아서 하는 것이면 후회가 없다. 아벨의 제사 양식이다. 비록 가인의 득세로 죽임을 당하지만, 에덴 문학은 아벨의 죽음으로 이야기를 마치지 않는다. 거기서 멈추지 않는다. 다음 이야기가 남아 있다.

29. 아브라함의 이야기 구성 요소

바울은 히브리인 중 히브리인이고 베냐민 지파 사람이었으니 유대교에 정통한 인물이다. 가말리엘의 문하생임을 기록할 정도로 모세오경에 정통했다는 말이다. 그런 그가 전승되어오던 아브라함의 이야기를 역사적 사실, 팩트 체크를 통해 아브라함의 하나님을 선양하고 노래하는 유대교적 방식과는 전혀 다른 태도로 모세오경을 대한다.

신약성서 갈라디아서는 바울의 서신서다. 갈라디아서를 통해 바울은 아브라함의 이야기(뮈토스)를 단지 이야기로 읽는 게 아니라, 그 이야기 속에서 '로고스'를 읽어내는 전범(典範)을 보여준다. 아브라함의 아내와 가족들의 배역을 의식계(意識界)의 각종 요소로 해석한다. 그 모든 이야기의 등장인물을 비유로 보고 전혀 새로운 방식으로 읽고 있다는 점이다.

아브람 시절 하갈은 땅에 있는 예루살렘을 상징하고 이스마엘은 육체를 따라 태어난 자요 종에 속한 자라고 해석한다. 사라는 하늘에 있는 예루살렘이며 어머니라고 일컫고 이삭을 약속의 자녀, 언약의 자녀며 자유자라고 해석해 버린다. 아브라함의 이야기에서 읽어내는 '로고스'라 하겠다. 단지 이야기로만 읽는 게 아니지 않는가. 이처럼 우리는 에덴의 뮈토스에서 로고스를 읽어내려 하는 것이고, 그것은 아브라함 이야기 속에서 갈라디아서를 써 내려가는, 갈라디아서에서 아브라함의 가족 이야기를 인용하고 있는 바울의 방식이 좋은 사례라는 말이다.

모든 이야기는 역사적인 사실들을 배경으로 이야기가 꾸며진다. 항상 그 시대의 문화와 역사적 배경이 이야기에 녹아 있다. 아브라함의 이야기도 마찬가지. 아브라함의 이야기에서 족장 시대의 문화적 배경은 역사적 사실이고 이야기 구성에서 빼놓을 수 없는 요소다. 이야기를 해석하는 이들은 역사적 배경과 구성 요소가 작가에 의해 과장 혹은 축소된다 해도 문제 삼지 않는다. 역사적 배경을 서술할 때조차도 그 배경은 이야기꾼의 해석이 반영된 것이기 때문이다. 따라서 어떤 이야기도 역사적 사실에 대한 절대적 객관을 담보할 수는 없다.

소설 박경리 '토지'는 한국의 근세사를 배경으로 하고 있다. 각종 취재와 근거를 갖고 배경을 꾸몄고 그 시대를 잘 반영하고 있다 하더라도 논픽션은 결코 아니라는 말이다. 장면마다 팩트 체크하며 역사적 사실이냐 아니냐. 오류냐 비오류냐를 첨예하게 논하지 않는다는 말이다.

바울은 이야기를 이야기로 읽고 있을 뿐만 아니라 등장인물 각각을 상징과 비유로 해석하고 있다. 유대교적 시각, 곧 역사적 사실로 믿어야 하고 그러므로 배후에 있는 위대한 신을 숭배하고 찬양해야 한다는 방식으로 나가지 않는다.

인간의 정신과 영성의 발달단계의 각종 요소에 대한 상징으로 이야기 속 인물들을 해석해 냈다. 갈라디아 4장은 대표적인 사례다.

> 기록된바 아브라함이 두 아들이 있으니 하나는 계집종에게서 하나는 자유하는 여자에게서 났다 하였으나 계집 종에게서는 육체를 따라 났고 자유하는 여자에게서는 약속으로 말미암았느니라 이것은 비유니 이 여자들은 두 언약이라 … 저가 그 자녀들로 더불어 종노릇하고 오직 위에 있는 예루살렘은 자유자니 곧 우리 어머니라(갈 4:22~26)

기독교는 예수를 숭배하며 예수를 배반하고, 바울신학을 강조하며 바울을 배신하고 있는 역설에 머물고 있다. 바울은 유대인이면서 결국 반유대 적이었다. 기독교는 바울을 배우기보다는 도리어 변형된 유대교요, 바울이 떠나왔던 자리를 향해 서 있다는 역사적 퇴보. 오늘의 기독교가 바울 이전의 유대교나 중세의 그것보다 무엇이 달라졌을까? 교황 중심이 아니라는 게 달라진 거라고 강변할 수 있을까? 유대교의 그것보다 무엇이 달라졌을까? 그저 각종 제사 양식이 다르니 달라졌다고 말할 수 있을까? 삶의 태도는 달라진 게 없다. 이러한 비판에 자유로울 수 있을까. 종교 개혁가 루터는 가톨릭에서 분가하며 이삿짐을 너무 많이 갖고 나왔다. 그러므로 개신교는 형식만 조금 달리할 뿐, 변종 유대교에서 크게 벗어나지 못하고 있다.

그 과정이야 어떻든 바울 서신이 신약성서에 채택된 채 오늘 우리에게까지 전승되어오고 있다는 점이다. 기독교는 바울을 앞세우며 바울을 거세했다. 기독교가 바울을 제대로 이해한다면 작금의 모습으로 머물 수 없다. 기독교는 예수와 바울을 독점하며 그들을 배신하고 있다. 바울이 갈라디아서를 통해 아브라함의 이야기를 읽는 방식을 일견해보자. 아브람은 아브람이다. 갈대아 우르에서 떠나 하란을 거쳐 가나안에 정착한다. 가나안에 도착한 아브람의 좌충우돌이 전기 아브람의 이야기다.

아브람은 비록 아브람이지만 그에게는 약속이 주어졌다. 가나안 땅을 유업으로 받으리라는 언약이 있었다. 히브리인들에게 척박한 땅 가나안은 본향이며 약속이며 소망이다. 히브리인들에게 가나안은 자주 기근이 들어 먹거리조차 해결할 수 없는 땅인데도 불구하고 하나님의 유업으로 상징화되어 있다. 히브리인들의 이야기 중심에는 언제나 가나안이 있고 히브리인들의 이야기 중심인 가나안은 하나님 나라의 상징이기도 하다.

야곱의 막둥이 요셉은 출(出)가나안, 입(入)애굽의 상징이다. 이유야 어떻든 약속의 땅을 벗어나게 된다. 가나안에서의 기근과 가나안에서 겪게 되는 형제들의 아비규환으로부터 탈출, 애굽의 풍요에 귀속되는 주인공이 된다. 요셉의 이야기는 야곱과 더불어 그 형제들이 애굽의 풍요 속에 귀속되며 바로의 노예가 되어가는, 가나안을 잃게 되는 얘기다. 요셉 이야기에서 요셉의 축복만을 강조하는 것은 성서를 겉으로 읽는 방식이다. 요셉 이야기는 가나안의 상실을 의미하고, 애굽의 풍요를 누리는 것이 동시에 바로의 노예가 되는 첩경임을 읽어야 한다. 성서를 전체로 읽기보다, 입맛에 맞는 부분만 읽고 침소봉대한다.

아브람 언약은 약속의 땅 가나안이고, 가나안에서의 좌충우돌이 아브람의 전기라는 점. 이때의 아브람은 75세로 기록되고 있으니 오늘날 나이와 셈법이 다르다 해도 결코 적은 나이는 아니라 하겠다. 75세 이전의 아브람에 대해 성서는 비중 있게 다루지 않는다. 갈대아 우르와 하란에 대해 간단한 언급이 없는 것은 아니지만 이야기의 핵심을 이루지 않는다. 즉, 75세 이전은 성서의 이야기에서 중심 주제가 아니고 이야기의 가치가 없다는 말이다. 이야기 구성 요소에 전혀 비중이 없다.

모든 이야기 중심에는 약속(언약)이 있고 가나안이 중심 주제다. 약속 혹은 언약이라는 성서의 독특한 개념 뿌리를 짚어봐야 하겠지만, 언약의 주어는 언제나 야웨다. 오늘날 언어로 풀어보면 본질적인 자아의식의 깊은 곳에서 찾아오는, 혹은 주어지는 자기 자신의 근원에 대한 소망과 됨됨이를 향하여 서게 된다는 게 언약의 핵심이다. 자세히 알 수는 없지만, 그게 구체적으로 무엇인지 알 수는 없지만 자기 자신의 이상적 삶의 모습, 존재의 본향에 대한 형상이 언약으로 표현된다.

누구나 품게 되는 삶에 대한 이상이라 해도 좋다. 그것이 구체적으로 손에 잡히는 것은 아니라 해도 가장 근원적인 자기 자신에 대해 갖게 되는 자아상이 곧 언약이다. 이때의 주어는 야웨고 이를 받아들이는 주체는 이미 타자화된 또 다른 자아 곧 타자_자아(others_ego)다.

아브람의 좌충우돌만으로도 이야기는 완성되지 않는다. 아브람의 지난(至難)한 이야기를 거쳐 아브라함이 찾아와야 성서의 이야기는 비로소 이야기 꼴을 갖추게 된다. 모든 이야기는 아브람과 아브라함의 요소가 담길 때 이야기가 된다. 아브람 때의 아브라함은 약속으로만 있고, 현실이 아니다. 아브라함 언약의 주체(주어)였던 야웨가 비로소 현현(顯現, theophany)되면서 새로운 이야기는 진행된다. 야웨가 비로소 드러나고 나타났다 하더라도 야웨와 아브라함은 여전히 둘이다.

아브람과 아브라함의 여인들, 그리고 가족사를 바울은 어떻게 읽고 있을까. 아브람으로 있을 때 금과옥조와 같은 멘트가 있다 해도 그것은 이야기 구성 요소의 한 부분에 불과하다. 성서의 이야기는 내러티브, 곧 서사다. 서사를 통해 발언하는 책이지 한 부분을 통해 말하는 책이 아니다. 예수의 산상수훈조차도 예수의 서사에 속한 한 부분일 뿐, 예수의 이야기 속에서 산상수훈도 읽어야 비로소 전체를 통해 부분이 조명된다. 동시에 부분과 전체가 조화를 이루게 된다.

인생은 저마다 각자의 이야기를 써 내려간다. 각자는 각자의 이야기를 남기게 된다. 그때 단지 아브람의 이야기만을 쓰게 되면 이야기가 구성되지 않는다. 아브람의 이야기가 없이 아브라함의 이야기는 성립 불가능하다. 누구나 아브람을 거쳐 아브라함의 시대를 맞이한다. 이야기가 제대로 구성되려면 이 같은 구조가 있어야 하고 거기엔 누구도 예외가 없다. 다만, 장미는 장미의 모양으로 가시나무는 가시나무 모양으로 그 이야기를 써 내려갈 뿐이다. 모든 경전은 이야기 형태다. 금언 모음집은 경전이 될 수 없다. 이야기가 없기 때문이다. 이야기 속 금언은 이야기의 구성 요소이기 때문에 의미로 작용한다. 삶의 의미 물음과 가치는 한 편의 설교나 금언을 통해서가 아니라 목숨 부지하기 위해 아내를 누이동생이라 속일 수밖에 없었던 삼류에서부터 시작, 처절한 인간실존이 담겨 있고 이를 극복하며 존재로 나아가는 수많은 여정을 통해 전승되는 법이라 하겠다. 저 혼자 고고한 것만으로는 이야기가 성립되지 않는다. 저 혼자 옳고 그밖에 모두는 틀렸다는 악다구니만으로는 이야기가 구성되지 않는다.

바울은 이야기에 담겨 있는 영성을 탁월하게 해석해주고 있어서 그의 서신서들이 신약성서의 많은 부분을 차지하게 된다. 아울러 자신의 이야기도 함께 남겨 놓았기에 오늘도 전승되고 있다. 우리도 각자의 이야기를 써 내려가는 이야기꾼인 셈이라 하겠다. 다만 이야기의 구성 요소가 제대로 갖춰지지 않으면 전승은커녕 아무도 거들떠보지 않을 것이다. 그러나 우리 중 누군가는 이야기의 아름다운 구성으로 아브라함보다 더 진한 이야기를 남겨 놓을 것이다.

각자의 이야기에서 이야기의 주인공은 오로지 '야웨'며 '자기 자신'이다. 이스마엘과 이삭, 하갈과 사래와 사라는 나를 둘러싼 수많은 또 다른 나의 이야기다. 바울은 그렇게 해석하고 있고 오늘 우리도 그렇게 에덴의 이야기를 읽어보자는 거다. 나를 둘러싼 그 밖의 모든 사람은 내 이야기에서는 적어도 조연이다. 그들은 그들 자신을 주인공으로 그들의 이야기를 써 내려가야 한다. 그대의 이야기에서 주인공은 그대 자신이요, 신성으로 드러난 '야웨'만이 주인공이라 하겠다.

30. 에덴의 인물들과 생명의 계보

아담 안에는 아브람과 아브라함 두 남자가 있다. 하와에게는 하갈과 사라 두 모습이 있다.

하와는 뱀의 씨를 받았다. 뱀의 말은 이미 하와에게 들어갔다. 선악의 씨를 먹었다. 아담도 함께 먹는다. 창세기 3장의 드라마다. 뱀의 씨를 받은 아담과 하와는 먼저 '가인'을 낳는다. 그러므로 가인은 뱀의 씨인 셈이다. 뱀은 타자의 원리다. 타자가 내게 뿌리고 가는 외부의 원리다. 타자의 지혜요 타자의 가르침이다. 인생은 누구나 타자의 삶의 지침이 먼저 온다. 누구도 예외가 없다는 게 에덴 이야기 속에 담겨 있다. 뱀의 말은 타자가 던져주는 삶의 지식을 상징한다. 선악으로 태어난 '나'가 '가인'이다. 그러나 또 하나의 예언이 있었다.

"아파르(흙)니 아파르(흙)로 돌아가게 되리라." 이는 생명의 약속이다. 약속을 따라 난 이가 또 다른 두 번째 아들 '아벨'이다. 인생은 언제나 이 두 형상을 낳는다. 자기 자신에 대한 두 형상이다. 이 또한 예외가 없다. 그런데도 불구하고 처음엔 가인이 득세한다. 하여 가인은 아벨이 숨쉴 틈을 주지 않는다. 처음 가인의 형상의 '나'가 아벨의 형상인 '나'를 해치고야 만다.

가인은 아벨을 죽이지만 아담은 가인을 들판으로 내보내고 아벨을 대신해 셋을 다시 낳는다. 가인과 아벨의 치열한 갈등 구조 속에서 아벨이 죽고 가인은 집에서 쫓겨나 가인의 가계, 가인의 계보를 이뤄간다. 가인과 아벨의 갈등과 셋이 태어나는 여정은 흙이니 흙으로 돌아가게 되리라는 예언의 성취다. 다시 아파르가 되어 하나님의 형상과 모양의 사람으로 지어져 가는 순례의 길이라는 말이겠다. '바라'와 '아사'와 '야차르'가 다시 새롭게 진행되고 있고 바빌론에서 다시 고토로 돌아와 스룹바벨 성전을 재건하는 서사와 같은 이야기 구조를 띤다.

여기서 우리는 히브리인들의 이야기 구조를 엿볼 수 있다. 인간의 내면에는 뚜렷한 두 개의 계보가 나타난다는 점이다. 남성성으로는 아브람과 아브라함이고 여성성으로는 사라와 하갈이다. 동시에 아브람은 하갈을 통해 이스마엘을 낳고 아브라함은 사라를 통해 이삭을 낳는다. 의식의 갈등과 분화의 시기를 거쳐 자유와 사랑의 형상과 모양을 찾아가는 이야기다. 에덴 이야기에는 이미 아브라함 이야기가 숨어 있다는 얘기다. 출애굽 이야기가 에덴 이야기에 이미 담겨 있다는 말이다.

아담은 가인과 아벨 두 아들을 잃은 셈이니 둘로 나타나는 자아 이해, 그 같은 실존 인식의 시기를 넘어서게 된다. 소유 구조(가인)로 형성되었던 자아 이해와 그 모든 것이 공이라는 자아 이해(아벨)조차도 넘어서게 된다.[17] 이후 아담과 하와는 마침내 셋을 낳는다.

가인은 아담과 하와 곧 선악의 지식이 들어와 낳은 맏아들이니 소유 세계의 가치를 정체성으로 삼게 되고 이것이 곧 정(正, These)이 된다. 인생은 누구나 정글에서 살아남기 위해 처음 모두는 소유에 목매게 된다. 아는 게 힘인 까닭은 지식이야말로 자신을 지켜주는 가장 강력한 무기이기 때문이다. 지식은 찌르는 칼이며 동시에 상대의 공격을 막아내는 방패다. 하여 카인은 '작살, 찌르는 창'의 의미도 이름에 담고 있다.

모든 토론을 살펴보라. 이웃집 부녀자들의 수다를 살펴보라. 또래 집단이 모여서 나누는 대화를 살펴보라. 찌르고 막고 또 찌르고 ~ 곧 자신이 알고 있는 정보를 이용해 찌르며 쾌감을 얻고 찔리며 열패를 맛보면서 기운을 돋우거나 기가 빨리거나를 반복하는 게 인생이더라. 재물과 권세는 지배구조를 형성하고 서열을 나누는 척도로 역할을 하니 거기에서 자기 정체성을 형성하려 한다. 그렇게 형성된 처음 자아, 그게 에덴 이야기에서는 아담의 맏아들 가인으로 형상화된다.

인생의 정신은 결코 가인으로만 머물 수 없게 된다. 가인은 정글의 제일 법칙에 충실한 정체성이지만, 거기는 늘 피가 흥건한 곳이고 기싸움의 세계고 힘 있는 자를 중심으로 서열이 정해지는 곳이어서 쉼이 없고 언제나 피곤하다. 더 큰 힘으로부터 배척당하게 될 두려움으로 인해 더욱 힘을 키워야 하는 정체성

---

17) 카인(קַיִן)은 소유, 장인(匠人)을 헤벨(הֶבֶל)은 '텅빔, 공허, 헛됨(vanity)'을 의미한다.

이다. 긴장이 있고 수고가 있는 자리다. 바닷물을 삼키면 더 갈증이 심하듯, 지식은 아무리 채워도 또 다른 갈증일 뿐이다. 하여 이 모든 게 헛되고 헛된 것이라는 또 다른 소리가 찾아오게 된다.

헤겔식으로 말하면 가인에 대한 강력한 부정 의식이 형성된다. 이름하여 반(反)이다. 아담의 둘째 아들 아벨은 아담의 두 번째 정체성이다. 이 모든 게 헛되고 헛되다는 새로운 세계 이해다. 물론 아직 집안에는 맏아들 가인이 있고 동생 아벨이 있다. 아담의 두 번째 정체성인 아벨은 새로 찾아온 또 다른 세계관이다. 이 모든 게 헛되고 헛되다는 내면의 소리다. 가인에 대한 부정이고 첫 번째 정체성에 대한 부정이 조금씩 깊어간다. 단칼에 가인을 베어내는 게 아니다. 가인은 아벨의 형이다. 처음의 정체성이 적어도 두 번째 정체성보다 더 강력해서 가인은 그리 쉽게 부정되는 게 아니다. 그런데도 부정은 시작되고 있다. 이를 일러 갈등이라 한다. 갈등이란 처음의 자아와 두 번째 자아 사이의 투쟁이다.

나는 처음 자아를 타자_자아(others ego)라 명명한다. 타자_자아는 부모와 전통으로부터 전해지고 나의 육체의 본능이 수용하고 복제해서 형성된 자아다. 에덴 이야기에서는 가인으로 형상화된다. 따라서 가인은 모든 인생의 처음 자아라는 말이다. 의식은 결코 그렇게 형성된 처음 자아, 타자_자아로 머물 수만은 없다는 점이다. 그러므로 불안은 타자_자아의 정체성에 머무는 동안 겪게 되는 본질적 몸살이다. '자기 부재'에서 비롯되는 존재적 '불안'이다. 그러므로 더 큰 힘으로부터 받게 되는 억압으로부터 늘 불안이 찾아온다. 불안은 가위눌림이요, 존재_자아 부재에 대한 자명종이다. 인생이 겪게 되는 존재적 불안은 곧 자신이 타자_자아의 정체성에 머물고 있기에 겪게 되는 홍역이다. 타자_자아는 헛된 것이고 소유가 아니라 도리어 텅빔, 곧 공(空)이라는 새로운 정체성이 에덴 이야기에서 둘째 아들 아벨로 형상화된다. 갈등은 불안이 아니다. 불안은 갈등의 불쏘시개요 원천이며 토대다. 불안은 존재_자아 부재로 인한 것이고 갈등은 타자_자아와 존재_자아의 투쟁이고 다툼이다. 존재론적 갈등은 타자_자아(others ego)와 존재_자아(εἶναι-ego) 사이에 나타나는 현상이다. 가인과 아벨의 두 정체성 사이에 나타나는 현상이다.

아뿔싸, 인생은 가인이 그러니까 처음 형성된 정체성이 두 번째 형성된 정체성을 짓밟아버린다. 이 모든 게 공이고 헛되고 헛되다는 정체성은 그 싹이 자라나다가 묵사발이 되고 만다. 가인이 동생 아벨을 죽여버린다. 에덴 이야기에는 극적 요소가 곳곳에 배치되고 있다. 에덴 이야기의 생명력은 그 같은 극적 요소가 적절히 배치되어 있기 때문이기도 하다. 형제 살인 이야기가 모세 오경 창세기 두 번째 이야기의 서사구조에 들어 있다. 그러고 보면 청소년 관람불가 19금 딱지를 부쳐야 하는 책이다. 갈등은 봉합되고 처음 정체성의 승리로 끝나게 될까? 아니다. 이야기는 그렇게 끝나는 게 아니다. 갈등은 그렇게 봉합되는 게 아니다. 처음의 정체성 가인은 아담의 집에 머물 수 없게 된다. 다시 말하면 아담이 그렇다고 처음 정체성으로 돌아가 다시 가인으로 살게 되는 것도 아니라는 점이다. 이게 아벨 곧 안티테

제(Antithese)요 의식에서 일어나는 정신의 현상이다. 아벨은 죽게 되고 가인은 쫓아내고 아담은 셋을 낳게 된다. 두 번째 정체성, 헛되고 헛되다는 것이 찾아와 공(空)을 이루고 있지만, 이마저도 가인으로 인해 죽어버린다. 즉, 반(反)이 반(反)으로만 머물 게 되지 않더라는 말이겠다.

아담은 마침내 셋으로 종합되고 아담의 두 아들 또한 셋으로 통합된다. 물론 가인은 쫓겨나 유리하는 존재로 여전히 남아 있지만, 한편으로는 두 아들이 셋으로 통합되고 있다는 점이다.

> 아담이 다시 아내와 동침하매 그가 아들을 낳아 그 이름을 셋이라 하였으니 이는 하나님이 가인이 죽인 아벨 대신에 다른 씨를 주셨다 함이며 셋도 아들을 낳고 그 이름을 에노스라 하였고, 그때 사람들이 비로소 여호와의 이름을 불렀더라(창 4:25)

고 기록한다.

여기서 비로소 존재_자아를 향해 나아가고 있음을 알 수 있다. 타자_자아 부정(아벨)의 과정을 거쳐 존재_자아(셋)를 낳는 여정이다. 헤겔이 말하는 정신현상학에서의 정반합 논리는 결코 수학적 논리학이 아니다. 정신이 새로운 정신을 낳고 또 낳아서 마침내 절대 정신, 곧 무엇에도 억압당하거나 가위눌리지 않고 동시에 그 누구도 억압하지 않는 온전한 자유 정신을 구현해가는 과정이라 하겠다. 에덴 이야기에는 비로소 사람들이 야웨(나다운 나의 신성성이 곧 야웨)의 이름을 불렀다고 서술한다.

창세기 1장 창조 설화 여섯째 날 사람 창조 이야기가 에덴 이야기에서는 마침내 5장에서 선명하게 드러난다. 셋이 태어나면서 아담의 바라와 아사가 완성되어 나타난다. 셋은 하나님의 형상과 모양으로 태어나고 거기서 사람은 신의 형상과 모양으로 '바라(낳고)' 되고 '아사(양육)' 된다. 사람은 마침내 사람다운 사람이 된다. 달리 표현하면 '비로소 사람'이 창 2장 7절에서 시작된다면 창세기 5장에서 '사람다운 사람'이 완성된다. 그리고 '사람다운 사람'의 계보가 이어진다.

셋은 사람의 아들이며 인자, 곧 '하벤 하아담(הַבֵּן הָאָדָם)', 그 사람의 그 아들, (ὁ υἱὸς τοῦ ἀνθρώπου 호 휘오스 투 안드로푸)'이 된다. '그 사람의 그 아들'은 곧 가인도 아니고 아벨도 아니고 '셋'이어야 하는 게 거기에 있다. 에덴 이야기에 담겨 있는 사람 창조 이야기. 창조 신화(창세기 1장 창조설화)의 에덴 버전이다. 셋은 아담의 정신이 가인과 아벨의 변증법을 거쳐 새로운 종합(synthesis), 절대정신의 형상, 거룩한 정신, 한 얼로 신의 형상과 모양으로 종합되어 새로 태어나는 역동적 순례의 결과물이며 여정이다. 정신이 거듭거듭 새로 태어나는 이야기. 생명의 계보학 에덴 이야기다.

31. 가인을 죽이는 자

여호와께서 그에게 이르시되 그렇지 않다 가인을 죽이는 자는 벌을 칠 배나 받으
리라 하시고 가인에게 표를 주사 만나는 누구에게든지 죽임을 면케 하시니라(창
4:15)

'가인을 죽이는 자는 벌을 칠 배나 받으리라' 는 것이 성서 야웨의 말씀이다. 성서를 읽는 오늘날 독자들은 어떠한가? 독자들에 의해 가인은 늘 죽임을 당한다.

또 네 이웃을 사랑하고 네 원수를 미워하라 하였다는 것을 너
희가 들었으나 나는 너희에게 이르노니 너희 원수를 사랑하며
너희를 핍박하는 자를 위하여 기도하라(마 5:43~44)

원수는 선악의 세계에 존재한다. 선과 악의 이분법 기준을 적용할 때 원수가 성립한다. 만일 선악의 기준이 떠나고 나면 원수는 존재하지 않는다. 따라서 원수를 사랑하라는 뜻은 원수가

없는 세계에 머물라는 말로 바꿔 말할 수 있다. 즉, 선악의 세계를 넘어 생명의 세계에 머물라는 말과 다르지 않다.

너희를 핍박하는 그가 원수기보다는 그가 선악의 세계에 머물고 있어 그의 세계관에 따라서 그럴 수밖에 없다는 걸 알아차리게 되면 그의 상태를 이해할 수 있게 된다. 누구나 가인으로 살 때가 있기에 가인이, 다른 누구도 아닌 자신의 처음 모습이라는 점을 알아차리자.

따라서 핍박하는 그가 또 다른 나라는 자각이 찾아오게 되면 핍박하는 그를 위해 기도할 수 있을 뿐 원수로 대할 수 없게 된다. 더 이상 원수가 아니라 그때의 '나'이기 때문이다. 그러니까 가인으로 살 때의 내 모습을 띠고 있는 가인들은 아벨의 가치관에 대해 콧방귀를 뀌고 핍박하게 된다. 아니 여전히 내 속의 또 다른 나의 모습이라는 걸 알게 되면 더 이상 그가 원수가 될 수 없게 된다. 선악으로 분별하거나 나눠서 옳은 사람과 그른 사람으로 대하지 않게 된다.

마치 하늘의 해가 선인이나 악인을 구분해서 그 빛과 따스한 온기를 내려보내는 것이 아니듯, 하늘의 비가 선인과 악인을 나눠서 내리는 게 아니듯, 원수를 사랑하라는 뜻은 선악의 세계에서 넘어서라는 경구가 아니겠는가?

오늘도 가인은 부관참시를 당하고 있다. 특별히 가인은 설교하는 사람들이나 성경을 강해하는 사람들에 의해 늘 살해당한다. 가인을 죽이는 자는 벌을 칠 배나 받으리라는 성서의 예언은 과연 어떻게 성취될까?

성서를 면밀히 살피는 사람들도, 단어의 의미를 탐색하고 성서를 좀 더 성실히 읽고자 하는 많은 이들도 여전히 가인을 죽이는 데 앞장선다. 물론 가인을 경계하자고 할 수 있다. 사도 요한도 다음과 같이 언급한다.

가인같이 하지 말라 저는 악한 자에게 속하여 그 아우를 죽였으니 어찐 연고로 죽였느뇨 자기의 행위는 악하고 그 아우의 행위는 의로움이니라(요일 3:12)

그러나 가인을 경계하는 일과 가인을 죽이는 일은 전혀 다른 문제다. 가인을 죽이고 나면 스스로를 아벨과 동일시하고 가인에 대해서는 자신과 무관한 것으로 읽게 되고 성서에 대한 오독(誤讀)을 반복하게 된다. 전지적 작가의 관점으로 가인과 아벨의 이야기를 한 번쯤 살펴보자. 도대체 작가는 가인이라는 인물 설정을 통해 무엇을 말하려는 것일까를 생각해보자는 말이다.

단순히 권선징악을 교훈하려는 걸까? 그러한 이분법은 인생을 너무 간단히 생각하는 거다. 가인은 악하고 아벨은 선한 자로 읽는 방식이야말로 선악 이분법으로 선악의 관점을 벗어나지 못한다. 선악을 알게 하는 나무는 오로지 선악의 열매를 맺는 것이 열망이고 소원이다. 착한 사람 콤플렉스, 모범생 콤플렉스에 사로잡히게 만들어 그 정신을 제한하고 빈약하게 만든다.

대개 독자들은 가인을 악으로 아벨을 선으로 규정하려 한다. 요한은 아벨을 선으로 규정하기보다는 '의로운 자'로 묘사한다. 성서에서 말하는 의란 도덕적 옳고 그름의 의미가 아니다. 가면을 쓰고 타자 중심으로 사는 노예의 삶에서 벗어나 비로소 자기 자신을 향해 서게 될 때 그를 일컬어 비로소 '의롭다(본래의 자기 자신을 향해 서 있는 걸 일컬어 성서는 義라 한다)' 칭한다.

엄격히 하면 가인은 그의 '일'이 악했다고 기록한다. 하여 가인은 악한 사람이라 칭해진다. 선악에 속해 있으면 그가 하는 모든 일이 '악'이 된다. 그가 선이라고 여기는 선도 악이고 악도 악이다. 왜냐면 그의 '선'은 자긍심과 자신의 옳음 즉, 선민의식으로 이끌게 하는 선이기 때문에 선조차도 악의 씨가 되는 것이다. 선악에 속하여 행하는 사랑은 스스로 사랑을 베푼다고 여기며 배타적 선민의식을 고취하는 사랑이기에 그의 사랑은 악의 씨가 되고, 타인을 살해하는 도구가 되고 만다는 사실이다.

작가는 이 이야기에서 가인의 배역을 어떻게 생각하고 성격을 규정하는 걸까. 처음 사람은 육체의 욕망을 기반으로 그 정신의 형상이 형성되기 때문에 본질이 이기적이다. 이기적인 자아여야 생존의 세계를 살아낸다. 아담과 하와는 우리 내면의 두 실존이다. 남자와 여자의 두 속성이 결합하여 태어나는 정신의 아이덴티티, 그 처음 속성이 '가인'이다.

따라서 가인은 '나'를 일컫는다. 소유와 권력을 지향하는 속성을 지닌 존재를 일컬어 '가인'이라 하는 것이다. 가인과 아벨 역시 '나'의 두 실존이다. 아벨은 두 번째의 '나', 그 모든 것이 헛되다는 깊은 인식 속에서 찾아오는 '나'다.

아집(我執)과 법집(法執)으로부터 자유하고 자재(自在)하면 어떨까? 아집에 사로잡혀 있고 법집의 고집에 갇혀 있는 이를 위해 기도할 수 있다. 누구나 자신이 아는 것에 갇혀 있게 마련이다. 아는 것은 힘인 동시에 감옥이다. 앎은 자유와 희열을 잠시 가져다주면서 동시에 두려움의 근원이다. 자신의 앎에 사로잡혀 그 밖의 것에 대해 경계하게 하고 두려움을 갖게 하는 원천이다. 하여 법집에 사로잡히게 된다. 따라서 자신이 알고 있는 것조차도 터무니없고 아무것도 아니라는 것에 이르게 되면 자신의 앎을 고집하지 않는다. 비로소 아공(我空)과 법공(法空)에 이르게 된다. 아공과 법공으로 형성된 새로운 '나'의 실존 인식이 '아벨'이다.

그러나 그런데도 가인과 아벨의 이야기는 가인이 동생 아벨을 죽이게 된다는 드라마를 담고 있는 게 에덴 이야기다. 아공이니 법공이니 쓸데없는 말로 인생을 현혹하지 말고 그대의 입에 풀칠이나 제대로 하라는 엄혹한 생존 현실에 내몰리게 되고 그로 인해 언제나 아벨은 죽임을 당하고 순간순간 살해당하는 것이다. 그대와 내 안에서의 아벨은 그렇게 죽임당한다.

그러므로 이야기 속 가인을 질타하며 가인을 심판하고 가인을 죽이고 나면 듣는 이나 심판하는 이는 시원하고 통쾌하겠지만, 정작 자신 안에 있는 '가인'의 속성은 보지 못하게 되고 따라서 자신 안에서 가인이 더욱 기승하고 있는 점을 간과하게 된다.

가인을 심판하는 그 기세로 자신 안에 있는 '아벨'을 죽이고 수많은 타인을 죽이는 결과를 초래한다. 하여 가인보다 칠 배나 더한 형편에 머물고 만다. 수많은 사람의 정신을 결박하고 죽여놓고서도 죽이고 있다는 사실조차 모른다. 자신의 의로움에 갇혀(특히 성서나 경전에 대한 바른 이해를 가지고 있다는 소위

法執에 사로잡혀) 가인을 심판하고 타인들을 향하여 가인 같이 살지 말라는 목소리를 높인다.

거기서는 종교 권력을 구가하는 즐거움은 만끽할지 모르나 그 스스로 얼마나 강퍅한 자리에 머물고 있는지는 조금도 헤아리지 못한다. 역설적으로 그것은 가인을 살게 하고 아벨을 죽이는 셈이다. 악한 자에게 속하여 아우를 죽이는 가인 같은 역할을 반복하는 것일 뿐이다.

가인은 죽여 없앨 존재가 아니다. 성서는 그 스스로 두려움에 떨고 있는 것으로 묘사하지만, 아무도 그를 죽일 수 없다고 기록한다. 오늘날의 사람들이 도리어 가인을 죽이는 일을 서슴지 않고 있다. 하여 이 시대의 사람들은 더욱 강퍅함에 머물고 있다. 가인은 죽여야 할 존재가 아니다. 오히려 가인을 통해 자신을 철저하게 성찰해야 한다.

가인이 곧 '나' 라는 사실을 먼저 바라봐야 한다. 가인은 죽이려 해도 죽지 않는 존재임을 알아차려야 한다. 가인의 기록과 그 족적이 이미 '나' 라는 사실, 더구나 가인은 두 번째의 '나' 인 '아벨'을 죽이는 존재임을 속히 깨달아야 창세기 4장의 그 모든 이야기도 '나'를 증거하고 있는 책이라는 사실을 알게 된다.

가인을 죽이는 성서 해설가들과 설교가들은 가인과 아벨의 이야기를 자신과는 상관없는 얘기로 읽고 있으며 단순히 가인과 아벨로부터 교훈만을 취하려는 선생들이 되고 만다.

32. 가인과 라멕의 이야기 구조

가인을 위하여는 벌이 칠배일찐대 라멕을 위하여는 벌이 칠십 칠배이리로다 하였
더래(창 4:24)

아담은 두 아들을 낳는다. 선악을 알게 하는 지식의 나무의
열매를 먹은 아담은 두 존재의 양태로 자신의 삶을 낳게 되는
데 가인과 아벨이다. 가인과 아벨은 아담이 맺게 되는 두 열매
며, 두 양태요, 두 계보며, 두 개의 형상이다.

아담의 두 형상이 곧 가인과 아벨이라면, 먼저는 땅에 속한
형상이니 가인이고, 두 번째는 하늘에 속한 형상이니 아벨이다.

가인이 동생 아벨을 죽인다. 땅에 속한 형상이 하늘에 속한
형상을 부정한 셈이다. 가인은 생명을 지향코자 하는 또 다른
형상인 아벨을 부정하고 또 부정한다.

처음엔 누구나 그러하다. 생명을 부정한 결과, 생명과는 정반
대로 죽음에 대한 두려움이 다가온다. 가인이 말하는, 사람들이
자신을 죽이려 한다고 말하고 있는 것은 스스로 살려고 애쓴

애씀의 결과가 사망이고 죽음이며 두려움만 초래하고 있음을 알려주고 있다. 선악의 삶이 가져오는 두려움이다.

그러나 가인을 만나는 누구도 가인을 죽일 수 없다. 가인을 죽이는 것, 곧 심판하는 것은 심판하는 그 역시 선악에 속해 있는 것을 반증하는 것이고, 그것은 가인보다 일곱 배나 더한 선악에 경도되어 있음을 드러내 주는 것일 뿐이기 때문이다. 그러므로 가인을 죽인다는 것은 가인보다 더한 선악의 징표인 셈이다. 일곱 배의 화가 이미 거기에 머물고 있음을 나타내줄 따름이다.

가인은 쫓겨나 유리하는 자가 된다. 이때 이마에 표를 갖게 된다. 무슨 표일까. 선악에 속한 자임을 나타내주는 표다. 그것은 늘 얼굴에 나타난다. 자신과 다른 견해의 사람을 만나면 얼굴을 찌푸리게 된다. 미간이 일그러진다. 이마에 나타나는 가인의 표다. 나의 견해는 옳고 상대의 견해는 틀리다는 표시를 미간의 일그러짐이 드러내는 것이다. 존재의 현주소를 명확하게 드러내 준다. 미간의 일그러짐으로 그가 선악의 사람이라는 것이 선명하게 드러난다.

가인의 칠대 손(선악으로 일곱 번 다시 태어난) 라멕이 있다. 칠대 손이니 선악을 바탕으로 한 힘의 질서 상위에 편입되어 있음을 상징한다. 선악의 질서 상층부에 있다는 것은 권위와 부로 자신의 정체성을 설정해놓고, 권위를 목숨처럼 여기는 존재가 되었음을 의미한다. 가인의 칠대 손 라멕은 아무도 넘볼 수 없는 권위의 정점에 머무는 존재의 실존을 의미한다. 라멕은 말한다. 가인을 위해서는 칠 배였지만, 나를 상하게 하면 그 벌을 칠십칠 배로 갚아 주리라고.

라멕의 후예인 종교지도자들은 말한다. 자신의 권위에 도전하는 것은 곧 신의 권위에 도전하는 것이고, 그 같은 도전은 절대 용서할 수 없다고. 자신에 대한 도전은 결코 신이 용서하지 않는다는 말로 공포 분위기를 조성하고 협박하며 공갈한다. 듣는 사람으로 두려움에 사로잡히게 하고, 그 같은 힘으로 질서를 유지하려 한다. 기독교 교회는 라멕의 고함을 전가의 보도처럼 사용하며 교인들을 억압한다. 소위 목사의 권위에 도전하면, 영원한 징벌에 떨어지게 된다는 터무니 없는 논리는 스스로 라멕의 후예임을 웅변할 뿐이다.

선악의 세계는 힘의 질서체계다. 검찰 권위에 도전하면 누구든 살아남을 수 없음을 보여주는 현실 속 수 많은 사건이 라멕의 후예임을 온몸으로 입증하고 있다. 그것은 가인의 후예인 우리 모두에게 있는 지독한 질병이며 속성이다. 권위주의는 늘 스스로 분노한다. 그리고 경계한다. 권위가 훼손당하면 칠십 칠 배로 응징하겠다고 소리친다. 소위 기득권의 체계를 유지하려는 관성은 그에 도전하는 세력에 칠십칠 배로 응징하려는 속성을 드러낸다.

너 나 할 것 없이 그 같이 형성된 권위는 철폐되어야 한다. 그것은 생명을 살리는 것이 아니라 생명을 죽이는 사망의 시스템이다. 종교 권력이든, 정치 권력이든, 검찰 권력이든 권력과 권위에 기생하려는 우리들의 속성이 곧 라멕이다. 가인과 라멕의 이야기가 진술하는 바는 선악의 세계에서 태어나고 그 가치관으로 일곱 번 거듭난 인생의 실존에 대한 것이다.

그런데 그로 인한 절망감도 잠시, 중요한 것은 비록 가인에 의해 아벨이 죽임을 당했더라도, 때가 되면 셋이 다시 태어난다는 사실이다. 우리의 순례길은 이 두 존재의 긴 갈등의 여로(旅路)다. 에덴 이야기는 가인의 후손인 라멕만 존재하는 것이 아니라, 셋의 계보에 속한 '라멕'도 있음을 얘기한다. 노아의 아버지 라멕. 라멕은 노아를 낳는다. 이름은 같은데 존재 양태는 전혀 다르니 거기 우리의 나아갈 길에 대한 예언과 힌트가 있다. 가인의 계보가 있고 셋의 계보가 있다. 성서의 이야기 속에는 늘 이스마엘과 이삭, 에서와 야곱, 땅에 있는 예루살렘과 하늘에 있는 예루살렘, 두 계보가 이어지고 있다.

에덴 이야기는 하늘과 땅, 땅과 하늘이 낳고 낳고를 이어가는 계보 이야기다. 사람(아담)의 이야기에는 두 계보가 면면히 흐른다.

가인의 계보와 셋의 계보다. 선악의 계보와 생명의 계보다.

가인의 계보

가인이 여호와의 앞을 떠나 나가 에덴 동편 놋 땅에 거하였더니 아내와 동침하니 그가 잉태하여 에녹을 낳은지라 … 에녹이 이랏을 낳았고 이랏은 므후야엘을 낳았고 므후야엘은 므드사엘을 낳았고 므드사엘은 라멕을 낳았더라 … 가인을 위하여는 벌이 칠배일찐대 라멕을 위하여는 벌이 칠십 칠배이리로다 하였더라(창 4:16~24)

아담(셋)의 계보

아담이 다시 아내와 동침하매 그가 아들을 낳아 그 이름을 셋이라 하였으니 이는 하나님이 내게 가인의 죽인 아벨 대신에 다른 씨를 주셨다 함이며 셋도 아들을 낳고 그 이름을 에노스라 하였으며 그때에 사람들이 비로소 여호와의 이름을 불렀더라 … 셋은 일백 오세에 에노스를 낳았고 에노스를 낳은 후 팔백 칠년을 지내며 자녀를 낳았으며 그가 구백 십 이세를 향수하고 죽었더라 에노스는 구십세에 게난을 낳았고 게난을 낳은 후 팔백 십 오년을 지내며 자녀를 낳았으며 그가 구백 오세를 향수하고 죽었더라 게난은 칠십세에 마할랄렐을 낳았고 … 므두셀라는 일백 팔십 칠세에 라멕을 낳았고 라멕을 낳은 후 칠백 팔십 이년을 지내며 자녀를 낳았으며 그는 구백 육십 구세를 향수하고 죽었더라 라멕은 일백 팔십 이세에 아들을 낳고 이름을 노아라 하여 가로되 여호와께서 땅을 저주하시므로 수고로이 일하는 우리를 이 아들이 안위하리라 하였더라 라멕이 노아를 낳은 후 오백 구십 오년을 지내며 자녀를 낳았으며 그는 칠백 칠십 칠세를 향수하고 죽었더라 노아가 오백세 된 후에 셈과 함과 야벳을 낳았더라(창 4:25~5:32)

33. 그들의 이름은 사람

아담 자손의 계보가 이러하니라 하나님이 사람을 창조하실 때에 하나님의 형상대로 지으시되 남자와 여자를 창조하셨고 그들이 창조되던 날에 하나님이 그들에게 복을 주시고 그들의 이름을 사람이라 일컬으셨더라 아담이 일백 삼십세에 자기 모양 곧 자기 형상과 같은 아들을 낳아 이름을 셋이라 하였고 아담이 셋을 낳은 후 팔백년을 지내며 자녀를 낳았으며 그가 구백 삼십세를 향수하고 죽었더라(창 5:1~4)

아담의 계보가 이러하니라고 언급하면서 하나님이 사람을 창조하실 때라고 정돈한다.이미 창세기 2장 7절에서 우리는 '비로소 사람'이라는 표현을 한 바 있다. 남자와 여자에게 복을 주시어 그들의 이름을 '사람'이라고 일컬었다는 얘기는 창세기 2장 4절부터 4장 후반부에 이르기까지다. 아담이 일백 삼십세에 자기 모양 곧 자기 형상과 같은 아들을 낳아 이름을 셋이라 하였으니 이는 곧 사람이 낳은 아들, 사람의 아들인 셈이다. 비로소 사람이 둘째 사람을 낳았으니, '하벤 하아담'이요 신약의 표현으로 '호 휘오스 투 안드로푸'다.

이것이 계보요 족보라는 말이다. 하늘과 땅의 계보는 결국 사람의 계보라는 걸, 그리고 사람의 아들의 계보라는 걸 창세기 5장은 아주 잘 보여주고 있다. 따라서 마태복음에 등장하는 아브라함과 다윗의 아들 예수 그리스도의 족보도 땅의 '낳고 낳고'요, 하늘의 '낳고 낳음'이다. 애굽에서는 애굽의 하늘을 바라보며 산다. 애굽에서 출애굽하면 새로운 땅에 당도한다. 광야 생활이다. 광야에서는 광야의 하늘을 바라보며 산다. 광야의 하늘에서는 만나와 메추라기를 내리는 하늘이다. 땅이 거듭나면 따라서 하늘도 거듭나는 원리다. 광야에 있다고 해서 애굽의 습성이 온전히 제거 되는 것이 아니다. 에덴에 있다고 해서 하아다마의 습성이 온전히 제거되는 게 아니다. 그러므로 에덴이란, 광야요 동시에 가나안이고 바빌론이다.기쁨의 동산에 광야의 뱀이 있고, 바빌론의 지식이 있다. 에덴의 동산 지기란 마침내 야웨의 비가 내리지 않아 채소와 초목이 나지 않고 안개만 올라오던 저 황무지의 강퍅함을 일시에 제거하는 곳이 아니다.

에덴은 떠나온 애굽을 향한 향수를 소멸하는 곳이고, 뱀의 유혹을 받는 곳이고 요단 강을 건너 마침내 가나안에 정착했더라도 가나안에서 추방당해 바빌론으로 잡혀가는 이야기가 에덴의 이야기 속에 원형적으로 담겨 있다.

에덴의 이야기에는 애굽에서의 노예 생활에 비유할 수 있는 곳이 창세기 2장 5절이다. 하아다마는 애굽이다. 광야 생활은 강퍅할 수밖에 없는 인생에게 아담 아파르를 빚어 가는 과정이다. 그런 점에서 여호와 하나님의 창조요, 니스마트 하임(생기)를 불어 넣는 과정이 광야 40년이다. 가나안에서 땅을 분배받아 스스로 농사를 짓게 된다. 그것은 갈비뼈를 세워 아내를 맞이하는 것을 방불한다. 에덴을 기경하고 동산지기가 되듯, 가나안을 분배받아 경작하게 된다. 이 때의 하늘은 만나와 메추라기를 내리는 하늘이 아니다. 이슬과 비를 내리는 하늘이고 때를 따라서 천수답으로 농사를 짓는 땅이다 보니 무엇하나 계획대로 되는 게 없다. 하늘에서 비가 내리지 않으면 땅을 일구고 씨를 뿌릴 수가 없다. 척박한 땅으로 애굽의 고센평야와는 비교할 수 없지만, 산과 계곡으로 이뤄져 있어 관계 시설도 할 수 없지만, 더 이상 누군가를 위해 일하는 땅이 아니다. 땅을 기업으로 받았으니, 자기 자신이고 비록 미숙하고 충분치 않더라도 오롯이 자신의 삶을 살게 되는 곳이 '가나안'이다.

더 이상은 종으로 사는 게 아니다. 하여 가나안은 기쁨의 동산이고 희락의 동산이다. 그런데도 여전히 원주민과의 다툼이 있듯, 에덴에서도 마찬가지다. 뱀의 유혹으로 선악의 씨가 뿌려져 가인을 낳는다. 인생이 그러하다. 가나안에 정착도 잠시, 여전히 뱀의 씨를 한켠에 품고 있다가 선악에 경도된다. 선악은 반드시 지배와 피지배를 낳는다. 영적 지식과 지혜를 좇게되면 지혜자를 왕으로 세우려는 유혹을 받는다. 지식을 소유하게 되면 동시에 왕권을 행사하려는 지배자의 유혹을 받는다. '우리에게 왕을 주소서. 왕을 주소서.'

왕권의 다툼은 곧 지식의 다툼이고 지혜의 다툼이다. 옳고 그름의 다툼이 되고 반드시 분열을 동반한다. 남유다와 북이스라엘의 분열을 낳고, 마침내는 영지주의의 포로가 되고 만다. 영적 깨달음은 지독한 도그마로 자리잡고 자신의 깨달음과 다른 것에 대해 지독한 배타성이 터져 나온다. 지식은 교만하게 한다. 에덴 이야기에서 등장하는 선악의 지식 나무는 살인과 폭력과 배타의 근원임을 알려준다. 인류의 역사가 그러하다. 대개의 참혹한 전쟁은 종교전쟁이다. 물론 이데올로기 전쟁과 힘을 배분으로 인한 전쟁이 없던 게 아니지만, 고대와 중세는 물론이고 근세와 현대에 이르기까지 단지 영토 전쟁이기만 할까? 종교전쟁이다. 지금도 참혹하게 진행되고 있는 모든 전쟁은 결국 종교적 도그마에 사로잡힌 광란의 살인 행렬이다.

에덴의 이야기에 담겨 있는 뱀과 선악, 형제 살인은 인류사에 거울 반사처럼 되풀이 된다. 그런 가운데에도 에덴의 이야기는 희망을 잃지 않는다. 잠시 하아다마(흙)로 돌아갈지라도 하여, 땀을 흘리는 수고를 하지 않으면 소산물을 먹을 수 없는 고난에 잠시 봉착하게 되겠지만, 애초에 그곳으로부터 나온 흙가루(아파르)였지 않았는가. 그러니 다시 아파르로 돌아가게 되리라는 예언대로 형제 살인의 과정을 거쳐 하나님의 형상과 모양의 사람을 낳게 되니, 비로소 사람이 마침내 사람으로 다시 태어나는 이야기다. 셋은 사람의 아들이다.

비로소 사람인 아담과 하와가 마침내 사람인 사람다운 사람 곧 사람의 아들을 낳는 이야기다. 에덴의 이야기는 이를 하나님이 사람을 창조하고 하나님이 자기의 형상과 모양대로 셋을 낳는다고 이야기를 서술한다. 아담의 계보요 사람의 계보기며 하늘과 땅의 낳고 낳음 이야기다.